U0566313

法国思想与历史译丛 ｜ 张弛 主编

François Hotman

FRANCOGALLIA

法兰克高卢

〔法〕弗朗索瓦·奥特芒　著

江晟　译

商务印书馆
The Commercial Press

François Hotman

FRANCISCI HOTOMANI IURISCONSULTI CELEBERRIMI, FRANCOGALLIA

Apud heredes Andreae Wecheli

Francofurdi, 1586

据安德烈·韦切尔出版商 1586 年版译出

本书附录《奥特芒创作〈法兰克高卢〉的时间与原因》版权信息如下：

Original: "When and why Hotman wrote the Francogallia", Ralph E. Giesey, in *Bibliothèque d'Humanisme et Renaissance*, XXIX-III, (1967), pp.581–611.

Edition published by Droz, CH-1206 Geneva

Copyright 1967 by Librairie Droz S.A.

目　录

前　言

致最杰出和最强大的诸侯与君王——莱茵的王权伯爵、巴伐利亚公爵、罗马帝国第一选帝侯、最仁慈的统治者、安富尊荣之弗雷德里克殿下①。

最杰出的君王啊，您可曾听闻古语有云："心安之处即是一个人的故乡。"此乃忒拉蒙②之子透克罗斯（Teucrus）③所言，并得累世之印证。概因这似已成为强大卓异之品格的标志，他泰然忍受了各种困厄，譬如流放，并不齿于他那如继母般忘恩负义的故国所造成的伤害。

然我不敢苟同。因为如果说不堪忍受家中长辈的所作所为——乃至于粗暴的言语，似乎是一桩罪行和一种亵渎，那么，对吾等之祖国心怀怨恨则是一桩更大的罪行，因为智者总是一致地倾向于将祖国置于生身父母之前。依照国家带给他的好处来计算他对国家的感情，此乃愚者之所为。的确，一个过分冷

---

①　指1559—1576年在位的莱茵王权伯爵弗雷德里克三世，他先后于1546年和1561年皈依路德教派和加尔文教派。本书注均为译者注。

②　希腊神话中的英雄，萨拉米斯国王，赫拉克勒斯的密友，曾协助他远征亚马逊人并袭击特洛伊。

③　忒拉蒙与其第二任妻子海希欧妮的儿子。他是一名弓箭手，曾在特洛伊战争中与同父异母的兄弟大埃阿斯并肩作战。由于大埃阿斯在他面前自杀身亡，透克罗斯被其父亲判处犯下了过失罪，断绝了父子关系，不被允许回到萨拉米斯岛上。透克罗斯后于塞浦路斯建立了新城，并以他家乡之名命名它为萨拉米城。

静且自私自利的人才会以一己之际遇去衡量其祖国的仁慈；然而，这种过分的冷静似乎又是其冷酷无情的一部分，合乎伊壁鸠鲁派和犬儒学派之意，并由此衍生出了那句恶语："我死之后，哪管万民涂炭。"此言与一句古老的暴戾格言不谋而合："敌人倒下后，朋友亦可毙命。"①那些天性温良的人身上有一种对国家与生俱来的爱，这种情感和其他的人类属性一样靡坚不摧。此即荷马②所描述的奥德修斯的情感，他宁愿选择其故乡——如同筑于嶙峋怪石上的巢穴一般的伊萨基③，而非卡吕普索④给予他的各种欢愉与王国基业：

> 我不知故土的魅力如何紧紧纠缠住他们，
>
> 使其无法忘记自己的出身。⑤

诚如这位年迈的诗人所言，当我们忆及第一次所呼吸的空气，迈出第一步的土地，以及我们认识的朋友、邻居和同代之人时，就无法否认他的情感。

的确，有人言国家偶或丧失理性，被错觉谬说所困扰，恰似柏拉图谈及他的国家时所指出的。甚或有时候，因愤怒而疯狂的它会将怒火发泄在自己后代的身上。我们首先必须注意，

---

① 参见西塞罗《西塞罗全集·演说词卷》（下），王晓朝译，人民出版社 2008 年版，第 575 页："我们的朋友死了，因为敌人也可以死了。"

② 公元前 9—前 8 世纪希腊的吟游诗人，创作有史诗《伊利亚特》（Ιλιάδα）和《奥德赛》（Οδύσσεια）。

③ 位于爱奥尼亚海的一座希腊岛屿，被认为是荷马史诗《奥德赛》中主人公奥德修斯的故乡。

④ 希腊神话中的海中女神，根据《奥德赛》的描述，她曾将返乡的奥德修斯软禁于岛上七年。

⑤ 参见奥维德《哀歌集·黑海书简·伊比斯》，李永毅译，中国青年出版社 2018 年版，第 228 页："我不知道家乡的土地有怎样的魅力，牵引所有人，不允许我们忘记。"

毋将他人之罪过归咎于无辜的国家。罗马和其他地方的诸多残忍暴君使用各种酷刑折磨的对象不仅是这个国家的仁人君子，也是其当之无愧的公民。这是否意味着他们所忍受的即是这个国家的疯狂？尤利乌斯·卡皮托利努斯(Iulius Capitolinus)①在提及皇帝马克里努斯②时称之为"马切利努斯"(Macellinus)，因为其房舍中四处横流人的血水，仿若沾满牛血的屠宰场(macellum)。史家在不同地方提及了其他几个暴君，其中一人(正如卡皮托利努斯所撰)被以同样残忍的独眼巨人(Cyclops)之名指代，其他几人则被称为布西里斯(Busiris)③、斯喀戎(Siron)④、堤丰(Typhon)⑤和盖吉兹(Gyges)⑥。这些人认为，若非采用酷烈手段，王国和帝国都将无以为继。难道所有对国家的关心与担忧都要因此被良善的公民弃如敝屣吗？不，他们应该把它视作一个受压迫者和不幸之人，恳求其子女的帮助，并通过各种方式寻求补救措施。那些拥有贤良温和之统治者的国家何其有幸！那些因为其统治者的仁慈而被允许在他们的国家、在他们父辈的家中安度晚年，享阖家之欢的公民何其有福！当然，司空见惯的情形却是，人们为达成此目的所采取的手段比邪恶本身更糟糕。

最杰出的君王啊，如我所料，自上帝把德意志莱茵地区(Germaniae Rhenanae)的一大部分土地交予殿下照管和统治以

① 《罗马帝王纪》(Scriptores Historiae Augustae)的作者之一。
② 马尔库斯·欧佩里乌斯·马克里努斯(Marcus Opellius Macrinus)，217—218年在位的罗马帝国皇帝，出身努米底亚行省。
③ 希腊神话中被赫拉克勒斯杀死的邪恶的埃及法老。
④ 希腊神话中被忒修斯杀死的科林斯强盗。
⑤ 希腊神话中象征风暴的妖魔巨人，名字意为"风暴"。
⑥ 吕底亚国王，迈尔姆纳德王朝的开创者。这个名字亦出现在了柏拉图的《理想国》中，指一名借助戒指魔力成为吕底亚国王的牧羊人。

来，已经过去了十六年。在这段时间里，很难想象我们所看到的整个王权伯爵领（Palatinatu）的一切皆是如此和平安宁，如此虔诚、圣洁和充满宗教色彩。因此，最仁慈的君王啊，愿您拥有那份仁慈，当我仍能掌握身心之力量时，我将再次疾呼：愿您拥有这种美德！愿您以平和仁慈的美德统治人民，而非像塞涅卡（Seneca）①提醒我们的，当罗马人的领袖（如马切利努斯）从战场上浴血归来时，人们以同样的话语向他们致敬：愿您拥有这种美德！相反，愿您以仁慈、宽厚、虔诚、公正和礼貌来统治人民，并和平地行使您的至高权力。这几乎正是您的德意志的状况，就像那些航海者避开动荡不安的水域，寻找一条风平浪静的航线一样，许多国家的人们也在以同样的方式逃离劫掠，寻求和平安宁的生活。

曾几何时，来自各地的热诚青年涌入我们法兰西，进入我们的学院，以期习得技艺；如今，他们却被它们吓得如同置身海盗出没的海域，并诅咒它们仿若野蛮的独眼巨人的巢穴。当想到这个可怜而不幸的国家已经在内战的烈焰中燃烧了近十二年之时，我深感痛心。当想到有那么多人站在一旁无动于衷地看着烈焰（就如同尼禄曾经欣赏罗马被焚毁一般）——事实上，这些火焰是被一些不虔诚者如同火把一般的声音和文字煽动起来的，而且几乎没有人愿意去扑灭它们时，我就更加痛彻心扉了。我岂非不知自己已如履薄冰；但是，就像面对一场普通的大火，如若有人无论如何时运不济，都会提桶汲水，前来扑救，我相信没有人会拒绝他的热忱，所以我希望任何热爱吾等国家

---

① 1世纪的罗马哲学家、政治家，曾任皇帝尼禄的导师及顾问。

者皆不会蔑视我为国家之苦难寻找解药的努力。

在过去几个月（1572 年和 1573 年）反思这些深重的灾难时，我将注意力集中在了法兰西和德意志所有那些古代史家们所揭示的有关法兰克高卢的内容之上，并从他们的著作中整理出一份关于这种状况的摘要——他们证明这种状况在吾等之国家已经普遍存在了千余年，而从中我们可以谂知我们的祖先在建立国家时具备着多么伟大的智慧，它实乃神妙莫测；所以在我看来，从它那里寻求现今诸多灾难的最可靠补救办法确实毫无问题。因为当更为仔细地探究这些灾难的缘由时，我似乎发现，就像我们的身体因外部的冲击和打击、内部体液的缺陷、年老而衰朽一样，国家有时也会因敌人的攻击、国内的分歧、立国经年累月而遭到毁灭。现在，虽然吾等之国家的麻烦一般被认为是由内部分歧引发的，但这些不应该被视为我们所遭遇之麻烦的原因，而应该被视为其开端。正如伟大的作家波利比乌斯（Polybius）①特别指出的，一件事的开端和原因有天壤之别。现在我断言，其原因是，在大约一百年前我们祖先的优秀制度遭到了破坏。但是，正如我们因遭到某种外部打击而脱臼的身体一样，除非肢体被恢复到自然的位置上，否则它就无法痊愈。所以我们相信，当吾等之国家因神恩而得以恢复其古老的、自然的状态时，它将最终获得治愈。因为殿下始终表现出对吾等之国家最友好的态度，所以我认为最好在我们的这段历史摘要上题写您的尊贵名号，并进献于殿下，这样它就可以通过殿下之

① 公元前 2 世纪的罗马政治家和历史学家，生于伯罗奔尼撒，著有《历史》（Ιστορίαι），其中尤其记叙了罗马共和国的崛起。

赞助和授权更安全地传诸人手。祝安，最杰出的君王，并向您致礼。愿上帝永远保佑您最崇高的家族繁荣昌盛。

1573 年 8 月 21 日①

殿下您最恭顺的仆人

弗朗索瓦·奥特芒

---

① 古罗马历法并未按照顺序对一个月的天数进行顺序编号，而是从三个时间点——Nones（当月的 5 日或 7 日）、Ides（当月的 13 日或 15 日）和 Kalends（下个月的 1 日）——开始倒数，因此原文中的"XII Kalendas Septemb"即为 9 月 1 日往前倒数 12 天，是为 8 月 21 日。

第一章
在被罗马征服成为其行省
之前的高卢的境况

为了我们国家的缘故，我想考察法兰克高卢的制度，就当下的情况而言，这么做似乎恰逢其时。容我首先对高卢在被罗马征服并成为其行省前的状况予以说明。任何一个知书识字之人皆知凯撒、波利比乌斯、斯特拉博(Strabo)①、阿米阿努斯(Ammianus Marcellinus)②和其他人等就这个民族的起源以及古代历史、军事成就、演说技巧、地理情况、民间习俗所撰之内容。老加图(Cato Censorius)③在其《创始记》中指出，大多数高卢人最孜孜不倦追求者唯二：发动战争和发表演讲。

应该认识到，在这一时期，高卢处于这样一种状态，即它既非由一人统治，也不是由人民权力或贵族权力所掌控的独立国家组成。相反，它被分裂成了众多邦国，其中一些由所谓自

---

① 公元前 1 世纪的希腊历史学家，著有《地理学》(*Γεωγραφικά*)一书。

② 阿米阿努斯·马尔切利努斯，罗马末期的史学家，著有《功业集》(*Res gestae*)，记叙了从 96 年皇帝涅尔瓦即位到 378 年瓦伦斯在阿德里安堡战役中战死的罗马历史，计 31 卷，但其中 13 卷已佚失。

③ 罗马政治家与历史学家，著有《创始记》(*Origines*)与《农业志》(*De agricultura*)等著作，其中已经佚失的《创始记》记录了罗马自建城以来到第二次布匿战争结束的历史。

由人的贵族组成的议事会实施统治，另一些则由国王实施统治。但事实上，所有人都接受了在一年中的某个时候召开国家民众大会（publicum gentis concilium）的制度，在这一会议上，他们可以决定国家的最高事务。

据科尔奈利乌斯·塔西佗（Cornelius Tacitus）①的说法，"高卢有64个城邦或地区"（《编年史》第3卷）②，这与凯撒的记述③如出一辙。这些地区不仅使用相同的语言、礼仪和制度，而且还拥有同样的首领，比如他在很多地方特别提到的埃杜维人（Aedui）④、阿维尔尼人（Arverni）⑤和雷米人（Rhemi）⑥的城市。如凯撒所言，当他下令杀死埃杜维人敦诺里克斯（Dumnorix）⑦时，"（后者）起而反抗，以双手护身，并吁求同胞的支持，他不住地高喊自己是一个自由人，而且是一个自由邦国的成员"（《高

① 1—2世纪的罗马政治家和历史学家，著有《阿格里科拉传》（De vita Iulii Agricolae）、《日耳曼尼亚志》（De origine et situ Germanorum）和《历史》（Historiae）等著作。

② 参见塔西佗《塔西佗〈编年史〉》，王以铸、崔妙因译，商务印书馆1981年版，第168页："但是，在罗马却传说，不只是特雷维里人和埃杜维人，而且高卢的六十四个部族全都叛变了。"引文中专名译法有修改，下同。

③ 参见凯撒：《高卢战记》，任炳湘、王士俊译，商务印书馆1979年版，第6—7页。

④ 曾分布于现今法国勃艮第地区的一个凯尔特部落，他们一度为凯撒提供支持，其贵族在罗马帝国统治时期变得高度罗马化。

⑤ 曾分布于现今法国奥弗涅地区的一个凯尔特部落，他们是曾与埃杜维人争夺主导权的古代高卢最强大的部落之一。高卢战争时期，其首领韦辛格托里克斯（Vercingentorige）起义反抗凯撒的军队，后在阿莱西亚战役中被击败。"韦辛格托里克斯"意为"伟大的战士"。他在阿莱西亚战役中被俘，后被处决。

⑥ 曾分布于现今马恩、阿登以及埃纳和默兹部分地区的一个比尔及部落，在高卢战争期间与凯撒结盟，是为数不多未曾参与韦辛格托里克斯起义的高卢部落之一。兰斯市即以此部落命名。

⑦ 公元前1世纪高卢凯尔特部落埃杜维的首领，为该部落中反罗马派系的领导人，后被凯撒扣为人质，并在试图逃离凯撒营地时遭杀害。

卢战记》第 5 卷第 3 章)①。斯特拉博也提及："这些地区大多由贵族议事会管理，但在过去，他们每年都会选举一名首领，而且还会以类似的方式选举一名将军发动战争。"(《地理学》第 4 卷)②凯撒在这一背景下写道："那些国家被认为可以更有效地管理他们的政府，当他们通过法律立下不易之例，如果任何人听到任何关于国家大事的消息，他都应该告知地方行政机构，而不是其他任何人。地方官对他们认为应该隐瞒的事情加以保密，并向公众传达他们认为合适传播的信息。除非在议事会上，否则任何人都不得发表有关国事的言论。"(《高卢战记》第 6 卷第 4 章)③

　　但是，当整个国家的议事会遭到分裂时，我们有必要提及凯撒的若干证言。他指出，"他们询问是否允许在某一天宣布召开整个高卢的议事会，以及是否可以按照凯撒的意愿举行这一会议"(《高卢战记》第 1 卷第 12 章)④。他还写道："全高卢的议

───────────

　　① 参见凯撒《高卢战记》，第 103 页："果然，在叫他回来时，他就开始反抗，并且动手自卫，还呼吁那些追随他的人为他效力。他不住地喊着说：他是个自由的人，而且是个自由的国家里的人。"

　　② 参见斯特拉博《地理学》(上)，李铁匠译，上海三联书店 2014 年版，第 272 页："他们的政府成员大部分是贵族——但在古代每年要选举产生一个首领；同样，在战争时期也要由全体人民任命一位统帅。"

　　③ 参见凯撒《高卢战记》，第 142 页："那些国家，据云为了管理公务方便起见，以法令规定：凡从邻人那里听到有关国家大事的任何消息或谣言时，必须把它报告给官吏，不得泄漏给任何其他人，因为通常性急、没经验的人，常常会受谣言惊吓，被迫犯罪，或者轻率地对重要的事情做出决定。官吏们把他们认为不应公开的事情隐瞒起来，可以告诉群众的则加以公布。至于发表有关国事的言论，则除了在会议上以外，一般都是禁止的。"

　　④ 参见凯撒《高卢战记》，第 25 页："代表们要求凯撒允许他们约定一天，宣布召开一个全高卢的大会，因为他们有一个请求，希望在取得一致同意之后，向凯撒提出来。"

事会在比布拉克特（Bibracte）①举行，无数人群从四面八方汇聚而来。"（《高卢战记》第 7 卷第 12 章）②"凯撒于第一年春天得到举行高卢议事会（concilium Galliae）的消息，当时除了塞农人（Senones）③、卡尔尼特人（Carnutes）④和特雷维里人（Treviri）⑤，所有人皆尽到齐。凯撒将这一会议搬到了巴黎希人（Parisii）⑥所在的卢泰西亚⑦。"（《高卢战记》第 6 卷第 1 章）⑧凯撒写道："当一些高卢国家之间出现分歧时，他（指韦辛格托里克斯）希望能够通过不懈的努力将它们联合起来，为整个高卢建立一个世界上其他任何力量都将无法抵挡的统一议事会。"（《高卢战记》第 7 卷第 6 章）⑨

凯撒确实经常提到统治其中某些邦国的国王，他的评论表明了一个最重要的观点：罗马人的做法是与那些他们认为适应

① 埃杜维人的首都，也是当时高卢地区最为重要的城市之一。在公元前 52 年被罗马征服之前，该城市拥有超过 3 万居民，占地 135 公顷。

② 参见凯撒《高卢战记》，第 191 页："于是在比布拉克特召开了一个全高卢的大会，许多人都从各地赶来，集中到那边。"

③ 曾分布于塞纳盆地的一个凯尔特部落，曾入侵亚平宁半岛，对罗马构成过威胁。桑斯市即以此部落名命名。

④ 曾分布于塞纳河和卢瓦尔河之间地区的一个凯尔特部落，Carnutes 意为"长角的人"，可能指他们战斗时所佩戴的带角头盔。沙特尔市即以此部落名命名。

⑤ 曾分布于摩泽尔河下游地区的一个凯尔特部落。特里尔市即因该部落而得名。

⑥ 曾分布于现今巴黎地区的一个凯尔特部落。巴黎市即因该部落而得名。

⑦ 即现今的巴黎，巴黎最初为巴黎希人的聚居地，后罗马人在此建城，命名为卢泰西亚（Lutetia）。

⑧ 参见凯撒《高卢战记》，第 132 页："春初，按照他的惯例，宣布召集一次全高卢大会。除塞农人、卡尔尼特人和特雷维里人以外，其他各族的使者都到齐了，他肯定他们的缺席就是武装叛乱的开始，为了让大家相信他把除战争以外的其他一切事情都放在次要地位起见，会议移到巴黎希人的一个市镇卢泰西亚去开。"

⑨ 参见凯撒《高卢战记》，第 172 页："虽则如此，他很快就会用更大的成就来补偿它，他会仗仗自己的努力，把和高卢其他各国不合作的那些国家都拉到自己这边来，产生一个全高卢统一的行动计划。全高卢一联合，全世界都将无法阻挡，这一点，他几乎就要将其实现了。"

其自身思想和引入之新事物的统治者建立友谊和联盟，因为他们认为这些统治者可能会使各邦国卷入冲突并相互为敌。罗马人通过最体面的公开法令将朋友和盟友的头衔授予这些统治者，而非给予他们任何实际的荣誉或恩惠。许多外邦国王从罗马共和国的领袖那里获得了这些奢侈的荣誉称号。高卢人将那些并非暂时而是永远获得王权的人称为国王或统治者，无论其范围多么小，将这些时代的不易之习俗则称为公爵（Dux）、伯爵（Comes）和侯爵（Marchio）。

　　此外，有些邦国比其他邦国更强大，而那些自身能力较弱的邦国则热衷于成为强者的盟友和附庸（凯撒称之为"大国的听命者与附庸国"），并服从于它们的权威。然而，他认为其中大部分邦国只是盲从于其他国家。李维①指出，"在塔奎尼乌斯·布里斯库斯（Tarquinius Priscus）②统治罗马时期，比图里吉人（Bituriges）③在凯尔特人中拥有最高的权威，并成为他们的国王"（《建城以来史》第5卷）④。当凯撒进入高卢时（也就是在罗马建城695年之际），"高卢有两个派别。埃杜维人控制着一个派别，阿维尔尼人控制着另一个派别，这两个派别为争夺最高权力已经斗争了许多年"。进一步加剧这种竞争的事实是，与阿维尔尼人接壤的比图里吉人受埃杜维人的保护和管辖；而

①　指提图斯·李维，公元元年前后的罗马历史学家，著有《建城以来史》（Ab urbe condita）。
②　罗马王政时期的第五任君主，也是罗马的第一位伊特鲁里亚君主，他在位期间通过军事征服和修筑宏伟的公共建筑扩展了罗马的势力。
③　分布于现今法国贝里省的一个凯尔特部落，据说该部落一度统治整个高卢。Bituriges意为"世界之王"或"永远的国王"。布尔日市即因该部落而得名。
④　参见 Livy, *Livy, Book V: With Introduction, Notes, Exercises, and Vocabulary*, Blackie & Son, 1899, p. 51。

埃杜维人的邻居塞夸尼人（Sequani）①则是阿维尔尼人的盟友。② 由于罗马人认为高卢人的分裂于己有利，乃是扩大其权力的最恰当手段，所以他们急切地煽动起冲突的火焰。是以，他们与埃杜维人建立了伙伴关系，并恭维后者为自己的血亲兄弟。

在埃杜维人的盟友和附庸当中，塞农人在守信和忠诚方面可谓数一数二，而巴黎希人在不久前才以条约和联盟的形式加入了他们城市的行列（《高卢战记》第 6 卷第 1 章）③；此外还有俾洛瓦契人（Bellovaci）④，"他们坐拥高城深池，其勇气、影响力和人数在比尔及人⑤当中均首屈一指"（《高卢战记》第 2 卷第 4 章、第 7 卷第 7 章）⑥。凯撒将秋得隆内斯人（Centrones）⑦、格鲁地人（Grudii）⑧、勒凡契人（Laevaci）、普留穆克西人（Pleumosii）和

① 曾分布于现今法国索恩地区、杜省和汝拉山脉地区的一个凯尔特部落。

② 参见凯撒《高卢战记》，第 25 页："替他们发言的是埃杜维人狄维契阿古斯，他说：全高卢各邦，分为两个集团，一个集团的领导权由埃杜维人掌握，另一个由阿维尔尼人掌握。多年以来，他们之间一直在激烈地争夺霸权，以致阿维尔尼人和塞夸尼人竟花钱雇来日耳曼人。"第 137—138 页："凯撒到高卢时，一派的领袖是埃杜维人，另一派的领袖是塞夸尼人。后者的力量赶不上埃杜维人，因为最高的权威从古以来就属于埃杜维人，他们的属邦也极多。"

③ 参见凯撒《高卢战记》，第 132 页："这些巴黎希人是塞农人的近邻，祖上曾经跟他们合成一个国家，但一般都认为他们没有参加目前的这些阴谋。"

④ 曾分布于现今法国皮卡第地区的一个比尔及部落，曾组织反抗罗马的起义活动。博韦市即因该部落而得名。

⑤ 曾分布于高卢北部英吉利海峡、莱茵河西岸和塞纳河北岸之间的一个大型部落联盟。在凯撒所著《高卢战记》中，高卢地区的居民被分为阿奎丹尼人（Aquitani）、凯尔特人（Celtae）和比尔及人（Belgae）三支。

⑥ 参见凯撒《高卢战记》，第 45—46 页："在他们中间，俾洛瓦契人在勇敢方面、势力方面，以及人数方面都最占优势，可以征集起十万军队，他们答应从这个数目中选出六万人来支持这场战争，但却要求把整个战争的指挥大权交给他们。"第 189 页："这时，全高卢以最勇悍驰名的俾洛瓦契人紧追着他的这一边，康慕洛勤纳斯又带着一支准备齐全、部伍井然的大军夹住他的另一边，而军团和它的辎重，以及守卫这些辎重的部队，却被一条巨大的河流横贯在中间，分成两处。"

⑦ 曾分布于现今法国萨瓦地区的一个凯尔特部落。

⑧ 曾分布于现今比利时的一个凯尔特部落。

该伊杜姆尼人（Gordunni）都纳入内尔维人（Nervii）①的统治范围（《高卢战记》第 5 卷第 11 章）②。他还指出，厄勃隆尼斯人（Eburones）③和孔特鲁西人（Condrusi）④都是特雷维里人的附庸（《高卢战记》第 4 卷第 2 章）⑤。"迄今为止，文内几人（Veneti）⑥（位于阿摩里卡［Armorica］⑦）的国家势力远超沿海的一切地区，几乎所有习惯于在该海域生活的部落都曾向他们纳贡。"（《高卢战记》第 3 卷第 2 章）⑧而今，阿维尔尼人的势力却极为庞大，不仅与埃杜维人势均力敌，而且在凯撒到来之前不久，"他们已经争取到了埃杜维人的大部分附庸"（《高卢战记》第 6 卷第 4 章、第

---

①　曾分布于现今比利时中部的一个比尔及部落，其地域包括布鲁塞尔，并向南延伸到法国埃诺地区，是高卢北部地区被罗马征服之际最强大、最好战的比尔及部落之一。

②　参见凯撒《高卢战记》，第 119 页："当他们落在敌人的包围中时，厄勃隆尼斯人、内尔维人，以及阿杜亚都契人和他们的同盟、属邦，同时开始以大队人马进攻这个军团。"

③　曾分布于现今荷兰南部、比利时东部和德国莱茵兰地区的一个比尔及部落，被认为既是比尔及人又是日耳曼人。他们在高卢战争期间因反抗罗马军队而被消灭。

④　曾分布于现今比利时东部地区的一个比尔及部落。

⑤　参见凯撒《高卢战记》，第 46 页："阿德来巴得斯人出一万五千人，阿姆比安尼人出一万人，莫里尼人出二万五千人，门奈比人出七千人，卡来几人出一万人，维略卡萨斯人和维洛孟都依人同样也出一万人，阿杜亚都契人出一万九千人，至于通常都被混称为日耳曼人的孔特鲁西人、厄勃隆尼斯人和卡洛西人、拜曼尼人，据说都答应出四万人。"

⑥　曾分布于布列塔尼半岛的一个凯尔特部落，他们通过与不列颠群岛的贸易关系影响了后者西南部地区的文化。公元前 56 年，该部落在海战中被罗马击败，其海上贸易最终在罗马帝国时期衰落下来。瓦讷市即因该部落而得名。

⑦　塞纳河和卢瓦尔河之间一部分地区的古称，意为"面向大海"，主要包括布列塔尼半岛。

⑧　参见凯撒《高卢战记》，第 66 页："文内几这个国家的势力，远远超过沿海的一切地区，因为他们不但拥有大量船只，惯于用来远航不列颠，而且就航海的知识和经验来说，也远远超过其他人。加之，散布在这片海涛汹涌、浩荡无边的大洋沿岸的几个港口，又都掌握在他们手中，习于在这片海洋上航行的所有各族，差不多都得向他们纳贡。"

7卷第10章)①。故而，斯特拉博指出，在韦辛格托里克斯的领导下，他们曾以40万之众向凯撒开战(《地理学》第4卷)②。

这些人厌恶国王统治。因此，"当韦辛格托里克斯之父凯尔提鲁斯(Celtillus)掌握了最高权力和权威，从而获得对整个高卢的控制权时，他便被其人民处死了"(《高卢战记》第7卷第1章)。塞夸尼人也曾反对他们的国王——被罗马人称为朋友和盟友的卡塔曼塔勒斯(Catamantales)(《高卢战记》第1卷第2章)。"占据最广阔和最荒凉的土地、掌握着12座城池、能够纠集5万名士兵的苏威西翁内斯人(Suessiones)③在不久之前也有过全高卢最强大的国王狄维契阿古斯(Divitiacus)，他不仅获得了比尔及人大部分领地的统治权，甚至连不列颠岛也包括在内。在凯撒到来之前，他们还由国王盖尔巴(Galba)所统治。"(《高卢战

---

① 参见凯撒《高卢战记》，第138页(此处原文所指为塞夸尼人，而非阿维尔尼人)："凯撒到高卢时，一派的领袖是埃杜维人，另一派的领袖是塞夸尼人。后者的力量赶不上埃杜维人，因为最高的权威从古以来就属于埃杜维人，他们的属邦也极多。塞夸尼人因此跟阿里奥维司都斯和日耳曼人联结起来，以极大的牺牲和诺言把他们拉到自己一边。在打了几次胜仗，把埃杜维人的贵族杀光以后，他们树立了极大势力，竟把埃杜维人的大部分属邦都吸引到自己这边，并接收它们的领袖们的孩子为人质，还强迫他们用国家的名义宣誓不加入任何反对塞夸尼人的阴谋，一面又用武力强占邻国的一部分土地，掌握了全高卢的领导权。"第178页："经他教导过应该怎么说的那些人被领了出来，把李坦维克古斯已经讲过的话，对大家又讲了一遍，说埃杜维的许多骑兵，因为被控跟阿维尔尼人有往来，被处了死刑，他们自己全靠躲在大伙兵士中，才能从屠杀中逃出了性命。"

② 参见斯特拉博《地理学》(上)，第263页："为了证明自己昔日的强大，阿维尔尼人指出，他们常常派出200 000军队和罗马人作战，有的时候甚至派出双倍的军队；例如，在与神圣的凯撒作战最后阶段，韦辛格托里克斯率领的军队就是这样；到这个时候他还带领了200 000军队和马克西穆斯·埃米利亚努斯作战，他和多梅提乌斯·阿赫诺巴布斯作战的兵力也是一样。"

③ 曾分布于现今法国埃纳和瓦兹地区的一个比尔及部落，在高卢战争中被凯撒击败后臣服于罗马人。

记》第 2 卷第 1 章)①"阿奎丹尼人②毕索(Pisonis)的祖父曾执掌过他们国家的王权,并被罗马人引为盟友。"(《高卢战记》第 4 卷第 3 章)③"此外,建立了高卢最强大国家之一的塞农人在高卢人中声势赫奕",他们的国王是"祖先也曾经统治过这个国家的马利塔司古斯(Moritasgus)"(《高卢战记》第 5 卷第 13 章)④。与之类似的是,尼几阿布罗及斯人(Nitiobriges)⑤一度由"被罗马元老院视为朋友的"国王奥洛维果(Ollovico)统治(《高卢战记》第 7 卷第 6 章)⑥。

在这些王国中,值得注意且不容轻忽的是:首先,这些王位并非世袭,而是由人民授予有公正之名声的人;其次,国王并不拥有无限的、自由的和无拘无束的权力,而是受到了具体法律的限制,国王的权威和权力低于人民,不啻人民的地位低于

---

①　参见凯撒《高卢战记》,第 46 页:"苏威西翁内斯人是他们的紧邻,占有一片极辽阔丰饶的土地,他们有过一位叫狄维契阿古斯的国王,直到我们这一代还都记得,他曾经是全高卢最有势力的人,统治了这些土地中的绝大部分,甚至连不列颠岛也包括在内。现在的苏威西翁内斯人,由盖尔巴担任国王,由于他的正直和谨慎,在全体同意之下,已经把这次战争的指挥权授给了他。"

②　公元前 1 世纪生活在比利牛斯山、大西洋和加龙河之间地区的一个部落。凯撒和斯特拉博等古典作家明确将阿奎丹尼人与高卢的其他民族区分开来,认为他们与伊比利亚半岛的其他民族更为相似。

③　参见凯撒《高卢战记》,第 84 页:"在这场战斗中,我军骑兵被杀死七十四人,其中有那个极英勇的阿奎丹尼人毕索,他出身于最显赫的家族,他的祖父执掌过他们国家的王权,曾被罗马元老院赠给过'友人'的称号。"

④　参见凯撒《高卢战记》,第 128 页:"不过,在高卢人中特别强盛和威望很高的塞农人,却在公开策划着要杀害卡伐林纳斯——这是凯撒在他们中所立的国王,在凯撒初至高卢时,他的兄长马利塔司古斯在担任他们祖先所担任过的王位——卡伐林纳斯发现他们的计谋后逃走,他们一直追赶他甚至追到边界上,把他逐出王位和家乡,然后派使者来向凯撒解释。"

⑤　曾分布于加龙河中游的一个凯尔特部落。

⑥　参见凯撒《高卢战记》,第 173 页:"同时奥洛维果的儿子、尼几阿布罗及斯的国王都托马得斯——他的父亲曾由罗马元老院给予'友人'的称号——也带了大批骑兵,来到他这里,这些骑兵有的是他自己的,有的是他从阿奎丹尼人中间雇来的。"

他们。那么，这些王国似乎无他，只是永久性的行政机构。事实上，凯撒列举了许多父亲和祖先曾担任过国王的普通人，"其中有卡塔曼塔勒斯的儿子卡司儿克斯（Casticus），他的父亲曾统治塞夸尼人多年"（《高卢战记》第 1 卷第 2 章）①；与之类似的是阿奎丹尼人毕索（《高卢战记》第 4 卷第 3 章）；以及"塔司及久斯，他的祖先曾在卡尔尼特人的邦国掌握至高的权力"（《高卢战记》第 5 卷第 8 章）②。厄勃隆尼斯人的国王安比奥里克斯（Ambiorix）③曾晓示凯撒其政府的性质及其行使权力的方法："他们政府的形态如下，即人民之于国王的权力并不少于国王之于人民的权力。"（《高卢战记》第 5 卷第 8 章）④根据柏拉图、亚里士多德、波利比乌斯和西塞罗的观点，这是最好和最优秀的政府形式，因为正如柏拉图所言，如果一个政权不受约束，它就可以获得对一切的巨大权力，形同立于泥滑之地，转变为暴政易如反掌。他指出，有鉴于此，必须像使用缰绳一样遏制人民予以授权的贵族和官员的权力。

---

① 参见凯撒《高卢战记》，第 8 页："在这次旅途中，他说服了塞夸尼人卡泰孟塔罗第斯的儿子卡司儿克斯（他的父亲曾经担任塞夸尼国王多年，罗马元老院赠给过他'罗马人民之友'的称号），叫他去攫取他父亲以前执掌过的本国王位。"

② 参见凯撒《高卢战记》，第 112 页："卡尔尼特邦中有一个家世极为显赫的塔司及久斯，他的祖上曾掌握过这个邦的王权，凯撒考虑到他的品德和他对自己的善意——因为他在历次战争中都很仰仗他的才能——便给他恢复了祖上的王位。"

③ 比尔及部落厄勃隆尼斯人的首领，因反抗凯撒对高卢地区的征服而成为比尔及人的民族英雄。

④ 参见凯撒《高卢战记》，第 113 页："他所握有的权力，是这样的一种权力，即群众在他身上的权力和他在群众身上所有的权力是相等的。"

第二章
古代高卢人可能使用的语言

　　我们在此将处理那个已经被许多饱学之士讨论过的问题，即古代高卢人使用何种语言。如前所述，凯撒对他们的宗教、习俗和其他制度进行了全面的描述。应谨记，凯撒本人在《高卢战记》的开篇写道（他在此处将高卢人分为了比尔及人、阿奎丹尼人和凯尔特人）：他们在语言和制度上都有不同。[①] 斯特拉博的说法也颇为类似，他指出高卢人所使用的并非"同一种语言，他们在口音方面稍有差异"（《地理学》第 4 卷）[②]。阿米阿努斯·马尔切利努斯也证明了这一点（《要事实录》第 15 卷）。

　　诸多饱学之士（特别是吾国之民）认为高卢人曾经使用希腊语的观点仅凭借以下一点就足以被驳倒，即凯撒提及，他曾给遭高卢人围困营地的昆图斯·西塞罗（Quintus Cicero）[③]寄出过一封用希腊文书写的信件，以免高卢人截获信件之后获知其计划

---

　　① 参见凯撒《高卢战记》，第 6 页："高卢全境分为三部分，其中一部分住着比尔及人，另一部分住着阿奎丹尼人，而那些用他们自己的话来说叫克勒特人、我们称之为高卢人的，住在第三部分。所有这些人，彼此之间的语言、习俗和法律，各不相同。"

　　② 参见斯特拉博《地理学》（上），第 244 页："据说，阿奎丹尼人无论是在语言方面还是在体质方面完全不同，他们更像是伊比利亚人而不是加拉提亚人；其他居民在外貌上是加拉提亚人，尽管他们说的不完全是同一种语言，但他们在语言方面只有略微的不同。"

　　③ 罗马共和国晚期政治家和作家马库斯·西塞罗之弟，曾在高卢战争期间于凯撒麾下任司令官。

(《高卢战记》第 5 卷第 12 章)①。另外，凯撒还指出，因为日常驱使的译员已被遣走，他通过其密友和高卢行省的首领该犹斯·瓦雷留斯·普洛契勒斯（C. Valerius Troacillus）与敦诺里克斯的兄弟狄维契阿古斯（Divitiacus）晤谈（《高卢战记》第 1 卷第 4 章）②。普洛契勒斯是罗马公民，同时掌握了拉丁语和高卢语。如果狄维契阿古斯知晓希腊语，凯撒为何还需要通过此一翻译来安排与他的会谈呢？西塞罗在《为封泰乌斯辩护》（*Orat. Pro Fonteio*）中的一句话也可以证明这一点。在谈到高卢人时，他说道：“彼辈志骄意满地在广场各处游荡，言语中不乏威胁、野蛮和凶暴的恐怖之色。”③我相信，无人会认为希腊语对西塞罗而言是一种凶狠而野蛮的语言。而根据乌尔比安④的《世袭财产信托法》：“遗产信托可以任何语言形式设立：不仅可以用拉丁语或希腊语，还可以用迦太基语、高卢语或其他任何一种语言。”⑤

9 　　然或有人会建议参考斯特拉博的一段话，他写道，“关于各种一流艺术——特别是希腊文学——的研究在马西利亚（Massilia）⑥都得以蓬勃发展，以至于高卢人学会了希腊语，并将其

———————

　　① 参见凯撒《高卢战记》，第 124 页：“于是，他以极大的酬报说服了一个高卢骑兵，送一封信去给西塞罗。送去的信是用希腊文写的，免得它被敌人截住后，得知我军的计划。”

　　② 参见凯撒《高卢战记》，第 19 页：“因此，在还没采取任何行动之前，他先命令把狄维契阿古斯召到自己面前来，在遣走了日常用的译员之后，通过高卢行省的一个领袖、他自己的知友该犹斯·瓦雷留斯·普洛契勒斯——凯撒在任何事情上都很信任这个人——和他谈话。”

　　③ 参见西塞罗《西塞罗全集·演说词卷》（下），第 511 页：“他们带着傲慢和无畏的神色在讲坛上走来走去，口角带着野蛮的威胁。”

　　④ 2—3 世纪的罗马法学家。

　　⑤ 参见 *Digesten*，32, 11, pr.。

　　⑥ 马赛市的前身，乃希腊于公元前 600 年建立的一个殖民地，此后便成为西地中海地区的重要贸易节点。

用于契约和协议之中：它把高卢人培养成了极其喜欢希腊人的朋友，他们甚至使用希腊语来制作自己的契约"（《地理学》第4卷）①。然而，我可以就这一异议给出一个言简意赅的答复。首先，如果高卢人通过模仿马西利亚人来学习希腊语，那么显而易见的是，希腊语并非他们的母语。其次，斯特拉博在同一处明确指出，用希腊语书写盟约和契约的习惯是在他所处时代的末期开始形成的，当时所有高卢人都已经学会了服从罗马人。② 此外，他明确提及的只有马西利亚周边的地区，其中不仅有私人传授希腊语，而且"地方政府也为尊师重教之目的，公开征召了马西利亚的有识之士"。然而，高卢许多其他地方的学校也生机勃勃，它们用高卢语向年轻人传授艺术和科学，哲罗姆（Hieronymus）③致鲁斯蒂孔（Rusticus）的书信即证明了这一点，他写道："在您于最为繁荣的高卢之地完成学业之后，令慈将您送至罗马，以期拉丁语的朴素可以调和堂皇富丽的高卢语。"④

　　凯撒也曾提及："高卢人在公共和私人事务中均使用希腊的

①　参见斯特拉博《地理学》（上），第249页："他们现在的生活方式明白地说明了这种情况；因为所有的文化人都已经转向了演讲术和研究哲学；所以，城市虽然只是在不久之前才变成培养蛮族人的学校，它却把加拉泰人培养成了极其喜欢希腊人的朋友，他们甚至使用希腊语来制作自己的契约；现在，这座城市已经引起了最显赫的罗马人重视，如果你渴望知识，可以到这里来学习，而不必前往雅典留学。"

②　参见斯特拉博《地理学》（上），第249—250页："无论是凯撒还是后继的皇帝，都牢记先前的友谊，以谦恭的态度对待那些在战争期间犯过错误的人，保留了城市自一开始就拥有的自治权；因此，无论是马西利亚还是它的城市，都服从派到这个行省来的行政长官。"

③　古代西方教会的《圣经》学者，曾完成《圣经》武加大译本，在早期拉丁教会被尊为四位西方教会博士之一。

④　参见 Sigismund Calles, ed., *Annales ecclesiastici Germaniæ*, vol. 1, Sumptibus Leopoldi Joannis Kaliwoda, 1756, p. 274。

文字。"（Gallos in publicis privatisque rationibus Graecis literis usos
fuisse）①但我们应当充分考虑此处的"希腊的"（GRAECIS）一词
是否应予以删除，概因它实属多余，且其用法是不妥和错误的，
因为事实上依照凯撒之见，高卢语的文字和书写不仅被用于编
制德鲁伊②的戒律（Druydum disciplina），在其他各种事务中，包
括私人的和公共的事务，也都有所应用。因为"使用文字"（uti
literis）这个表达经常被拉丁文作者用来指代"写作"（scribere）。
故此，昆体良③指出："我发现柏拉图声称写作会扼杀记忆。"
（《雄辩术原理》第11卷第2章）④此外，矛盾的是，人们既说高
卢人不懂希腊语——如凯撒前文所指，又称希腊字母被普遍用
于记录公共和私人账目与交易。但是，大多数人认为希腊字母
在此处并非意指书写，而是作为单纯的字母使用。我们很难证
明这一点，因为如前所述，古代作家以"使用文字"指代"写作"
的情况数不胜数，而到目前为止，还从未见过它所指的是字母
的形式。

　　这一观点并未因此得到支持：凯撒曾提及"在赫尔维蒂人
（Helvetiorum）⑤营地当中发现了用希腊字母书写的石板"——学
会写希腊字母的人肯定也学会了用希腊字母写作，当时应该有

　　① 参见凯撒《高卢战记》，第139页："虽然他们在别的一切公私事务上都使用希
腊文字，但他们却认为不应该把这些诗篇写下来。"
　　② 古代凯尔特社会的高层人员，充当宗教领袖、法律审判者、学者、医疗人员和政
治顾问。
　　③ 马库斯·法比尤斯·昆体良（Marcus Fabius Quintilianus），1世纪的罗马教育家
和修辞学家，其著作在中世纪和文艺复兴时期有着广泛的影响力。
　　④ 参见 Quintillian, *The Instituto Oratoria of Quintilian*, vol. 4, W. Heinemann, 1936,
p. 216。
　　⑤ 曾分布于现今瑞士大部分地区的一个凯尔特部落。

一些神职人员或年轻的贵族掌握了希腊语这一在当时颇受重视和推崇的技艺，就如同今天很多人学习拉丁语一样。甚至连马西利亚学校的特殊情况也不支持这一观点。因此，凯撒在提及他送给西塞罗的信时曾写道："去信以希腊语书写，免得敌人截获它后得知我军的计划。"（《高卢战记》第 5 卷）尤斯蒂努斯（Justinus）①说："元老院此后禁止任何迦太基人学习书面或口头的希腊语，以防他们在没有翻译的情况下就可以通敌传信。"（《〈腓利史〉概要》第 20 卷）塔西佗在《日耳曼尼亚志》当中指出："在日耳曼尼亚（Germania）和雷蒂亚（Rhetia）②之间的边界上，还发现了一些刻着希腊字母的碑碣。"③李维则写道："当时的罗马男孩一般都习惯于学习伊特鲁里亚语，就像现在学习希腊语一样。"（《建城以来史》第 9 卷）④"汉尼拔（Annibal）曾经建造过一座祭坛，并用迦太基语和希腊语铭刻了他取得的所有成就，以作供奉。"（《建城以来史》第 28 卷）⑤他说道："每座祭坛都用拉丁语和希腊语镌刻。"（《建城以来史》第 40 卷）⑥法学家乌尔比安在《学说汇纂》中写道："我们是否应该赞同，如果一件事用确凿之字母加以书写，不管是希腊文还是拉丁文，都算是公之于

11

---

① 马库斯·优尼亚努斯·尤斯蒂努斯，3 世纪罗马帝国的历史学家，著有《〈腓利史〉概要》。

② 罗马帝国的一个行省，以雷蒂亚人的名字命名，包括现今瑞士东部和中部、德国南部、奥地利的部分地区以及意大利伦巴第北部的部分地区。

③ 参见塔西佗：《阿古利可拉传 日耳曼尼亚志》，马雍、傅正元译，商务印书馆1959 年版，第 57 页。

④ 参见 Livy, *Livy, Book IX*, Cambridge University Press, 1909, p. 53。

⑤ 参见 Titus Livius, *Historiarum libri qui supersunt, cum indice rerum*, vol. 3, Lipsiae, 1820, p. 325。

⑥ 参见 Livy, *T. Livii Patavini Historiarum libri qui supersunt omnes et deperditorum fragmenta*, vol. 5, Lipsiae, 1829, p. 91。

众了？我认为这取决于当地的条件，即所有人是否都通晓这些文字。"①特雷贝里乌斯·波利奥（Trebellus Pollio）②在《埃米利阿努斯》（*Aemiliano*）中提及："据称有人在孟斐斯（Memphim）附近的一根金色柱子上用埃及的文字写下了一段铭文。"③

最后，我不认为凯撒以"用希腊的字母书写"（Graecis literis scribere）指称此意，其所指乃是希腊字母的形状、形式或字符。塔西佗恰就此意写道："在发现就连希腊字母亦非自始就一成不变后，他④就创造并公布了一些新的拉丁字母。"（《编年史》第 11 卷）⑤他之后又指出："拉丁字母在外形上近似于最古老的希腊字母。"⑥同样的说法还可在尤利乌斯·保卢斯（Iulius Paulus）⑦收录于《学说汇纂》中的片段中找到："我们不是被字母的形状所限制，而是被其所表达的意义所约束。"⑧西塞罗也传达了这一观点："他用若干书面字符结束了其似乎永无止境的发言。"（《图斯库路姆论辩集》[*Tuscul.*] 第 1 篇）⑨为了避免有人困惑于"希腊

---

① 参见 *Corpus iuris civilis*，14，3，11。

② 被认为是《罗马君王传》的作者之一。

③ 参见埃利乌斯·斯巴提亚努斯等著《罗马君王传》，谢品巍译，浙江大学出版社 2017 年版，第 486 页："假如罗马的法西斯与罗马人的紫边托加袍被带入此地，埃及就会获得自由。"

④ 指 41—54 年在位的罗马皇帝克劳狄一世。

⑤ 参见塔西佗《塔西佗〈编年史〉》，第 329 页："在他发现就连希腊字母也并不是一开始制定就十全十美的时候，他就创造并公布了一些新的拉丁字母。"

⑥ 参见塔西佗《塔西佗〈编年史〉》，第 330 页："在意大利，埃特路里亚人从科林斯人戴玛拉托斯那里学到了文字，阿波里吉尼斯人从阿尔卡地亚人伊凡德尔那里学到了文字；拉丁的字母在外形上和最早的希腊字母是一样的。"

⑦ 2—3 世纪的罗马法学家与禁卫军长官，撰有大量法律著作，《学说汇纂》中的大量内容即来自他的作品。

⑧ 参见 *Corpus iuris civilis*，44，7，28。

⑨ 参见玛尔库斯·图玛利乌斯·西塞罗《图斯库路姆论辩集》，顾枝鹰译，华东师范大学出版社 2022 年版，第 42 页："那位用区区几个文字符号就标定出看起来无限的嗓音的声响之人？"

的"（GRAECIS）一词何以出现在凯撒的这段话中，我将援引普林
尼（Plinius）①的一个类似例证，他写道："两国达成的第一份协
议规定了采用爱奥尼亚人（IONUM）②的文字。"（《自然史》第 8 卷
第 57 章）③又云："两国之间的第二份协议则事关蓄须事
宜。"④而后的"第三份协议则是关于他们计算时间的方式"⑤概因
谁人不晓爱奥尼亚人文字的影响力应予以剔除？这倒不是因为
它甚为多余（因为普林尼认为人们首先达成一致的便是其书写形
式），而是因为正如普林尼（前文）⑥和塔西佗（《编年史》第 11
卷）⑦所指，爱奥尼亚人最早掌握了字母的说法有误。

　　然而，我注意到两段文字，其中一段来自图尔的格雷戈里
（Gregorius Turonensis）⑧，另一段来自弗勒里的艾穆安（Aimoi-
nus）⑨，它们似乎表明高卢人曾使用过希腊字母；因为他们在谈

---

　　①　指盖乌斯·普林尼·塞孔杜斯，也被称为老普林尼，1 世纪罗马的作家、博物
学者和政治家，著有《自然史》（Naturalis Historia）。
　　②　古希腊四个主要部族之一，爱奥尼亚方言则与多利亚方言以及埃俄利亚方言并
称古希腊世界三大方言。
　　③　参见 Pliny the Censor, Natural history: Books 3–7, trans. H. Rackham, Cambridge
(Mass.), p. 647。
　　④　参见 Pliny the Censor, Natural history: Books 3–7, p. 649。
　　⑤　参见 Pliny the Censor, Natural history: Books 3–7, p. 649。
　　⑥　参见 Pliny the Censor, Natural history: Books 3–7, pp. 635, 637。
　　⑦　参见塔西佗《塔西佗〈编年史〉》，第 329—330 页："从埃及人的动物图画来看，
他们是最早用图画符号表示思想的民族；人类历史的这些刻在石头上的最古老的文献，
直到今天我们还可以见到。他们还自称是字母的发明者。他们认为，曾称雄海上的腓
尼基人把这种知识从埃及输入希腊，结果借用字母的腓尼基人却取得了发明字母的
声誉。"
　　⑧　6 世纪的高卢历史学家和图尔主教，其最重要的著作是《历史十书》（Decem Libri
Historiarum）和《法兰克人史》（Historia Francorum）。
　　⑨　10 世纪前后的法国编年史家，早年曾进入弗勒里修道院隐修，其著作《法兰克
人史》（Historia Francorum）记录了从 653 年以来的法兰克历史。

及国王希尔佩里克（Chilperico）①时曾指出："他给我们的字母表增添了某些字母：希腊人的 ω、ψ、ζ、φ。他向国内所有城市送信，命令向男孩们讲授这些东西。"（《法兰克人史》[*Liber historiae Francorum*]第 5 卷；《法兰克人史》第 3 卷第 41 章）②不过艾穆安仅提到了三个字母，即 χ、θ 和 φ。我们必须理解的事实是，这些人是法兰克人（Franci），而非高卢人（Galli），或者说他们是法兰克高卢人（Francogalli），他们使用的是其祖国的母语，即日耳曼语（Germanica），而非在罗马人治下已遭撤弃的古代高卢人的语言。那么，如果法兰克高卢人使用的是希腊字母，他们又是如何在使用其他所有希腊字母的情况下只略去了这些特定的字母呢？这么做实属多此一举。

至于那些认为高卢人使用日耳曼语之人的观点，我们可以借凯撒的一段话予以驳斥，他写道："阿里奥维司都斯（Ariovistus）③因为长期待在高卢的缘故，已经能够熟练使用高卢语。"（《高卢战记》第 1 卷）④塔西佗在《论日耳曼人的习俗》一章中的

---

① 指 567—584 年在位的法兰克王国墨洛温王朝巴黎国王和 561—584 年在位的苏瓦松国王希尔佩里克一世，他于 584 年遇刺身亡。

② 参见格雷戈里《法兰克人史》，寿纪瑜、戚国淦译，商务印书馆 1981 年版，第 264—265 页："他给我们的字母表增添了某些字母：希腊人的 ω，以及 ae, the, wi，由 ωΨΖΔ 诸符号来表示。他向国内所有的城市送信，命令向男孩们讲授这些东西，并且命令用浮石把旧书抹去，用新的符号加以重写。"

③ 公元前 1 世纪日耳曼苏维汇人的领袖，曾参与高卢地区的战争，帮助阿维尔尼人和塞夸尼人击败其对手埃杜维人。后于前 58 年的佛日战役中被凯撒的军团击败，并被赶回莱茵河对岸。

④ 参见凯撒《高卢战记》，第 39 页："派他去，既是为了他的忠诚，也是为了他对高卢语言的熟练——阿里奥维司都斯由于长期使用这种语言，已经说得很好——而且像他这样一个人，日耳曼人实在没有要伤害他的理由。"

一段话与此吻合："马昔尼人（Marsigni）①和布累人（Burii）②在语言和生活习惯方面类似苏维汇人（Suevi）③。但哥特人（Gothini）④讲高卢语，俄昔人（Osi）⑤讲潘诺尼亚语，可见他们不是日耳曼人（Germani）。"⑥此外，苏维托尼乌斯（Suetonius）⑦在关于卡利古拉（Caligula）⑧的描述中更清楚地证实了这一点："他把注意力转向凯旋式，除了一些蛮族人的俘虏和逃犯外，他还从高卢人中挑选了一些身材特别高大的以及一些（用他自己的话来说）'配得上凯旋式的人'（ἀξιοθριάμβητον），还有若干酋长。他预定把他们用于游行队伍之中，不仅强使他们把头发染成红色，而且还要求他们蓄长发，教他们说日耳曼语，取蛮族人的名字。"⑨格拉雷亚努斯（Glareanus）⑩给出了更明确的反证，还有一些人更进一步发展了他的观点。我倾向于相信他们的

---

①　居住于现今德国西北部莱茵河、鲁尔河和利珀河之间的一个日耳曼小部落。有人认为他们是辛布里人（Sicambri）的一部分。辛布里人为罗马时期居住在莱茵河东岸的一个日耳曼部落。

②　被认为从波罗的海方向迁居至现今易北河、苏台德河和维斯瓦河上游之间、波兰南部的一个日耳曼部落。其中一支在5世纪随苏维汇人入侵了伊比利亚半岛。

③　分布在整个东日耳曼尼亚地区的一支日耳曼人的统称，曾入侵罗马帝国，并于伊比利亚半岛建立苏维汇王国。

④　日耳曼人的一支，在民族大迁徙和西罗马帝国灭亡的过程中扮演了重要角色。

⑤　居住于中欧巴尔干地区的一个古老部落。

⑥　参见塔西佗《阿古利可拉传　日耳曼尼亚志》，第77页："马昔尼人和夸地人的后面为马昔尼人、哥特人、俄昔人和布累人所环绕。其中，马昔尼人和布累人在语言和生活习惯方面类似斯维比人。但哥特人用高卢语，俄昔人用潘诺尼亚语，可见他们不是日耳曼人。"

⑦　指盖乌斯·苏维托尼乌斯·特兰奎鲁斯，1—2世纪的罗马历史学家，现存最重要的作品为《罗马十二帝王传》（De Vita Caesarum）。

⑧　盖乌斯·尤利乌斯·凯撒·奥古斯都·日耳曼尼库斯，罗马帝国第三任皇帝，往往被视为罗马帝国早期的暴君，公元41年遇刺身亡。

⑨　参见苏维托尼乌斯：《罗马十二帝王传》，张竹明、王乃新、蒋平译，商务印书馆2000年版，第181—182页。

⑩　海因里希·格拉雷亚努斯，16世纪的瑞士人文主义者、音乐理论家和诗人。

说法。

　　同时，出于两个原因，我认为古代高卢人有自己的特殊语言，它与布立吞人（Britannos）[①]的布立吞语（Britannica）相差无几：首先，凯撒曾提及，那些希望更进一步通晓德鲁伊这套制度的人大多都前往不列颠学习。[②] 但由于他们不曾使用书籍，所以他们在教学中所使用的是和在高卢一样的语言。其次，因为塔西佗在《阿古利可拉传》中写道：高卢人和布立吞人的语言没有多大的差异。[③] 此外，我倾向于赞同比亚图斯·雷纳努斯（Beatus Rhenanus）[④]的猜想，他认为今时所谓布列塔尼人[⑤]的语言是我们古代语言的残余，基于在其著作中比我们描述得更清楚的原因，当布立吞人被盎格鲁-撒克逊人[⑥]驱逐出自己的国家时，他们逃到了那个地区。英格兰国王爱德华一世的那条古老法律就是由此而来，它规定："当阿摩里卡的布列塔尼人造访该王国时，他们应当受到欢迎和保护，就如同他们是该王国最正直的公民一般，因为这些人源出于该王国的布立吞人。"而对于高卢人的古老语言，我们也可以提出同样的主张。

　　不难看出，我们现在所使用的语言是由若干民族的语言融合

14

---

　　① 自铁器时代起居住于英格兰的凯尔特人，后由于该地区被盎格鲁-撒克逊人占据，遂迁徙至威尔士、康沃尔和布列塔尼等地。

　　② 参见凯撒《高卢战记》，第139页："据传他们这套制度，原来起源于不列颠，以后才从那边传到高卢来的，直到今天，那些希望更进一步通晓它的人，还常常赶到那边去学习。"

　　③ 参见塔西佗《阿古利可拉传 日耳曼尼亚志》，第20页："这一带居民的迷信和宗教仪式与高卢人的习惯最为近似；他们彼此的语言也没有多大的差异；他们都同样地好招惹危险，而当危险来临的时候，又都同样地畏缩。"

　　④ 16世纪的德意志地区人文主义者、宗教改革家和古典作家。

　　⑤ 3世纪之后迁居于法国西北部布列塔尼半岛的凯尔特民族，使用布列塔尼语。

　　⑥ 从中世纪早期起居住在现今英格兰的大部分地区、讲古英语的一个文化群体。

而成的。简而言之，我们现今的语言应分为四部分，而正如弗莱辛的奥托(Otto Frisingensis)①在其编年史(《双城编年史》第4卷)中所证明的，其中半数是从拉丁语那里借来的，而且任何熟悉拉丁语的人皆可观察到这一点。因为，除了作为罗马臣民的高卢人愿意接受罗马人的习俗和语言这一原因之外，一个显而易见的事实是：罗马人在传播拉丁语和促使各民族更加尊崇其语言方面表现得最为狂热。瓦莱里乌斯·马克西姆斯(Valerius Maximus)②也支持这一观点，他指出：为了达成这一目的，他们在各地创设了文学竞赛，比如奥古斯托杜努姆(Augustodunum)③、韦棕提奥(Vesontio)④和卢格杜努姆(Lugdunum)⑤。这一点在塔西佗⑥和奥索尼乌斯(Ausonius)⑦那里得到了印证。我们还在哲罗姆致鲁斯蒂孔的书信中看到如下描述："在您于最为繁荣的高卢之地完成学业之后，令慈将您送至罗马，以期拉丁语的朴素可以调和堂皇富丽的高卢语。"

15

---

①　12世纪的德意志地区编年史家，曾担任弗莱辛教区主教，并参与了第二次十字军东征，著有《双城编年史》(*Chronica de duabus civitatibus*)和《腓特烈皇帝功业录》(*Gesta Friderici Imperatoris*)。

②　1世纪的罗马作家与史学家，著有《善言懿行录》(*Factorum ac dictorum memorabilium libri IX*)。

③　欧坦市旧称，该城市由罗马皇帝奥古斯都建立，作为埃杜维人的政治中心，遂得此名。

④　贝桑松市旧称，曾被凯撒视为塞夸尼人的最大城市。

⑤　里昂市旧称，曾为高卢三省首府，是高卢地区最重要的罗马城市之一，罗马皇帝克劳狄乌斯和卡拉卡拉均出生于此。

⑥　参见塔西佗《塔西佗〈编年史〉》，第168页："撒克罗维尔的一些武装的步兵中队占了这一族的首府奥古斯托杜努姆，他的目的是想把在那座城市的学校中受普通教育的、出身高卢望族的子弟控制到自己手里，利用他们为人质去争取他们的双亲和亲属，同时他还把秘密制造的武器分给这些年轻人。"

⑦　马格努斯·奥索尼乌斯，4世纪的罗马诗人和修辞学教师，曾担任皇帝格拉提安的导师，后被授予执政官一职。

　　因此，拉丁语在高卢蔚然成风，甚至连那些关乎王权和王国最高福祉的法律都以拉丁语制定（最古老的碑文见证了这种做法，古代国王的法令也是如此，其中部分仍得见于一本以高等法院的风格写就的书籍）。但即便是使用拉丁语，他们也会争论不休，各抒己见，而且最重要的是，某种狂热的论辩习俗和技艺正是从罗马教廷传入高卢的，特别是在那些关乎神职及其财富的问题上。这项制度一直延续到了当代，正如弗朗索瓦一世（Franciscus primus）的诏书所示，他于 1539 年要求用法语进行神判，从而促进了我们的语言的发展。宗教戒律和教规方面也是如此；正如古代的教会人士——包括里昂的爱任纽（Irenaeus，episcopus Lugdunensis）①、普瓦捷的依拉略（Hilarius Pictaviensis）②、布尔日的圣希多尼乌斯（Sidonius Bituricensis）③、马赛的萨尔维阿努斯（Salvianus Massiliensis）④和图尔的格雷戈里所证明的，它自始就是依靠拉丁语流传下来的：后来，当罗马的仪式和典礼被引入基督教会时，拉丁语的使用就变得更加广泛了。特别是当查理大帝（Carolus Magnus）⑤通过教皇圣匝加利亚（Papa Zacharias）⑥的影响和建议掌握高卢王国之后，为了报答如此厚恩，他宣布教堂的仪式和所使用的圣歌都应遵循罗马的习俗。这条法律首先出现在加洛林王朝的法令汇编里，然后又出现在

16

---

　　① 2 世纪的基督教神学家，曾担任卢格杜努姆（也就是现今的里昂）的主教。

　　② 4 世纪的普瓦捷主教和教会博士。

　　③ 指希多尼乌斯·阿波利纳里斯（Sidonius Apollinaris），5 世纪罗马高卢地区的主教和最重要的作家之一。

　　④ 5 世纪罗马高卢地区的一位基督教作家。

　　⑤ 774—814 年在位的法兰克王国加洛林王朝国王，并从 774 年开始兼领伦巴第国王，800 年加冕为罗马人的皇帝。

　　⑥ 741—752 年在位的教皇。

法兰克人的法律中，其内容如下："为了让他们得以彻底学会
罗马的咒语，仪式应彻夜进行；抑或，如有必要，仪式应按照
吾等先王丕平的方式进行，他支持高卢人为罗马教廷的和谐和
上帝的神圣教会的和平友谊而采取的做法。"西吉贝尔特（Sige-
bertus）[1]也记录了同样的法令（《编年史》第 774 年）。这是一个
令人不忍提及的问题，它给高卢教会带来了一段晦暗的时光，
并在宗教问题上赋予了罗马教皇权力，这种权力在他们以一种
令人震惊的方式反对法国国王时被滥用。而后者自己的权威则
由被称为"智者"的国王查理五世（Rex Carolus Quintus）[2]所恢复，
1370 年前后，他对教皇的暴政感到非常愤怒，遂安排翻译法语
版《圣经》。在现今的法国，很多地方皆可见到这一版本的《圣
经》，上面还留有查理五世的诏谕和指示，我也记得曾在枫丹白
露王家图书馆见过此书，一次是在 1563 年，另一次是在 1567 年。

　　我们现在所使用的语言的另一半应该分析如下：我们可以
把其中三分之一归于古代高卢语，三分之一归于法兰克语，三
分之一归于希腊人的文字。因为许多人早已证明，在我们的日
常会话中出现了无数来自法兰克语——也就是（我们稍后会讲到
的）日耳曼语——的词汇。许多饱学之士也早已揭示过，我们所
使用的许多词汇来自希腊语。如前所述，这并不是德鲁伊推动
的（我认为他们不说希腊语），而要归功于马西利亚人的习俗和
律法。从马西利亚开始，这种习俗逐渐传播到了高卢的其他
地区。

---

①　指让布卢的西吉贝尔特，11—12 世纪的作家与修士。
②　指 1364—1380 年在位的法兰西王国瓦卢瓦王朝国王查理五世。

第三章
高卢成为罗马行省之后的情况

众所周知，高卢在很长一段时间里多次经罗马人怂恿开战，且屡遭败绩，最后在接近十年的战争中，经凯撒的若干次战役而被完全征服和驯服，沦为了罗马的一个行省。此即这个异常强大而好战的国家的命运，用《圣经》中的话来说，就是它最终屈服于巨兽①；然而（正如约瑟夫斯［Josephus］②所指），八百年来，他们为争夺国家控制权而与罗马展开了艰苦卓绝的斗争，以至于罗马人对高卢武装力量的恐惧胜过了其他所有国家。普鲁塔克（Plutarchus）③（《马塞拉斯》［*Marcello*］④和《卡

---

① 《新约·启示录》第 13 章："兽就开口向神说亵渎的话，亵渎神的名，并他的帐幕，以及那些住在天上的。又任凭他与圣徒争战，并且得胜。也把权柄赐给他，制服各族各民各方各国。凡住在地上，名字从创世以来，没有记在被杀之羔羊生命册上的人，都要拜他。凡有耳的，就应当听。"

② 提图斯·弗拉维奥·约瑟夫斯，1 世纪的犹太历史学家，著有《犹太战史》（*De bello Iudaico*）和《犹太古史》（*Antiquitates Iudaicae*）。

③ 1—2 世纪的希腊历史学家和作家，著有《希腊罗马名人传》。

④ 马库斯·克劳狄乌斯·马塞拉斯，公元前 3 世纪的罗马共和国执政官，获得了"罗马之剑"的称号，曾征伐山内高卢并获得胜利，后参与第二次布匿战争，于前 208年遭汉尼拔伏击杀害。

米卢斯》[*Camillo*]①)②、阿庇安(Appianus)③(《内战史》[*de civili-bus bell*]第 2 卷)④和李维(《建城以来史》第 8、10 卷)都记录了罗马人极度恐惧高卢人，以至于他们在法律中规定，当面临高卢人的威胁时，授予祭司和老者的各种免服兵役的权利皆不再有效。西塞罗提及了这一点(《反腓力辞》[*Philippi.*]第 8 篇)⑤。撒路斯提乌斯(Salustius)⑥在《朱古达战争》(*Iugurth.*)中写道：罗马人将其作为一项无限期规定，"其他所有事项都无法与高卢人带来的威胁相比，因为与他们的竞争不是为了争夺荣誉，而是为了生存"⑦。这一点甚至得到了凯撒的证实(《高卢战记》第 6 卷)，而塔西佗在《日耳曼尼亚志》中也接受了他的说法："高卢人的势力一度胜过了日耳曼人，到他们那边进行侵略，并且还因为高卢人多势众，他们甚至派人前往莱茵河对

18

①　马库斯·福利乌斯·卡米卢斯，公元前 5—前 4 世纪的罗马政治家和军事家。

②　参见普鲁塔克《希腊罗马名人传》(1)，席代岳译，吉林出版集团 2009 年版，第 258 页："在这次决定性会战以后，如果高卢人立即对溃败的军队实施追击，整个局势毫无挽救的余地，罗马难逃覆亡的命运，城市所有剩余人员都会绝灭。从战场逃回的人员使得全城笼罩恐怖的阴影，谣言四起陷入混乱和不安之中。"第 552 页："老实说，自从高卢人占领过他们的城市以后，就被视为最可怕的仇敌，也是他们最忌惮的民族，从那个时代他们制定的法律可以得知，有一条规定：'除了高卢人入侵要防卫城市以外，祭司免于服行兵役的义务。'"

③　2 世纪的罗马历史学家，著有《罗马史》(*Ρωμαϊκά*)。

④　参见阿庇安：《罗马史》(下卷)，谢德风译，商务印书馆 2009 年版，第 202 页。

⑤　参见西塞罗《西塞罗全集·演说词卷》(下)，第 709 页："在战争中豁免劳役是有效的，在骚乱中豁免劳役是无效的。"

⑥　盖乌斯·撒路斯提乌斯·克里斯普斯，公元前 1 世纪的罗马历史学家，著有《喀提林阴谋》(*Bellum Catilinae*)、《朱古达战争》(*Bellum Jugurthinum*)等。

⑦　参见撒路斯提乌斯《喀提林阴谋　朱古达战争》，王以铸、崔妙因译，商务印书馆 1996 年版，第 330 页。

岸殖民。"①

　　塔西佗在《阿古利可拉传》中将他们强大力量的削弱归因于其自由的丧失。他写道："因为我们已经知道，高卢人曾在战争中获得蓬勃发展；但很快就因丧失力量与自由而变得好逸恶劳。"②既然爱国的热忱需要得到某种程度的宽纵，那么我们亦可对尤斯蒂努斯所谓的高卢人的英勇精神表达敬意，他写道："高卢人自觉其土地再也无法生养如此稠密的人丁，遂遣三十万人浪迹方外，寻找新的居住地。其中一些人在意大利定居了下来，占领并烧毁了罗马城。另一些人则来到了伊利里亚人（Illyrica）③的土地上，屠杀了敌对的野蛮人，并在潘诺尼亚（Pannonia）④建立了自己的定居点。他们是一个坚韧、勇敢且好战的民族，是继因其行为获得了英勇之声誉和不朽之崇拜的赫拉克勒斯之后首个翻越阿尔卑斯山未被征服的山峰和粗砺、寒冷地域的民族。他们在那里征服了潘诺尼亚人，并在多年里与邻近的民族相互交战。而在取得了令人鼓舞的成功后，他们分兵出击，其中一些人入侵了希腊，另一些人则进攻马其顿，摧毁了他们路上所遇到的一切事物。他们的名字是如此可怖，以至于那些还未曾受到其

----

　　① 参见凯撒《高卢战记》，第 144 页："过去有过一个时期，高卢人的英勇超过了日耳曼人，到他们那边进行侵略，而且还因为高卢人多，土地少，派人移殖到莱茵河对岸去。"塔西佗《阿古利可拉传　日耳曼尼亚志》，第 68 页："从伟大的尤利乌斯的记载中得知，高卢人的势力曾一度胜过日耳曼人。因此，我们可以相信高卢人甚至曾经横渡过日耳曼尼亚之境。当任何一个部落强盛起来，希望去占有一些新的、尚未为强有力的王国所瓜分的公有土地时，河流是阻止不住他们的。"

　　② 参见塔西佗《阿古利可拉传　日耳曼尼亚志》，第 20—21 页："我们知道，高卢人也曾有过一度煊赫的武功，但后来他们因安享太平而习于游惰之风，他们的自由也就随着尚武精神同归于尽。"

　　③ 欧洲古代的一个印欧语系民族，据称居住于希腊西北部地区。

　　④ 中欧古地名，后成为罗马帝国的一个行省。

威胁的国王都用大量的金钱赎买和平。"(《〈腓利史〉概要》第 24
卷)接下来他还写道:"彼时的高卢年轻人取得了累累硕果,他
们就如蜂群一般遍布整个小亚细亚。总之,若无一支由高卢人组
成的雇佣军,东方的任何一位国王都不会贸然发动战争,而当一
个统治者被赶出其王国时,他亦不会向除却高卢人之外的任何人
寻求庇护。"(《〈腓利史〉概要》第 25 卷)此即高卢人的恐怖威名,
或他们无坚不摧的赫赫武功,以至于若无高卢人英勇的庇佑,没
有一位国王觉得自己可以高枕无忧,亦无一位国王能够收复失地。
这就是对高卢人好战天性和英勇无畏的赞美,然而(正如我们此前
所援引的塔西佗的描述),当他们失去自由时,这一切都灰飞烟灭
了。但诚如普林尼所言,在罗马人将高卢变成一个行省之后,一
些高卢国家仍然保留了其自由的身份,其中包括了内尔维人、苏威
西翁内斯人、乌尔巴内西斯人(Ulbanesses)和廖奇人(Leuci)①的国
家。一些同盟者的国家也是自由的,如林贡斯人(Lingones)②、
雷米人、卡尔尼特人和埃杜维人(《自然史》第 4 卷第 17 章)③。
特兰奎鲁斯在《神圣的朱里乌斯传》(Iulio)中印证了这一点:"除
了同盟者和一些当之无愧的城市之外,他将比利牛斯山、阿尔卑
斯山、塞文山(monte Gebenna)、莱茵河和罗纳河(Rhodanus)所环
绕的方圆 3 200 里的高卢地区全部降为了一个行省,并向其征收

20

---

① 曾分布于现今洛林地区南部的一个比尔及部落。
② 曾分布于现今朗格勒市周边的一个凯尔特部落,朗格勒市即因该部落而得名。
③ 参见 Pliny the Censor, *Natural history: Books 3-7*, pp. 201, 203。

每年四百万塞斯特尔提乌斯①的贡赋。"②

从凯撒所提及的阿维尔尼人克里托尼亚托斯③(Critognatus Arverni)的演讲中不难理解那些已经沦为罗马行省的国家的状况:"如果你们对远隔千里在别的民族身上发生的事情一无所知,那就看看近在身侧的高卢吧,它已经沦为了一个行省,经法律改头换面,臣服于斧钺,永远过着被奴役的生活。"(《高卢战记》第7卷)④因此,西塞罗在《为封泰乌斯辩护》(pro Fonteio)中称:"高卢挤满了罗马商人,到处都是罗马人,除非通过罗马公民,否则任何高卢人都无法进行任何商业活动;没有一个银币可以不经过罗马人的账户而在高卢流通。"⑤此外,这种奴役表现在了三个方面。首先,他们被驻扎在高卢的驻军压制住了,尽管罗马确实没有派遣大批部队进入那些看起来和平安宁的行省。约瑟夫斯指出,在皇帝提图斯(Imperator Titus)⑥时期,高卢由不超过1 200名士兵组成的驻军所控制。他写道:"尽管如此,高卢人为了自己的自由而与罗马人争斗了近800年,他们所占据的城

---

① 罗马的货币单位。

② 参见苏维托尼乌斯《罗马十二帝王传》,第13页:"在统帅军队的这9年里,他的成就主要如下:整个高卢,以比利牛斯山、阿尔卑斯山、塞文山和莱茵河、罗纳河为界,周围约3 200罗马里范围内地方,除了同盟者和曾经给了他很大帮助的城市外——都被他并成一个行省,并被规定每年向他上缴税金400万塞斯特尔乌斯。"

③ 高卢战争期间阿维尔尼部落的贵族,是公元前52年阿莱西亚战役中对抗罗马军队的高卢领导人之一。

④ 参见凯撒《高卢战记》,第201页:"如果你们不知道老远在别的民族发生的事情,且看看近在身边的高卢吧,它已被降为行省,权利和法律全被改掉,被迫在斧头下过着世代代的奴隶生活了。"

⑤ 参见西塞罗《西塞罗全集·演说词卷》(下),第502页:"高卢到处都是商人和罗马公民。没有一个高卢人曾经独立地与一位罗马公民做交易,高卢人的每一笔生意都记录在罗马公民的账本中。"

⑥ 指提图斯·弗拉维乌斯·维斯帕西亚努斯,79—81年在位的罗马帝国皇帝。

市数量几乎与罗马驻军所控制者齐平。"(《犹太战史》第2章)

其次，奴役表现为各行省必须向罗马人缴纳税款和贡品。为此，他们不得不接受收税人，或者说是吸食各行省血液的鹰身女妖①和水蛭。前文提到的苏维托尼乌斯还有欧特罗皮乌斯(Eutropius)(《建城史略》第6章)②都指出：当凯撒征服高卢后，他每年都要征收价值四百万塞斯特尔提乌斯的贡赋。③最后是对行省居民的奴役，罗马人使其无法使用自己国家的法律，并将罗马所遣携带节杖斧钺的行政长官强加于他们，这些行政长官有权在各行省颁布法令。事实上，我们高卢几乎所有的行省都极其痛苦且怨气满腹地忍受着这三种奴役。科尔奈利乌斯·塔西佗指出，在提比略(Tiberius)④统治时期，也即凯撒征服高卢后不久，"高卢诸邦因为穷年累月的税收、残虐不仁的高利贷以及统治者的倨傲(此即塔西佗《编年史》第3卷的措辞)而兴起叛乱"⑤。苏维托尼乌斯指出，后来在皇帝尼禄(Nero)时期，高卢人痛恶其统治，以至于弃之而去。"不到13年之后，这个世界便废除了这位统治者，而其中一马当先的便是高卢人。"(《罗马十二帝王传》第40章)⑥我们再怎么称颂我们祖先的作用也不为过，因为他们是世界上第一个将如此强大的暴君的统治枷锁从

21

---

①　希腊神话中的一种怪物。

②　弗拉维乌斯·欧特罗皮乌斯，4世纪的罗马历史学家，著有《罗马史概要》(*Breviarium Historiae Romanae*)。

③　参见苏维托尼乌斯：《罗马十二帝王传》，第13页。

④　提比略·尤利乌斯·凯撒·奥古斯都，14—37年在位的罗马帝国皇帝。

⑤　参见塔西佗《塔西佗〈编年史〉》，第166页："因此在多次的集会和讨论当中，他们都发表背叛的声明，指责永无止境的税收、苛酷的利率、长官的残暴与横傲。"

⑥　参见苏维托尼乌斯《罗马十二帝王传》，第253页："世界容忍这样的统治者近14年之久，最后终于把他抛弃了。首先举行起义的是在朱里乌斯·文德克斯领导之下的高卢人，那时他正以代大法官衔总督那个行省。"

脖子上移走，并要求从残酷暴君的奴役下获得自由的民族。

正如安东尼（Antoninus）①在其《游记》（*Itinerarium*）中所载以及塞克斯都·鲁弗斯（Sextus Ruffus）②所指，整个高卢被罗马人划分为了 16 个行省：维埃纳（Viennensis）、第一纳尔榜（Narbonensis prima）、第二纳尔榜（Narbonensis secunda）、第一阿基坦（Aquitania prima）、第二阿基坦（Aquitania secunda）、诺文波皮拉尼亚（Novempopulana）、滨海阿尔卑斯（Alpes maritimas）、第一比尔及（Belgica prima）、第二比尔及（Belgica secunda）、第一日耳曼（Germania prima）、第二日耳曼（Germania secunda）、第一卢格敦（Lugdunensis prima）、第二卢格敦（Lugdunensis secunda）、第三卢格敦（Lugdunensis tertia）、大塞夸尼（Maxima Sequanorum）和希腊阿尔卑斯（Alpes Graecas）。但阿米阿努斯·马尔切利努斯则更为详尽地列举了上述地区（《要事实录》第 15 卷）。

现在言归正传，我们很难想象高卢人在忍受罗马人掠夺时的愤慨与痛苦，以及他们反抗罗马人的频繁程度。由于没有足够的力量摆脱罗马人的暴政，他们保持了雇佣日耳曼人作为支援的传统。第一批法兰克人的殖民地就这样落地生根了。因为日耳曼人要么被罗马人征服，要么被罗马人收买（这种情况似乎可能性更大），他们开始逐渐在高卢边界内建立定居点。苏维托尼乌斯在《神圣的奥古斯都传》（*Augustus*）中提及了这一点："他战胜了阿尔必斯河（Albis）③对岸的日耳曼人，苏维汇人和辛布

---

① 安东尼·庇护，138—161 年在位的罗马帝国皇帝。
② 4 世纪的罗马历史学家。
③ 易北河的旧称。

里人向他投降，他把他们带到高卢，安置在莱茵河附近的土地上。"①苏维托尼乌斯还在《提比略传》(*Tiberius*)中写道："在日耳曼战争期间，他将四万名俘虏运到高卢，并将他们安置在莱茵河岸附近的指定地点。"②我们也不应该忽略弗拉维乌斯·沃匹斯库斯(Flavius Vopiscus)③关于皇帝普罗布斯(Probus Caesaris)④统治的记录：在其治下，几乎整个高卢地区，也就是过去罗马帝国统治的六十邦国之地，皆抛弃了罗马的权威，揭竿恢复自己的自由。沃匹斯库斯写道："凭借这些战绩和庞大的军队，他征服了高卢诸行省，这些地方皆因波斯图穆斯(Postumus)⑤被杀而动荡不安，并在奥勒良(Aurelianus)⑥遇刺身亡后被日耳曼人占领。普罗布斯在这一地区连战连捷，从野蛮人手中夺回了高卢地区最重要的六十座城市。在遍及整个高卢的战斗过程中，他屠戮了近四十万窃据罗马领土者，并将残兵败将赶到了内卡河⑦和阿

23

---

① 参见苏维托尼乌斯《罗马十二帝王传》，第 57 页："他还阻止了达西亚人的袭击，杀了他们许多人，包括他们的三位首领；又迫使日耳曼人退回到阿尔必斯河彼岸；只有苏维比人和辛布里人除外，他们向他屈服了，被带到高卢，定居在莱茵河附近地区。"

② 参见苏维托尼乌斯《罗马十二帝王传》，第 118 页："在日耳曼战争中，他把 4 万俘虏带至高卢并在莱茵河流域为他们安家。"

③ 《罗马帝王纪》的作者之一。

④ 马库斯·奥里利乌斯·普罗布斯，276—282 年在位的罗马帝国皇帝。

⑤ 3 世纪危机期间从罗马帝国分裂出去的高卢帝国的皇帝，原为罗马军队指挥官，统治高卢帝国十年后遭部下杀害。

⑥ 鲁奇乌斯·多米提乌斯·奥勒良，270—275 年在位的罗马帝国皇帝。他在位期间初步解决了 3 世纪危机，让分裂的罗马帝国获得了部分统一。

⑦ 位于现今德国境内的一条河流，是莱茵河的主要支流之一。

尔必斯河之外的地区。"①相较于其他作品，马赛主教萨尔维阿努斯所撰的传道书更好地向我们展示了罗马人统治的残酷性和压迫性，其劫掠的暴虐，其生活方式的可恶和淫秽，他们被高卢人——特别是基督徒恨之入骨。因此，如此众多的日耳曼人涌入高卢，而高卢人非但没有阻挡这股洪流，反而积极鼓动它，就不足为奇了。拉提努斯·帕卡图斯(Latinus Pacatus)②对狄奥多西(Theodosius)③说道："若非尔等高卢人之罪，我们又当从何论起！当瘟疫席卷诸国时，尔等胆敢宣称此番苦痛非尔辈之过？"希多尼乌斯·阿波利纳里斯的著作，特别是萨尔维阿努斯作品中的许多段落都清楚地表明：我们的法兰克人血统源于那些日耳曼民族。

---

① 参见埃利乌斯·斯巴提亚努斯等著《罗马君王传》，第 586 页："做完上述这些，他便带着大军往高卢诸行省赶去，这些行省在波斯图穆斯被杀之后就全都陷入了混乱，并在奥勒良遇害之后被日耳曼人占据着。而他在那儿的战斗取得了如此巨大的胜利，以至于从蛮族手里夺回了高卢全境最负盛名的六十座城市，以及除去财富以外令他们引以为傲的全部的战利品。当他们[蛮族]在我们这边的河岸上(更确切地说在高卢全境)毫无顾忌地游荡的时候，他杀死了近四十万侵占罗马人土地的[蛮族]，又把余下的人赶到了内卡河的对岸，赶出了阿尔巴地区。"

② 拉提努斯·帕卡图斯·德雷帕尼乌斯，4 世纪的罗马诗人和作家。

③ 指 379—395 年在位的罗马帝国皇帝狄奥多西一世。

第四章

论占据高卢并改名为法兰西人
或法兰克高卢人的法兰克人的起源

因此，我们的风俗制度要求我们探究法兰克人的起源，探究他们最初的居住地——他们的发源地。可以肯定的是，法兰克人在很长一段时间里占据了欧洲的一大片地区，而且他们是日耳曼人。故而令人感到不可思议的是，托勒密①、斯特拉博和普林尼都未曾提及他们，尤其是在孜孜不倦地追踪了所有日耳曼民族位置和称谓的科尔奈利乌斯·塔西佗那里也找不到任何相关资料。因此，我们确实要若干举证来证明法兰克人这个名字的伟大之处。

第一个例子来自哲罗姆，他在《隐士奚拉里传》(Vita Hilarionis)中指出：“皇帝君士坦丁(Constantius Imperator)所支持者有红色的头发和白皙的皮肤，这表明他是一个外省人。居住于撒克逊人②和阿勒曼尼人(Alemanni)③之间的这个民族异常强壮且

---

① 克劳狄乌斯·托勒密，2世纪的著名学者，在数学、天文学、地理学上均有造诣，著有《地理学指南》(Γεωγραφική Υφήγησις)等。

② 曾分布于现今德国下萨克森北部一带的日耳曼人的一支，于5世纪入侵了不列颠岛。

③ 最初居住于莱茵河上游的日耳曼部落，后迁徙至现今阿尔萨斯和瑞士北部地区。

不讨喜，过去被史家称为日耳曼人，尽管如今人们称之为法兰克人。"哲罗姆在后文中继续写道："他熟练掌握了法兰克语和拉丁语。"另一个例子来自约翰内斯·瑙克勒鲁斯（Johannes Nauclerus）①的编年史，他指出："查理大帝②被称为法兰克人的国王，这与他被称为日耳曼和高卢的国王是一回事。众所周知，当时从比利牛斯山脉一直延伸到潘诺尼亚、横贯高卢和日耳曼的整片土地都被称为法兰克。其中后者被称为日耳曼或东法兰克，前者被称为高卢或西法兰克。"（《寰宇编年史》第 27 卷）所有史家都认同这一说法的真实性。同样，乌尔斯贝格修道院院长（Abbas Urspergensis）③在《秃头查理传》（Carolus Calvus）中称东法兰克为奥斯特罗法兰西亚（Ostrofrancia），而西法兰克则被称为纽斯特里亚（Neustria），或威斯特里亚（Westria），这与雷纳努斯的说法一致。因此，西吉贝尔特在其编年史中写道："埃布罗恩（Ebroin）④是纽斯特里亚的宫相。"他又在后文中指出："丕平⑤征服了纽斯特里亚。"弗勒里的艾穆安在某一段落以及其他多处地方也采用了同样的说法（《法兰克人史》第 4 卷第 27 章）。《大修道院编年史》（Chronicum vero Maioris Monasterii）中有这样

---

① 16 世纪施瓦本地区的历史学家和人文主义者，著有《寰宇编年史》（Memorabilium omnis aetatis et omnium gentium chronici commentarii）。

② 774—814 年在位的法兰克王国加洛林王朝国王，并从 774 年开始兼领伦巴第国王，800 年加冕为罗马人的皇帝。

③ 即乌尔斯贝格的布尔夏德，也被称为比伯拉赫的布尔夏德，12—13 世纪德意志地区的教士和编年史家，著有《乌尔斯贝格编年史》（Chronicon Urspergensis）。

④ 7 世纪纽斯特里亚王国的宫相，他曾于 658—673 年和 675—680 年两次担任该职务。

⑤ 指墨洛温王朝法兰克王国的宫相丕平二世，又称埃斯塔勒的丕平，被视为加洛林王朝的奠基者之一。

一段话：纽斯特里亚乃巴黎希人和奥勒良人（Aurelianis）①安身之地，它从卢瓦尔河和塞纳河下游一直延伸到海洋。乌尔斯贝格修道院院长的说辞亦复如是。而弗莱辛的奥托也提及了两个法兰克王国的情况。关于君士坦丁献土②，他写道："故此，西罗马教会坚持认为，这些王国是君士坦丁③合法转让予它的，除了两个法兰克王国之外，它收取贡赋的权利即使在今日亦无可置疑。"（《双城编年史》第4卷第3章）艾因哈德（Eguinarthus）④在《查理大帝传》中写道"其父丕平⑤统治后的法兰克王国确实已十分强大，但查理却大大扩张了王国的版图，几乎令其翻了一番。因为在他之前，法兰克王国的疆域仅包括了莱茵河、卢瓦尔河、大洋⑥与巴利阿里海（mare Balearicum）⑦之间的高卢部分地区，以及萨克森、多瑙河、莱茵河和流经图林根人（Thoringi）⑧与索布人（Sorabi）⑨所居之地（也就是后来被称为'东方人'的法兰克人的居住地）的萨勒河（Sala）⑩所围绕的日耳曼部分地区；另外，

26

---

①　即卡尔尼特人，曾分布于塞纳河和卢瓦尔河之间地区的一个凯尔特部落。3世纪，罗马皇帝奥勒良造访卡尔尼特人的首府塞纳布姆时，以自己的名字为之命名，谓之为奥勒良努姆，此即奥尔良之名的前身，而卡尔尼特人也被称为奥勒良人。

②　一项伪造的罗马帝国法令，据说4世纪皇帝君士坦丁大帝将罗马城和罗马帝国西部的权力移交给教皇。该文件被用来支持教皇的政治权威主张。

③　306—337年在位的罗马帝国皇帝。

④　8—9世纪的法兰克王国史学家，著有《查理大帝传》（Vita Karoli Magni）。

⑤　指751—768年在位的法兰克王国加洛林王朝国王丕平三世，也被称为"矮子"丕平。曾担任纽斯特里亚王国和奥斯特拉西亚王国的宫相，于751年废除墨洛温王朝末代国王希尔德里克三世，成为法兰克国王，是加洛林王朝的创建者。

⑥　指大西洋。

⑦　西地中海的一部分，指称位于伊比利亚半岛东岸与巴利阿里群岛之间的海域。

⑧　日耳曼人的一支，曾建立王国，并与法兰克王国发生冲突。

⑨　一个分布于现今德国萨克森和勃兰登堡两州境内的西斯拉夫民族。

⑩　一条位于现今德国境内的河流，是易北河的左岸支流。其名源自原始印欧语，意为"沼泽"。

阿勒曼尼人和巴伐利亚人①的居住地也归属于法兰克王国。查理通过多次战争征服下列各国：首先是阿基坦"，云云。②

　　弗莱辛的奥托在其编年史中写道："法兰克人的土地现在从西班牙一直延伸到潘诺尼亚，其中包括了两个最重要的公国——阿基坦和巴伐利亚。"(《双城编年史》第 5 卷第 9 章)他在后文(《双城编年史》第 6 卷第 17 章)中提供了更多细节。维泰博的戈弗雷(Godefridus Viterbiensis)③在有关 881 年的编年史记录中也提及："阿努尔夫(Arnulphus)④统治着整个东法兰克，也就是今天所谓的条顿人⑤的王国，即巴伐利亚、施瓦本、撒克逊、图林根、弗里吉亚和洛林。厄德(Odo)⑥掌握着西法兰克。"(《编年史》第 17 部)他还指出："从诸多权威资料中可以看出，如今皇帝腓特烈⑦所拥有的条顿人王国是法兰克王国的一部分，因为法

---

　　①　6 世纪时期定居于现今巴伐利亚、奥地利和南蒂罗尔的一个日耳曼部落，被认为是现代巴伐利亚人和奥地利人的祖先。

　　②　参见艾因哈德、圣高尔修道院僧侣《查理大帝传》，戚国淦译，商务印书馆 1996 年版，第 18 页："他从他的父亲丕平手里继承法兰克王国的时候，这个国家已是十分强大。但是通过这些战争，他使得国家的版图几乎扩充了一倍。因为在他以前，法兰克王国的统治只限于高卢的一部分，即莱茵河、卢瓦尔河、巴利阿里海所环绕的地区；以及所谓东部法兰克人居住的那部分日耳曼，即为萨克森、多瑙河、莱茵河和流经图林根人与索布人之间的萨勒河所围绕的地方；另外还及于阿勒曼尼人和巴伐利亚人的住地。但是查理通过上述各次战争，征服并君临了下列各国：首先是阿基坦和加斯科涅、整个比利牛斯山脉直至埃布罗河为止的西班牙领土，埃布罗河发源于纳瓦尔，流经西班牙的最肥沃的地区，在托尔托萨的城墙脚下注入巴利阿里海。"

　　③　12 世纪的基督教编年史家。

　　④　896—899 年在位的神圣罗马帝国皇帝和 887—899 年在位的东法兰克国王，为"日耳曼人"路易之孙。

　　⑤　罗马作家提及的一个古老的北欧部落，曾于公元前 2 世纪参与了入侵罗马共和国的辛布里战争。凯撒认为其属于日耳曼民族，并以该名指称莱茵河以东的所有北方民族。

　　⑥　888—898 年在位的西法兰克国王。

　　⑦　应指 1155—1190 年在位的神圣罗马帝国皇帝腓特烈一世。

兰克人是首个居住在莱茵河两岸地区的民族，从该地区一直到
巴伐利亚边界的土地如今被称为东法兰克。西法兰克是指从塞
纳河两岸到卢瓦尔河的那个王国。"（《编年史》第 913 年）他在后
文中复又写道："当查理大帝成为法兰克人的国王时，整个高卢
的民族，即凯尔特人、比尔及人和卢格杜努姆人（Lugdunensis），
以及从莱茵河到伊利里亚（Illyricum）的所有日耳曼人，组成了单
一的法兰克王国。"正如我曾指出的，弗莱辛的奥托对以上诸般
情状皆有所描述。

　　维杜金德（Vitichindus）①记录称："东法兰克人的最后一位 27
加洛林王朝皇帝是路德维希（Lothovicus）②。"（《撒克逊史略》第 1
卷）雷吉诺（Regino）③写道："国王丕平死后，其子路易（Ludovi-
cus）（他曾在父亲弥留之际随侍榻边，并为其举行了葬礼）居住
在东法兰克王国的重要中心法兰克福（Francofurt）④。"（《编年史》
第 576 年）乌尔斯贝格修道院院长则指出："查理大帝与妻子法
斯特拉达（Foestrada）⑤育有两女，她是东法兰克人，即日耳曼
人。"同一作者在关于撒克逊人起源的文章中写道："提乌德里克
（Theodoricus）⑥夺取了奥斯特拉西亚（Austrasia），该王国的中心
位于梅兹（Metensem）⑦。"克雷莫纳的利乌特普兰德（Liutprandus

---

①　12 世纪的德意志历史学家。
②　指 900—911 年在位的东法兰克王国加洛林王朝国王路德维希四世，也被称为
"童子"路易。
③　又称普吕姆的雷吉诺，9—10 世纪的圣本笃修会修士和编年史家。
④　即美因河畔法兰克福，位于现今德国黑森州，意为"法兰克人涉水而过的
地方"。
⑤　查理大帝的第三任妻子，东法兰克王国王后。
⑥　应指 679—691 年在位的法兰克王国墨洛温王朝国王提乌德里克三世。
⑦　位于现今法国南部奥克西塔尼大区埃罗省的一座市镇。

Ticin.)①指出："圭多(Wido)②将获得所谓的罗马法兰克(Romana dicunt Franciam)，而贝伦加尔(Berengarius)③将拥有意大利。"他在后文中继续写道："当经过勃艮第人④的王国(Burgundionum regna)时，他希望进入人们所谓的罗马法兰克……"现在他们将这一地区称为罗马法兰克，首先是因为法兰克人占领的高卢地区早先为罗马人所占有，其次，正如前文所指，则是因为罗马语言在该地区的使用。由此产生了"讲罗马话"的古老说法，用来区别那些不讲日耳曼语或法兰克语的人。另一种用法是"罗马高卢"(Gallia Romana)的表达方式，如雷吉诺所指："与此同时，罗马高卢的国王、查理的儿子路易⑤在国王之敌的怂恿下入侵了阿尔萨斯(Alsatiam)。"(《编年史》第2卷第939年)因此，弗莱辛的奥托写道："在我看来，生活在高卢的法兰克人由于与罗马人的接触而改变了他们的语言，因此产生了他们今日所说的语言，而留在莱茵河附近以及日耳曼的其他人则讲日耳曼语。"(《双城编年史》第4卷)在诸多段落中，维泰博的戈弗雷也附和了这一观点："在我看来，那些时代的法兰克人似乎是从居住于此的罗马人那里学会了他们今天仍然在使用的罗马语言。"(《编年史》第17部第1章)从这些文献资料中完全可以看出，法兰克人的名号在广大范围内有着惊人的影响力，因为他们占据了欧

28

---

① 10世纪的意大利历史学家，曾担任神圣罗马帝国外交官和克雷莫纳主教。

② 斯波莱托的圭多三世，意大利国王和罗马人的皇帝(891—894年在位)。

③ 贝伦加尔一世，于888—924年在位的意大利国王，并于901年被教皇本笃四世加冕为罗马皇帝。

④ 曾分布于莱茵河中游地区的日耳曼人的一支，后迁入罗马帝国境内高卢东部地区。

⑤ 应指936—954年在位的西法兰克国王路易四世，其父为西法兰克国王查理三世。

洲的大部分地区。

此外我们还看到，那些被皇帝腓特烈二世（Imp. Friderico II）①迁入那不勒斯和西西里王国（Neapolitanum et Siculum regnum）并作为受保护之殖民者在那里建立殖民地的日耳曼人被描述成了法兰克人。因此，彼得罗·德拉维尼亚（Petrus de Vineis）②在其书信中写道："法兰克人的法律规定，长子应继承世袭财产，从而排除了其他子嗣的继承权，这一规定甚至在军营中也同样适用。"（《书信集》第6卷第25章）皇帝腓特烈二世也曾提及法兰克人："法兰克人习惯于将其人身和大部分财产系于神裁，或者像通常所说的，由决斗决定结果。"（《那不勒斯法典》［*Neapol. const.*］第2卷第32章）这位皇帝在后文中写道："上述证明方法由遵守法兰克人法律者使用。他还指出：我们希望本法律适用于所有人，包括所有案件中的法兰克人和伦巴第人（Longobardi）③。"（《那不勒斯法典》第2卷第33章）

以上诸般似已确定无疑，然而，于八百年前撰写了关于法兰克人起源之内容的图尔主教格雷戈里在其著作开篇就宣称，尽管他对这个问题进行了详尽的研究，但根本没有任何定论。尽管格雷戈里援引了古代史家苏尔皮西乌·亚历山大（Sulpicius Alexander）④的著作⑤，但后者对法兰克人的发祥地及其王国的

29

---

① 1212—1220年在位的神圣罗马帝国皇帝，兼领有罗马人的国王、西西里国王、耶路撒冷国王、意大利国王和勃艮第领主等头衔。

② 13世纪的意大利法学家和外交官，曾担任皇帝腓特烈二世的大臣和秘书。

③ 日耳曼人的一支，曾在6—8世纪占据了意大利半岛的部分地区，并建立了伦巴第王国。

④ 4世纪晚期罗马研究日耳曼部落的历史学家，著作已佚失，但部分内容为图尔的格雷戈里所援引。

⑤ 参见格雷戈里：《法兰克人史》，第60—66页。

起源一无所知。然而，我们已经注意到，最初的法兰克人来自阿尔必斯河和莱茵河之间的滨海地区，靠近大小考契部落（Chauci maiores et minores）[①]定居的土地，"这个民族（正如塔西佗所指）是日耳曼人当中最高贵的一支，他们以正义捍卫自己的伟大"[②]，而且与巴达维人（Batavi）[③]毗邻而居。因为人们普遍认为法兰克人的定居点位于海边的沼泽地中，而且他们非常擅长航海，在海上作战方面训练有素。此番事实之证据首先见于克劳狄安（Claudianus）[④]的作品，他曾创作了一首庆祝斯提里科（Stilicho）[⑤]获胜的诗作：

> 负隅顽抗的查伊科人（Chayco）已经渡河离去。
>
> 比尔及人的牛群仍在河边觅食。
>
> 渡过阿尔必斯河的高卢人的牛群
>
> 漫游于法兰克人的丛山之间。

在这段诗文当中，被作者诗意地称为查伊科人的民族正是地理学家所谓的考契人。

一篇献给君士坦丁大帝的颂文提供了法兰克人定居于海滨这一事实的证据，颂扬者在其中宣称："我还要再提及法兰克这个最神秘的民族，他们并非来自那些曾经被罗马人入侵的地方，

---

① 曾分布于埃姆斯河和易北河之间低洼地带的一个日耳曼部落。

② 参见塔西佗《阿古利可拉传 日耳曼尼亚志》，第72页："在日耳曼人各个部落中，他们应算是最高尚的一族；他们以正直的行为来保持自己的伟大。"

③ 罗马统治时期居住于莱茵河三角洲，即现今荷兰海尔德兰省一带的一个日耳曼部落。

④ 4—5世纪的罗马诗人。

⑤ 弗拉维斯·斯提里科，拥有汪达尔人血统的罗马高级将领，曾担任西罗马帝国执政官。

而是从其发祥地——蛮族土地上最为遥远的海岸奔逃而来，他
们定居在高卢的荒地上，通过信仰崇拜与投身行伍来帮助维持
罗马的和平。"同样，在演说家埃乌梅纽斯(Eumenius)①的另一篇
颂文中还出现了以下陈述："曾经，法兰克人的野蛮似乎吞噬了
一切，现在这种野蛮已经荡然无存，就像被他们的河流淹没，
或者被大海冲走。"普洛科皮乌斯(Procopius)②也有着同样的说
法，因为他描述了在莱茵河入海处："这一地区沼泽众多，古时
是日耳曼人定居之所，这个蛮族起初默默无闻，现在则被称为
法兰克人。"(《哥特战争》[De Bello Gothico]第 1 卷)③佐纳拉斯
(Zonaras)④也提到了普洛科皮乌斯所说的这个地方(《编年史》
第 3 卷)，而佐西姆斯(Zosimus)⑤亦曾征引后者所著《哥特战
争》第 1 卷的内容。弗拉维乌斯·沃匹斯库斯在《皇帝普罗布
斯传》(vita Probi Imperatoris)中写道，"法兰克人在其不可向迩
的沼泽中被普罗布斯⑥打垮了"，以及"法兰克人见证了他们在
杳无人迹的沼泽中惨遭屠戮。"⑦希多尼乌斯·阿波利纳里斯也

30

---

① 3 世纪的罗马演说家，出生于高卢卢格敦地区。

② 6 世纪的东罗马帝国学者和历史学家，著有《秘史》(Ἀνέκδοτα)和《战争史》
(Ὑπὲρ τῶν Πολέμων Λόγοι)等。

③ 参见普洛科皮乌斯《战争史》(上卷)，王以铸、崔妙因译，商务印书馆 2010 年
版，第 493 页："这一地区的湖泊众多，这里古时是日耳曼人居住的地方，这是一个蛮
族的民族，他们在起初并没有引起人们的重视，现在则被称为法兰克人。"

④ 约翰·佐纳拉斯，11 世纪的东罗马帝国历史学家和神学家。

⑤ 6 世纪的东罗马帝国历史学家，著有以罗马帝国之衰落为主题的《新史》
(Ἱστορία Νέα)。

⑥ 马库斯·奥里利乌斯·普罗布斯，276—282 年在位的罗马帝国皇帝。

⑦ 参见埃利乌斯·斯巴提亚努斯等著《罗马君王传》，第 584 页："迈尔迈里卡
人见证了他们在阿非利加土地上遭遇战败，法兰克人见证了他们在不通道路的沼泽
中遭遇倾覆，日耳曼人和阿勒曼尼人则见证了他们被驱逐到离莱茵河岸很远的地
方。"

指出：

> 请进入辛布里
>
> 此乃法兰克人最隐秘之沮泽。

当把考契人和法兰克人的活动区域进行比较时，我们此前对居住在考契人附近的法兰克人的描述就变得明晰了。普林尼描述的是前者，而颂扬者描述的是后者。普林尼观察到："我已经拜访过的北方部落，不管是大考契部落还是小考契部落，都还处于这种状态。这里每天有两次巨大的潮汐泛滥，它淹没了大片的陆地，所以很难知晓它是陆地还是海洋的一部分。"（《自然史》第16卷第1章）[1]颂扬者则指出："凯撒，那个地区虽已被您声威赫赫之军队惩罚和涤荡，但莱茵河却在此地蜿蜒流过，它所环绕的土地被水浸透，几乎不能称之为陆地。不仅是那些显而易见的沼泽会遭挤压变形，而且即使是看起来比较坚实的地面，行走留下的足印也都灌满了水，大地在脚步下颤抖，仿佛它感觉到了即将到来的重量。"

因此，我们认为法兰克人这一民族从何处迁徙至高卢是显而易见的，即阿尔必斯河和莱茵河口之间的滨海沼泽地区。这一点可以通过以下论据得到证实：法兰克人是一个非常善于航海的民族，他们曾沿着海岸线四处漫游。欧特罗皮乌斯在讲述皇帝加里恩努斯（Gallienius Imperatoris）[2]的历史时曾提道："卡劳修斯（Carausius）[3]后来被授予了在比尔及和阿摩里卡附近海域

---

① 参见普林尼：《自然史》，李铁匠译，上海三联书店2018年版，第222页。
② 普布里乌斯·利奇尼乌斯·埃格纳提乌斯·加里恩努斯，253—268年在位的罗马帝国皇帝。
③ 3世纪的罗马帝国军事指挥官。

巡视的任务,此处正遭到法兰克人和撒克逊人侵扰。"(《建城史略》第9卷)保卢斯·奥罗修斯(Paulus Orosius)①也记录了同一事件(《反异教徒史》第7卷)。前文提及的颂扬者的言论也与此相关,他指出:"当法兰克人因战争而勃然奋励时,其力量远超他族,推动着他们在怒海狂涛之中激流勇进,远至方外,他们甚至以武装力量侵扰了西班牙的海岸。"因此,皇帝查士丁尼②在解释非洲总督的职责时,提到了定居在与西班牙接壤的高卢某地的法兰克人(《查士丁尼法典》第2部)③。

32

颂扬者的颂词中还有一段令人难忘的文字反映了法兰克人的能征惯战,他讲述了一支法兰克人的小分队在战争中被皇帝普罗布斯击败,并被送至本都(Pontum)④,他们抢夺了一些船只,绕着希腊和亚洲地区航行,还入侵了西西里岛,占领了叙拉古(Syracusas)⑤,最后满载着战利品和掳掠之财货,通过赫拉克勒斯海峡(fretum Herculeum)⑥返回大洋。他写道:"人们曾记得,在普罗布斯统治时期,一小队被俘的法兰克人以惊人的胆魄和令人难以置信的好运,乘坐盗取之船只从本都出发,远航至希腊和亚洲地区,一路掠夺,然后沿着利比亚(Lybiae)的海岸航行,尽管其间不无折损。最后,在取得了几次海上胜利后,

---

① 4—5世纪的罗马历史学家和基督教神学家,著有《反异教徒史》(*Historiarum Adversum Paganos Libri VII*)。

② 指527—565年在位的东罗马帝国皇帝查士丁尼一世。

③ 参见 *Codex Iustinianus*, 1, 27, 2。

④ 位于黑海南岸的一个地区,米特里达梯一世曾于公元前302年在此建立本都王国,后被罗马征服被设置为行省。

⑤ 位于意大利西西里岛上的一座沿海城市,由古希腊科林斯的殖民者建立于公元前734年,后成为地中海的一座重要城市。

⑥ 即直布罗陀海峡,在西方经典中,赫拉克勒斯之柱被用于形容直布罗陀海峡两岸耸立的海岬。

他们甚至占领了著名的叙拉古城，并在航行了很远的距离之后，进入了借以攻袭陆地的大洋。这一蛮勇之举表明无物可躲过依靠畅行无阻之航船施行的海盗劫掠。"佐西姆斯也记录了同样的故事："当法兰克人臣服于皇帝，并从其治下获得容身之所时，他们中的一部分人计划了一场叛变，并在夺取大量船只后，令整个希腊陷入动荡。他们还航行到了西西里岛，攻击了叙拉古城，在那里大肆屠杀。虽然抵达非洲时被迦太基(Carthagine)派来的军队击退，但他们还是排除万难，回到了家乡。此事发生在普罗布斯统治时期。"（《新史》第 1 卷）

还有一些段落可以证明法兰克人的定居点靠近巴达维人的边界，它们也具备参考价值。在谈到马克西米安(Maximianus)①和君士坦丁时，颂扬者指出："他杀死、驱逐和俘虏了成千上万曾入侵巴达维亚(Batavia)②和莱茵河这边其他土地的法兰克人。"此外，塔西佗的一段引人注目的文字也提到了巴达维亚和弗里西亚(Frisia)③等邻国，还有坎宁尼法提斯人(Canine-fates)④，这个民族惯于选举国王，后面我们将证明这确实也是法兰克人的习俗。他写道："他遣人去找坎宁尼法提斯人，与其商议这个计划。这个民族占据了岛屿的一部分，其起源、语言和

---

① 马库斯·奥勒留·瓦勒里乌斯·马克西米安·赫库里乌斯，286—305 年在位的罗马帝国共治皇帝。

② 巴达维人所居住的地方被罗马人称为巴达维亚。

③ 弗里西人所居住的包括现今荷兰北部和德国西北部的一块地区。

④ 居住于莱因河三角洲、巴达维亚西部、罗马下日耳曼省的一个日耳曼部落。

勇力无异于巴达维人，但人数较少。"（《历史》第 20 卷）① 随后他又指出："根据该民族的习俗，布林诺（Brinnio）被放在盾牌上，其支持者用肩头扛起他，首领就这样被选出来了。"② 当我们稍后谈及相关问题时，就会发现这些内容对于我们的讨论颇为重要。既然如此，我无法不对那位博学洽闻的作家阿德里亚努斯·图内布斯（Adrianus Turnebus）③ 的观点感到震惊，他罔顾古代作家的诸多材料，宣称在他看来，法兰克人来自斯堪的纳维亚半岛（Scandinavia），因为托勒密（Ptolemaeus）认为他们居住于菲拉西岛（insula Phirassi）上。此言大谬，他甚至认为"法兰克人"（FRANCI）这个名称应被替换。然而，除了臆测之外，他没有为自己的观点提供任何理由，而且他的观点与所有古代作者的观点大相径庭。

至于几乎所有那些以寓言为乐，并将法兰克人的起源与特洛伊人（Troiani）以及虚构的普里阿摩斯④ 之子法兰库斯⑤（Priami filius Francus）联系起来的人，我们只能说，这样的观点为诗人而非史家的作品提供了素材。在此辈之中，我们需要首先提及

34

---

① 参见塔西佗《塔西佗 历史》，王以铸、崔妙因译，商务印书馆 1985 年版，第 256 页："有人被派到坎宁尼法提斯人那里去使他们也参加了这一计划。坎宁尼法提斯人占居岛上的一部分；他们就起源、语言和勇气而论是和巴达维人相同的，但是人数却不如巴达维人多。"

② 参见塔西佗《塔西佗 历史》，第 256 页："在坎宁尼法提斯人中间有一个出身显贵名叫布林诺的蛮勇之士；他的父亲敢于做出许多敌视罗马人的行动，并曾嘲笑过盖乌斯的荒谬可笑的征讨，但是却并没有为此而受到惩处。这反抗过罗马人的家庭的名字本身就使得布林诺成了一个受欢迎的人物。巴达维人便根据他们本族的习惯，要他站到一个盾牌上，用肩头抬着他，选他为自己的领袖。"

③ 16 世纪的法国古典学者。

④ 希腊神话中特洛伊战争期间的特洛伊国王。

⑤ 墨洛温王朝时期的学者虚构的神话人物，他被认为是传说中的法兰克人国王、特洛伊人的后裔、墨洛温王朝的创始人以及查理大帝的祖先。

的是继尧姆·迪贝莱(Guillielmus Bellayus)①。尽管他通晓各门类艺术，聪明才智亦值得称道，然观其关于高卢和法兰西古制之作，似乎是按照《高卢的阿玛迪斯》(*Amadisicarum fabulae*)②的方式创作了一部神话故事集，而非一部法兰克高卢的史书。

---

① 16世纪的法国外交官和军事官员，出身于著名的安茹家族。
② 于16世纪在伊比利亚半岛流行的骑士小说，其第一个版本出现于14世纪。

第五章

关于法兰克人的名称和他们的各种远征，
及其何时在高卢建立自己的王国

然而，理性要求我们三思"法兰克"（*francum*）这个词，如前所述，在早期关于日耳曼的描述中找不到这个词。毋庸赘述，只能有两种可能性。首先，注定要做出一番如此伟大事业的法兰克人可能是一个起于微末的民族；正如因为自由之气息首先在赫尔维蒂人（Helvetiorum）①的那个小村落②中得到了保卫，"瑞士人"之名也就传遍了所有的赫尔维蒂人之地。其次，另一个解释在我看来更有可能，即这个名称是在一个特定的事件和场合下产生的。当时，那些宣布自己在恢复自由方面一马当先者称自己为法兰克人，他们在日耳曼人当中被视为免于奴役的自由人。这一解释令德意志那些饱学之士感到满意，因此在大众语言中，Francum 一词有自由和豁免之意，Francisiam 表示避难所，Francisare 表示让人获得自由。

因此，约翰内斯·阿文蒂努斯（Iohan. Aventinus）③写道："法兰克人的名字经常出现在我们古代的法律记录当中，它源自

①　公元前 1 世纪分布于现今瑞士地区的一个凯尔特部落或部落联盟。
②　指施维茨，位于现今瑞士施维茨州，瑞士之名即来源于此地。
③　文艺复兴时期巴伐利亚地区的人文主义者、历史学家和语言学家。

代表自由的日耳曼语词汇，即 Freyghait 和 Freyghun，当时的人们习惯于视之为我们法兰克人的一个姓氏。他们通常被称为自由的法兰克人。"(《巴伐利亚编年史》第 4 卷)热罗尼莫·苏里塔(Hieronymus Surita)[1]写道："法兰克人的国王'秃头'查理[2]赋予巴塞罗那市民——无论他们是西班牙人还是哥特人——以法兰克人已经习惯于享受的豁免权和自由，并允许他们根据哥特人的法律在他们之中和法庭之上享有权利。在西班牙，这种由法兰克人授予的自由被称为'法兰克权'(FRANKITAS)。因为法兰克人的日耳曼民族特性，查理大帝赋予了其他日耳曼人和弗里西人(Frisiis)[3]更为有利的豁免条件。"(《阿拉贡诸王纪事》第 844 年)这位作者还写道："7 月，皇帝向艾克塞阿(Exeanis)的公民提供了法兰克权(即被称为贵族出身的)这一特权，以便该市镇能够为人景仰、人丁兴旺。"(《阿拉贡诸王纪事》第 1110 年)同样，阿尔伯特·克兰茨(Albert Krantz)[4]在其编年史中写道："该词源自日耳曼语。'法兰克'(Franck)在日耳曼语中是自由之意，即不服从任何形式的奴役。"(《教会史》第 4 卷第 13 章)而安东尼乌斯·萨贝里库斯(Ant. Sabellicus)[5]则指出："法兰克人被意大利人称为自由者，概因后者在日耳曼人的洪流中得以幸存。"(《史稿九篇》第 3 卷)

---

① 16 世纪的西班牙历史学家，他奠定了西班牙近代历史学的学术传统，著有《阿拉贡诸王纪事》(*Anales de la Corona de Aragón*)等。

② 指 840—877 年在位的西法兰克王国国王和 875—877 年在位的神圣罗马帝国皇帝。

③ 居住于莱茵-马斯-斯海尔德三角洲和埃姆斯河之间的低洼地带的一个日耳曼人部落。

④ 15—16 世纪的德意志地区历史学家。

⑤ 15—16 世纪来自威尼斯的学者和历史学家。

此事的第一份证据来自普洛科皮乌斯(《哥特战争》第1卷)，他指出，这些法兰克人在古时被称为日耳曼人，但在迁离故土之后，他们被冠以了法兰克人之名。[1] 图尔的格雷戈里、乌尔斯贝格修道院院长、西吉贝尔特、维埃纳的阿多(Ado)[2]和维泰博的戈弗雷都认为，法兰克人因其自由和(这些作家所认为的)凶悍而得名，因为他们拒绝受雇于皇帝瓦伦提尼安(Valentiniano Imper.)[3]，并效仿其他民族的做法纳贡。塔西佗也在一篇文章中为这一观点提供了论据，他在谈及坎宁尼法提斯人(Caninefatibus)(我们已经证明他们是法兰克人的近邻[若非同胞——本身就是土生土长的法兰克人的话])时用这样一番话来描述他们对罗马人所取得的第一次胜利："这场胜利举世闻名，而且他们还获得了所需的武器和船只，他们在整个日耳曼和高卢都享有盛誉，成为自由的缔造者(LIBERTATIS AUCTORES)。日耳曼人立即派出使节，表示愿意援之以手。"(《历史》第20卷)[4]因此，在摆脱了暴君强加的奴役之后想保留崇高的自由(甚至在国王的权威之下亦是如此)的这群人被恰如其分地称为法兰克人，这实乃对未来的美好预示。因为对国王的服从并非奴役，臣服于国王者亦不能立即被视为奴隶；但那些屈从于荒淫无道的暴君、强盗或屠夫之人，就如牲口一般，实应冠之以最卑劣的奴隶名号。

37

----

① 参见普洛科皮乌斯《战争史》(上卷)，第492页："这些法兰克人在古代被称为'日耳曼人'。"

② 9世纪的维埃纳大主教和编年史家。

③ 应指364—375年在位的皇帝瓦伦提尼安一世。

④ 参见塔西佗《塔西佗　历史》，第258页："这次胜利当时对敌人来说是光荣的，而对于未来则又是有益处的。他们取得了他们所需要的武器和船只，而且在所有的日耳曼和高卢行省里，他们则作为解放者而受到很大的赞扬。日耳曼人立刻派来了使团表示愿意协助。"

故而，法兰克人始终接受着国王的统治，甚至在他们宣布自己是自由的保护者和捍卫者之时也是如此。当他们为自己任命国王时，他们不是在册立暴君和屠夫，而是在为其自由任命监护人、治理者和保卫者，这与日后法兰西国家的形式如出一辙。因此，诗人克劳狄安（Claudianus）写道："没有其他形式的自由能像在一个虔诚国王统治下存在的自由那般令人满意。"（《论斯提里科的执政官之位》第3卷）因此，撒路斯提乌斯指出：在古代，罗马人有了国王，"这样才能维护自由和促进国家的繁荣"①。而当感到自由遭国王的疯狂行为威胁时，他们就会做出决断，通过赶走国王来保障自己的自由。

某个名为约翰内斯·图尔皮努斯（Iohannes Turpinus）②的修道士（这个既愚蠢又无知的人所撰写的并非查理大帝的传记，而是他的传奇故事）曾嘲讽"法兰克"一词，声称为建造狄俄倪索斯（Dionysus）③的神庙捐款者被称为"法兰克"（Francus），也就是自由人，就好像这是他所身处的查理大帝时代的国王之名，甚至不值得一提，充满了无意义的寓言和妄想。我们关于法兰克人名称的进一步猜想在图尔的格雷戈里、维埃纳的阿多、西吉贝尔特、乌尔斯贝格修道院院长和维泰博的戈弗雷的观点中得到了支持，即这个名字源自法兰克人的自由和凶悍，因为这些作者在得出这个概念时玩了一个文字游戏。正如他们所说，这是因为法兰克人拒绝成为皇帝瓦伦提尼安的雇佣兵，拒绝像其他民族一样纳贡。这并不是说在皇帝瓦伦提尼安的时代之前几乎无

---

① 参见撒路斯提乌斯：《喀提林阴谋　朱古达战争》，第98页。
② 8世纪的兰斯主教，被认为是《查理大帝史》（*Historia Caroli Magni*）的作者。
③ 希腊神话中的酒神。

人提及法兰克人之名（因为如前所述，这个名称在一百年前的皇帝加里恩努斯①时期就已经被使用了），而是指邻近的民族模仿法兰克人的勇气和榜样，要求从罗马的暴政中获得自由，认为他们也应使用自己的称谓。

胡尼巴尔都斯（Hunibaldus）②指出，他们是以辛布里国王安塔鲁斯的儿子法兰库斯（Francus）之名命名的，这件事发生在屋大维·奥古斯都③统治时期。但此说与希腊和罗马的所有记载相悖，如前所述，根据这些记载，在如此古老的时代未曾有一处提及法兰克人。而且（如前所述，后文亦会提及），这些民族习惯于自立国王，并且认为人民得国王任命，而非国王由人民任命的观念可谓荒谬绝伦。还有说法认为法兰克人和辛布里人是同一个民族，因为圣雷米吉乌斯（divus Remigius）④在给克洛维（Clodoveus）⑤施洗时使用了如下半行诗：你须谦卑，辛布里人，摘下你的项链⑥。但此说更为荒谬，概因其中有些人是法兰克人，有些人是辛布里人，正如希多尼乌斯·阿波利纳里斯的诗句所指出的：

> 请进入辛布里
>
> 此乃法兰克人最隐秘之沮泽。

---

① 普布里乌斯·利奇尼乌斯·埃格纳提乌斯·加里恩努斯，253—268 年在位的罗马帝国皇帝。

② 据称是一部讲述从特洛伊陷落到克洛维一世的编年史的作者。

③ 前27—14 年在位的罗马帝国皇帝，是罗马帝国的第一任皇帝，他所创立的元首制一直沿用至 3 世纪危机时期。

④ 5—6 世纪的兰斯主教，曾为克洛维一世举行洗礼仪式。

⑤ 指克洛维一世，509—511 年在位的法兰克王国墨洛温王朝国王。

⑥ 指异教徒的护身符。

克劳狄安献给霍诺留(Honorius)①的诗句支持了这一观点：

39

> 辛布里人在我们的领袖面前低下了他们的黄发头颅，
>
> 而法兰克人哀求着匍匐前进，发出了胆怯的低语。

即使我们承认圣雷米吉乌斯使用了这一表述，它也很可能是一种文字游戏，而非刻意的称谓。

然而，回到制度习俗这个问题上，现在我们可以确定无疑地主张法兰克人的称谓（正如塔西佗所解释的）是一种吉兆，这些自由的支持者得蒙此福，借此获得了无数胜利。当法兰克人挟此计划离开故土时，他们把高卢及其母国日耳曼从罗马的暴政中解放了出来，在越过阿尔卑斯山后，他们还解放了意大利的大部分地区。这一美名最早出现于特雷贝里乌斯·波利奥的《加里恩努斯传》(vita Imperatoris Gallieni)当中，大约在260年前后。（谈到加里恩努斯时）他写道："当他纵情于声色犬马，除了以孩童游戏的方式行使权力，别无他法统治国家时，天生无法忍受荒淫无道的君主的高卢人便将高卢总督波斯图穆斯推上了统治者之位。"②波利奥在后文中又写道："加里恩努斯

40

遂对波斯图穆斯开战，波斯图穆斯得到了凯尔特人和法兰克人

---

① 弗拉维乌斯·霍诺留·奥古斯都，393—423 年在位的西罗马帝国首位皇帝，为罗马皇帝狄奥多西一世的次子。

② 参见埃利乌斯·斯巴提亚努斯等著《罗马君王传》，第 444—445 页："正当加里恩努斯在奢靡与放荡中不断让自己沉溺于寻欢作乐之时，当他就像一个男孩在玩执掌大权的游戏一样处理国家事务之际，高卢人出于本性就无法忍受既轻浮、奢靡，又背离罗马人的美德而走向堕落的那些元首，便把波斯图穆斯推上了最高大权。"

的帮助，与维克托里努斯(Victorinus)①一同开赴战场。"②从此番内容可以看出，高卢人借助法兰克人的支援——也就是自由支持者的力量——摆脱了在暴君加里恩努斯治下所受的奴役。这也是佐纳拉斯(Zonaras)在《加里恩努斯传》当中提到的"他与法兰克人交战"所要阐明的意思。

法兰克人再度被提及则是在弗拉维乌斯·沃匹斯库斯的《奥勒良传》(Aureliani vita)当中："在摩贡提阿库姆(Moguntia-cum)③，第六高卢军团的军团司令官击溃了当时正于高卢全境四处流窜的法兰克人，在屠戮了七百人之后，他还将他们中的三百人发卖为奴。"④因为在那场战争中，我们法兰克人并非总是在战斗中获胜，在这方面，他们与其他战争中的其他民族别无二致，无论他们的理由显得多么正义。事实上，他们的两位国王被后来的君士坦丁大帝⑤俘虏，并在公开场合下与野兽角斗，这是欧特罗皮乌斯(《建城史略》第9卷)和我们多次引述的那篇颂词之作者所叙述的。由于这位颂词作者在另一段落中描述了在巴达维人的边界进行的战争，而我们已经证明了巴达维人与

---

① 268—270年或269—271年在位的高卢帝国皇帝，他曾是波斯图穆斯麾下的士兵，在268年被迅速擢升为波斯图穆斯的联合执政官。

② 参见埃利乌斯·斯巴提亚努斯等著《罗马君王传》，第447—448页："因此，加里恩努斯率奥列奥鲁斯和将领克劳狄乌斯(他后来取得了大权，也是我们的恺撒君士坦丁的先祖)对波斯图穆斯发动了战争。而珀斯图姆斯也带着大量的辅助部队在凯尔特人和法兰克人支援下与和他共享大权的维克托里努斯一起奔赴战场。"

③ 罗马时期的城市，现今美因茨的前身。

④ 参见埃利乌斯·斯巴提亚努斯等著《罗马君王传》，第522页："同样是这个奥勒良，他在摩贡提阿库姆附近以第六高卢人军团军事保民官的身份击溃了当时正于高卢全境四处流窜的法兰克人，结果杀死了七百人，俘虏三百，并把他们当作战俘卖为了奴隶。"

⑤ 306—337年在位的罗马帝国皇帝。

我们法兰克人相毗邻，故而我们将引用其描述："他屠杀、驱逐或掳走了成千上万曾入侵巴达维亚和莱茵河这边的其他领土的法兰克人。"他还在另一处写道："过去一直在他追随者控制下的

41 巴达维人的土地却被法兰克国王领导的各个民族所占领。他把所有的敌人赶出了这个地区，不满足于征服的他还让这些人接受罗马的统治，因此他们不仅被迫放下了武器，而且还摒弃了其凶悍的性格。"这段话表明，君士坦丁为法兰克人的武装力量所迫，允许他们在罗马帝国的疆域内定居。此外，阿米阿努斯（Ammianus）写道，从君士坦丁和李锡尼（Licinius）①之间的内战开始，法兰克人就奋勇而战，屡屡为君士坦丁冲锋陷阵（《要事实录》第 15 卷）。在此书他处，他还记录了在君士坦丁大帝的儿子君士坦丁②统治时期，大量的法兰克人参与了宫廷活动，他们得皇帝垂青，并获授重权。他继续指出："在这些事件之后，马拉里楚斯（Malarichus）凭借法兰克人的支持突然夺取了权力，他们中的许多人在当时的宫廷中晋升高位。"

　　在所谓的背教者尤利安（Iulianus）③统治时期，这些法兰克人试图夺回被罗马人奴役压迫的殖民地阿格里皮纳（Agrippina）④，并在进行长期围困后迫使其投降，这一点在阿米阿努斯的著作（《要事实录》第 12 卷）中有所记载。一些法兰克人在萨拉

---

　　①　盖乌斯·瓦列里乌斯·李锡尼安努斯·李锡尼，308—324 年在位的罗马帝国东部皇帝。

　　②　指 337—340 年在位的罗马帝国皇帝君士坦丁二世。

　　③　361—363 年在位的罗马帝国皇帝，他是罗马帝国最后一位信仰多神教的皇帝，因反对将基督教视为国教而被罗马教会称为背教者。

　　④　始建于 1 世纪，以罗马皇后小阿格里皮娜之名命名的罗马城市，现今德国城市科隆的前身。

河（Sala）①附近定居，因此被称为萨利安人（Salii）。阿米阿努斯在同一卷中提到了他们："待万事皆备，他寻找到诸法兰克人中的领头人——那些习惯上被称为萨利安人的群体，他们以前曾胆大妄为地在罗马领土上一个名为托克桑德里亚（Toxiandria）②的地方附近定居殖民。"（《要事实录》第 12 卷）佐西姆斯对他们的描述如下："他们驱逐了萨利安人，这群人被法兰克人推到前面，被撒克逊人从他们自己的定居点赶到这座岛上（即巴达维亚）。此前，这座岛屿曾被罗马人完全控制，此时则为萨利安人所占。"（《新史》第 3 卷）同样，阿米阿努斯描述了莱茵河以外的地区是如何被法兰克人占领并被称为法兰西亚的。他写道："在越过莱茵河之后，他突然来到了那些被称为阿图阿里人（Attuarii）的法兰克人的土地上，后者是一群好事之徒，当时正不受约束地闯入了高卢人的边界。"（《要事实录》第 20 卷）当论及在梅斯（Mettis）③附近的莱茵河畔与皇帝瓦伦提尼安④媾和的国王马克里安（Rex Macria）⑤时，阿米阿努斯指出："他殒命法兰西亚，当时他蛮横地闯入该地区，打算将其夷为平地，但被包围了，中了好战的国王梅罗鲍德斯（Mellobaudis）⑥的埋伏。"（《要事实录》第 30 卷）同一作者在后文中写道，这位法兰克人的国王梅罗鲍德斯骁勇善战，由于其军事才能，他被皇帝格拉提安（Imp.

42

----

① 艾瑟尔河的旧称，位于现今荷兰境内，是莱茵河的岔流之一。
② 位于现今荷兰南部和比利时北部的肯彭地区的旧称。
③ 位于现今法国东北部大东部大区摩泽尔省的一座市镇。
④ 指罗马帝国皇帝瓦伦提尼安一世。
⑤ 4 世纪后期阿勒曼尼部落的国王，他曾试图联合所有北日耳曼和阿勒曼尼的部落对抗罗马。
⑥ 4 世纪的拥有法兰克血统的罗马军官，曾两度被任命为执政官。

Gratiano)①任命为内卫首领，并与纳尼埃努斯(Nannienus)②共同指挥军队对抗日耳曼的兰提阿蒂斯人(Lentiates)③。后来，在霍诺留统治时期，法兰克人与这位皇帝签订了联盟条约，拱卫罗马高卢的边境，对抗斯提里科。因为奥罗修斯(Orosius)写道："斯提里科煽动阿兰人(Alani)④、苏维汇人、汪达尔人(Vandali)⑤以及其他许多民族，突破法兰克人的防线，越过莱茵河并入侵高卢。"

在皇帝霍诺留的时代之后，法兰克人的事迹就已渐灭无闻了，关于那个时代，我们不得不参考盎博罗削(D. Ambrosius)⑥与皇帝狄奥多西⑦的通信内容，狄奥多西在信中指出法兰克人于西西里岛和其他多处战胜了罗马军队的指挥官马格西穆斯(Maximus)⑧。他就马格西穆斯的情况写道："就此，他很快被法兰克人击败，并在西西里岛、锡萨克(Siciae)和普图伊(Petavione)被撒克逊人击败，最终溃败于寰宇之内。"然而，所有作家都认为，在瓦伦提尼安三世(Valentiniano III)⑨统治时期，即450年前后，

43

---

① 375—383 年在位的罗马帝国皇帝。

② 4 世纪的罗马军事指挥官。

③ 4 世纪与阿勒曼尼人关系密切的一个部落，居住于现今德国南部的多瑙河、伊勒河与博登湖之间的区域。

④ 曾分布于北高加索地区的一支游牧民族。匈奴人在东欧草原击败哥特人后，众多阿兰人与各日耳曼部落一起向西迁移，并于 5 世纪进入伊比利亚半岛和北非地区，建立王国。

⑤ 曾分布于现今波兰南部的一个日耳曼部落，于 5 世纪入侵伊比利亚半岛、地中海各岛屿和北非，建立了汪达尔王国。

⑥ 4 世纪的米兰总主教和著名的拉丁教父之一。

⑦ 指狄奥多西一世，379—395 年在位的罗马帝国皇帝。

⑧ 马格努斯·马格西穆斯，383—388 年在位的罗马帝国皇帝，原为不列颠指挥官，后夺取了格拉提安的皇位。

⑨ 425—455 年在位的罗马帝国皇帝。

法兰克人国王墨洛维①的儿子希尔德里克（Childericus）②经过两百多年的斗争，最终为高卢赢得了摆脱罗马人奴役的自由，并在此建立了其王国第一个可靠且稳定的根据地。虽有人将法拉蒙德（Faramund）③和长发克洛迪奥（Clodiocrinitus）④视为法兰克人的首位国王，但不容置疑的是，在此之前还有其他若干位法兰克人的国王，他们也越过莱茵河进入了高卢，然皆未在高卢的边界之内赢得和平统治权。通常被视为法兰克人第三位国王的墨洛维（Meroveus）确实是法兰克人的国王，但他是一个外来人和陌生人，并未在高卢成为国王，至少不是由法兰克人通过他们共同的和相关的人民选择和意愿而成为国王。所有这些早期的国王都是法兰克人的国王，但不是法兰克高卢人的国王。正如我们所提到的，第一位由法兰克人和高卢人在这两个民族的民众大会上任命为法兰克人之国王的是墨洛维的儿子希尔德里克。他是在其父墨洛维于荒淫无道之皇帝瓦伦提尼安三世统治期间与阿提拉（Attila）⑤的战斗中被杀后不久被册立为王的。当时，盎格鲁人（Angli）⑥和苏格兰人（Scoti）⑦占领了不列颠，勃

44

----

① 5 世纪的萨利安法兰克人的国王和墨洛温王朝的创始人，曾在 451 年的卡塔隆平原战役中与罗马将军埃提乌斯联手对抗匈人阿提拉的入侵。

② 457—481 年在位的法兰克王国墨洛温王朝国王希尔德里克一世，他是克洛维一世之父，墨洛温王朝能够确证存在的第一位国王。

③ 4—5 世纪的法兰克人首领。

④ 5 世纪上半叶的萨利安法兰克人首领。

⑤ 434—453 年的匈人统治者，他在统治期间建立了匈人帝国，并成为东西罗马帝国最主要的敌人之一。

⑥ 曾分布于现今丹麦南部及其邻近地区的日耳曼人的一支，在 5 世纪罗马于不列颠的统治崩溃之后入侵该岛。

⑦ 苏格兰的一个土著民族，在中世纪早期由皮克特人和盖尔人这两个讲凯尔特语的民族融合而成，曾在 9 世纪建立了苏格兰王国。

艮第人（Burgundi）占领了塞夸尼人、埃杜维人和阿洛布罗基人
（Allobrogi）①的土地，汪达尔人占领了非洲和意大利，甚至劫掠
了罗马城。匈人（Hunni）②在阿提拉的领导下，用火和剑蹂躏着
高卢。他拥有一支大约五十万人的军队，在高卢四处游荡，兵
锋直抵图卢兹（Tholosanum）③。时任高卢总督的埃提乌斯
（Aetius）④对阿提拉的实力大感震惊，遂与哥特人结盟。他在后
者的帮助下与阿提拉交战，据说有不下十八万人在那场战斗中
倒下。然而，皇帝瓦伦提尼安怀疑凯旋的埃提乌斯觊觎王位，
便将他处死了。皇帝自己旋即也被前文提及的马格西穆斯杀死。

　　法兰克人的国王墨洛维并未菲薄此次行动的机会。他率领
其所集结的庞大军队越过了莱茵河，当许多邦国向他寻求帮助
以恢复自由时，他占领了凯尔特人的核心城市。当他去世时，
高卢人和法兰克人这两个民族已经建立了一个单一国家，他们
团结一致选举墨洛维的儿子希尔德里克为国王。法兰克高卢人
一一向他行礼。希多尼乌斯·阿波利纳里斯、保罗执事（Paulus
Diaconus）⑤、图尔的格雷戈里、弗莱辛的奥托、艾穆安⑥和其他作
者均证明了这一事件，当我们在后文讨论国王就职的方式时，
我将提供他们的证词。关于这些城市被占领的情况，弗莱辛的
奥托描述如下："当法兰克人越过莱茵河后，他们首先赶走了住

45

---

① 曾分布于罗纳河与日内瓦湖之间地区的一个凯尔特部落。
② 4—6世纪生活在中亚、高加索和东欧地区的游牧民族，曾在阿提拉的统治下建
立了庞大的匈人帝国。
③ 位于现今法国西南部奥克西塔尼大区上加龙省的一座市镇。
④ 5世纪的西罗马帝国军事指挥官和政治家。
⑤ 8世纪的圣本笃修会僧侣、缮写员和伦巴第史学家。
⑥ 指弗勒里的艾穆安，11世纪前后的法国编年史家。

在那里的罗马人，然后占领了高卢城市图尔奈（Tornaco）①和康布雷（Cameraco）②。然后他们步步为营，占领了兰斯（Rhemos）③、苏瓦松（Suession）④、奥尔良（Aurelianum）⑤、科隆（Colonia Agrippina）⑥和特里尔（Augusta Treverorum）⑦。"（《双城编年史》第4卷）我们亦不应忽视著名作家胡尼巴尔都斯的相关观点："在墨洛维时代，法兰克人几乎把整个高卢地区都纳入了其王国之内。罗马军队要么被大大削弱，要么已经回撤，在瓦伦提尼安因嫉妒而杀死埃提乌斯之后，他们的颓势就更为凸显了。因此，法兰克人与高卢人混杂而居，并娶后者的女儿为妻。如此结合生下的儿女们学会了他们的语言和习俗，直至今日，他们已经越来越熟悉这些习俗。"这一做法获得了地方当局的认可，高卢人和法兰克人在那个时代被冠以不加区别的称谓；因此，保罗执事写道："高卢人身处困境，尽管他们中的许多人被俘虏了，但更多的人还是历经艰险，得幸逃脱，而法兰克军队所行之大规模屠戮在其他地方都未被记录。"（《伦巴第人行迹》[de gest. Langob.]第3卷第13章）因此，"法兰克高卢人"这一称谓应运

46

---

①　位于现今比利时瓦隆大区埃诺省的一座市镇，是法兰克王国的第一座首都，也是比利时最古老的市镇之一。

②　位于现今法国北部上法兰西大区北部省的一座市镇。

③　位于现今法国东北部大东部大区马恩省的一座市镇，这座由雷米人创建的城市一度成为罗马帝国的主要城市，后又作为法国国王的传统加冕地，国王涂油礼皆在城中的兰斯大教堂举行。

④　位于现今法国北部上法兰西大区埃纳省的一座市镇。

⑤　位于现今法国中北部中央-卢瓦尔河谷大区卢瓦雷省的一座市镇。

⑥　位于现今德国西部北莱茵-威斯特法伦州的一座市镇，最初是罗马人于50年建立的殖民地，当时被称为阿格里皮纳。

⑦　位于现今德国莱茵兰-普法尔茨州西南部的一座市镇，由凯尔特人于公元前4世纪末建立，后被罗马人征服。特里尔被认为是德国最古老的城市。

而生，它适用于那些在高卢长大的法兰克人。这种用法在部落会议关于订婚的程序中被采用："一个法兰克人迎娶了来自撒克逊的贵族女子，但因为撒克逊人和法兰克高卢人之法律不同……"①

而这些确实可以补益关于法兰克高卢首位国王的说法。虽然法兰克高卢王国已经存续了近一千二百年，但在这段时间里仅存在着三个王朝：墨洛温王朝，从他们的祖先墨洛维开始，其世系延续了二百八十三年；加洛林王朝，从查理大帝开始，其世系延续了三百三十七年；卡佩王朝，从于格·卡佩（Hugo Capetto）②开始，他们至今已统治了五百八十年。

---

① 参见 Antonio Ballerini, *Opus theologicum morale in Busenbaum medullam*, Ex Officina Libraria Giachetti, 1892, vol. 6, p. 612。

② 987—996 年在位的法兰西王国卡佩王朝国王，为卡佩王朝的创建者。

第六章
论法兰克高卢王权之转移是通过世袭
还是选举，兼论册立国王的习俗

　　此处的问题最恰如其分地展示了我们祖先的智慧：法兰克
高卢王国是通过世袭的权利抑或人民的判断和投票而世代相承。
塔西佗在其《论日耳曼人的习俗》(*de moribus Germanorum*)一文中
指出，日耳曼的国王（如前所述，我们法兰克人也是来自这个民
族）只通过选举产生。他写道："他们从贵族中选择国王，从有
德者中选择首领(Dux)。"①即使到了现在，日耳曼人、丹麦人、瑞
典人和波兰人也仍保留着这种制度，他们确实在全国大会上选
举其国王；但已故国王的子嗣拥有优先权，而且如塔西佗所
载②，他们比其他人更受欢迎。我无法想象还有什么能比这一做
法更谨慎，或者对一个国家更有裨益。正如普鲁塔克在《苏拉
传》中明确指出的，就像猎人宁愿选择本身矫健的犬马，而不愿
选择带有优良血统的犬马一样，如果那些国家子民追求国王的
出身而非品德，那就大错特错了。因此，有望继承王位者的父
母需得循循善诱其子，以免德不配位而为人民唾弃。

---

　　① 参见塔西佗《阿古利可拉传　日耳曼尼亚志》，第59页："他们的国王是按照
出身推举的，而选拔将军则以勇力为标准。"
　　② 参见塔西佗：《阿古利可拉传　日耳曼尼亚志》，第59页。

作为我们的祖辈在建立法兰克高卢王国时做出明智决定的一个例子，我们可以先看看查理大帝的遗嘱。根据约翰内斯·瑙克勒鲁斯的编年史和亨里库斯·穆提乌斯（Hen. Mutius）①公布的遗嘱，其中有这样的条款："如果我这三个儿子中的任何一个诞有子嗣，而人们希望他继承其父的王国，我们希望他的叔叔们应该同意，并允许其兄弟的子嗣统治属于其父的那部分王国。"此外，不应忘记雷吉诺（Regino）的陈述：当时，查理大帝有三子，他希望在自己生前的适当时刻与之进行协商。雷吉诺写道："他与法兰克人中的要员和贵族们一起，决定由其诸子瓜分其王国，当王国划分为三个部分后，他就此事立下遗嘱，并由法兰克人进行庄严宣誓予以确认。"（《编年史》第 2 卷第 806年）为此，艾因哈德在《查理大帝传》中写道："查理大帝召来了自己与希尔迪加尔德（Hildegard）②所生且仅存于世的儿子阿基坦国王路易③，然后庄严地召集了整个法兰克王国的首领，经议事会一致同意，让路易成为整个王国的共治者（consortem）。"④下文将提及的第戎（Divionense）的编年史家也用同样的篇幅记录了此事。

但是容我们看看更早期的例子。以下是艾穆安所撰关于法拉蒙德的内容，（如我所述）他通常被视为法兰克人的第一位国

① 16 世纪的德意志地区人文主义者。
② 查理大帝的第二任妻子。
③ 指 814—840 年在位的法兰克王国加洛林王朝国王路易一世，也被称为"虔诚者"路易。
④ 参见艾因哈德、圣高尔修道院僧侣《查理大帝传》，第 31 页："在他生命的末期，当他已感到老病侵寻的时候，他把自己的当阿基坦国王的儿子路易，即希尔迪加尔德所生仅存的儿子召来，然后庄严地召集全国的法兰克贵族，取得大家同意，让路易与他共同治理国家，并且继承皇帝称号。"

王：“法兰克人按照其他国家的方式为自己选择了一位国王，他们把法拉蒙德推上了王国的宝座。”(《法兰克人史》第 1 卷第 4 章)但这些作家中所处年代最为久远的胡尼巴尔都斯对此有诸多深入记载，他写道：“在 405 年 3 月，法兰克人的所有指挥官、首领和贵族在迪约兹(Dieuze)①集会，选举一位新国王。”他又指出：“经一致同意，以上诸君及其他人等选择法拉蒙德为国王和王朝的创始者。”艾穆安又指出：“法兰克人拥立前教士德尼埃尔(Danielem)为国王，并称之为希尔佩里克(Chilpericum)②。”(《法兰克人史》第 4 卷第 51 章)他还写道：“国王丕平去世后，他的儿子查理③和卡洛曼(Carolomannus)④经全体法兰克人同意被立为国王。”(《法兰克人史》第 4 卷第 67 章)其他作者也指出：“在丕平去世后，法兰克人庄严地聚集在一起，将他的两个儿子立为国王，条件是经事先商定，他们应平分整个王国的主体。”另一个例子是艾穆安对卡洛曼死后之事件的著录：“在其兄长去世后，查理经所有法兰克人的同意成为国王。”类似的是，到了查理大帝时代行将落幕之际：“查理大帝召来了自己与希尔迪加尔德所生且仅存于世的儿子阿基坦国王路易，然后庄严地召集了整个法兰克王国的首领，经议事会一致同意，让路易成为整个

49

---

① 位于现今法国东北部大东部大区摩泽尔省的一座市镇。

② 指 715—721 年在位的纽斯特里亚和勃艮第国王以及 719—721 年在位的法兰克国王希尔佩里克二世。为了免遭家族成员的自相残杀，他自幼年起便避祸于修道院中，直至 45 岁才离开。

③ 指查理大帝。

④ 指 768—771 年在位的法兰克王国加洛林王朝国王卡洛曼一世。他是“矮子”丕平与拉昂的贝特拉达的次子，在“矮子”丕平去世后与其长兄查理大帝共同继承了法兰克王国。他去世之后，其领土被查理大帝统治。

王国的共治者，以及王国和皇帝头衔的继承者。"①此即艾穆安所提供之证据。

图尔的格雷戈里撰有许多类似的段落，我们在此提供以下若干例子。他在一个段落中写道："当法兰克人废黜了希尔德里克②之后，他们一致选择厄德③作为他们的国王。"(《历史十书》第 2 卷第 12 章)在另一处，他又指出："以前曾寄望于希尔德贝尔特(Childebertus)④的法兰克人，向西吉贝尔特⑤派遣了一个使团，要求他前往彼等处，以便他们在希尔佩里克被废黜后可以自行拥立国王。"(《历史十书》第 4 卷第 51 章)后文则出现了这样一段话："全军都向他聚拢，然后把其置于一面盾牌上，选择他为他们的国王。"在另一个段落中："西吉贝尔特接受了法兰克人的提议，根据这个民族的习俗，他被置于盾牌之上，并被选为了国王，从而从他的兄弟希尔佩里克手中获得了这个王国。"人们可以在随后的段落看到以下内容：当勃艮第人和奥斯特拉西亚人(Austrasii)⑥与其他法兰克人讲和之后，他们在所有三个王国中让克洛泰尔(Clotharium)⑦成为国王。乌尔斯贝格修道院院

① 参见艾因哈德、圣高尔修道院僧侣：《查理大帝传》，第 31 页。
② 指 743—751 年在位的法兰克王国墨洛温王朝末代国王希尔德里克三世。
③ 指 8 世纪上半叶的阿基坦公爵"伟人"厄德，他曾在 721 年的图卢兹战役中击败倭马亚王朝的军队，后又在普瓦捷战役中与查理·马特密切合作，发挥了至关重要的作用。
④ 指 511—558 年在位的法兰克王国墨洛温王朝国王希尔德贝尔特一世，为克洛维一世的第三子。
⑤ 指 561—575 年在位的法兰克王国墨洛温王朝奥斯特拉西亚国王西吉贝尔特一世。
⑥ 指法兰克王国墨洛温王朝东北部地区的居民。
⑦ 指 657—673 年在位的法兰克王国墨洛温王朝纽斯特里亚和勃艮第国王克洛泰尔三世。

长证实了这一点，他指出："勃艮第人和奥斯特拉西亚人与法兰克人讲和，并将国王克洛泰尔擢升为整个王国的统治者。"他在后文中还写道："法兰克人把他的另一个兄弟、业已统治奥斯特拉西亚人的希尔德里克①立为国王。"

我最近从来自勃艮第第戎附近一座修道院的编年史手稿中看到了一段关于 658 年情形的内容："由于国王克洛泰尔早逝，没有留下王国的继承人（按照封建习俗而言即绝嗣），在他去世后，悲伤的法兰克首领们扶植其兄弟奥斯特拉西亚的国王希尔德里克掌管整个法兰克王国。"随后的一段话指出："国王希尔德里克统治了法兰克王国数年，当他死后，其兄弟提乌德里克②被拥立为王。"而前文中的一段话中也表达了类似的观点："达戈贝尔特（Dagobertus）③带着一个由主教和贵族组成的议事会来到梅斯，在征得王国所有首领的同意后，他赋予其子西吉贝尔特④国王之权，并允许他在梅斯建都。"另一条记录发生在 768 年："法兰克人达成了一项庄严的总体协议，将此二人都立为国王，条件是经过事先商定平分整个王国的主体。"

此处还可恰如其分地引用克雷莫纳的利乌特普兰德所撰之文字，"当他穿过勃艮第人的王国，即将进入被称为'罗马'（Romana）的那部分法兰西亚（Francia）之际，法兰克人的使节们遇见了他。他们坦言正在返回自己的国家，由于无法坐等王位空缺

---

① 指 673—675 年在位的法兰克王国墨洛温王朝国王希尔德里克二世。
② 指提乌德里克三世。
③ 指 629—639 年在位的法兰克王国墨洛温王朝国王达戈贝尔特一世，他是最后一位掌握实权的墨洛温王朝国王。
④ 指 633—656 年在位的法兰克王国墨洛温王朝奥斯特拉西亚西国王西吉贝尔特三世。

之时日，他们从所有申请者中选择了厄德①。然而，据称这次他们没有选择厄德作为他们的国王"，云云。而雷吉诺和西吉贝尔特关于此位厄德引人注目的记载则让我们可以更为全面地了解从多位候选人中选择国王之情形，因为雷吉诺指出："与此同时，法兰克人会聚一地，经过讨论，他们决定拥立罗贝尔（Robertus）②的儿子厄德公爵作为他们的国王，其容貌、身形与智慧绝伦超群。"（《编年史》第 2 卷第 888 年）《兰斯编年史》（*Annales Rhemensis*）的作者③则写道："由于罗贝尔的势力与日俱增，而查理④颓势已现，后者最终与阿加农（Haganone）⑤秘密撤往了默兹河（Mosa）对岸。法兰克人选择'长者'罗贝尔⑥为国王，并承诺追随他。就此，他在兰斯的圣雷米吉乌斯教堂被主教和王国显要拥立为国王。"（《兰斯编年史》第 922 年）然后雷吉诺写道：

52 "丕平⑦按照法兰克人的习俗被推选为王。他由梅斯大主教卜尼法斯（Bonifacius Mogontinensis Urbis Archiepiscopi）⑧亲自涂油，并于苏瓦松（Suessionis）被法兰克人授予整个王国的统治权。"（《编年史》第 750 年）而西吉贝尔特则指出："法兰克人放弃了当时还不到 10 岁的'口吃者'路易⑨的儿子查理，任命罗贝尔公爵的儿

---

① 指 888—898 年在位的西法兰克国王巴黎的厄德，查理三世曾任命他为卢瓦尔地区的管理人。

② 指强者罗贝尔，他是于格·卡佩的曾祖父和卡佩家族的先祖。

③ 兰斯的弗洛多阿尔，10 世纪的法兰克编年史家。

④ 指 898—922 年在位的西法兰克国王查理三世，也被称为"糊涂王"查理。

⑤ 西法兰克国王查理三世的宠臣和军事将领。

⑥ 指 922—923 年在位的西法兰克国王罗贝尔一世。

⑦ 指丕平三世。

⑧ 8 世纪的英格兰圣本笃修会修士，曾前往法兰克地区传教。据传他曾在苏瓦松为"矮子"丕平加冕，但现在多认为此说不可信。

⑨ 指 877—879 年在位的西法兰克国王路易二世，也被称为"口吃者"路易。

子厄德为国王，如前所述，他被诺曼人（Nortmannis）杀死了。"
（《编年史》第 890 年）弗莱辛的奥托（Otto Frising.）指出："在阿
努尔夫的同意之下，西法兰克人任命强者罗贝尔的儿子厄德为
国王。"（《双城编年史》第 6 卷第 10 章）

　　这些证据应予以更多的关注和考察，因为它们表明人民的权
利是至高无上的，它不仅表现在选举国王方面，而且在拒绝承认
国王子嗣并拥立外来者为国王方面亦是如此，这种做法在"糊涂
王"查理死后开始流行。因为雷吉诺曾指出："国王查理死于囹圄
之中，据说他是一个呆笨之人，不太符合王国的利益。所有人都
抛弃了他的儿子，并选举了一个叫鲁道夫（Rodulphus）①的人当国
王。"（《编年史》第 925 年）艾穆安对这一事件的描述颇欠妥善，
他称其子为路易，并写道："查理是依照法兰克贵族的决定而提
前被关押起来的，这样勃艮第公爵查理的儿子鲁道夫就可以被
宣布为国王。"但《兰斯编年史》的作者更全面地解释了这件事，
他指出："当法兰克人听闻查理因为他们不再追随他而召唤诺曼
人前来攻击，便引鲁道夫为援；当查理逃过默兹河时，法兰克
人联合起来选举鲁道夫为国王。"（《兰斯编年史》第 923 年）在图
尔的格雷戈里著作的附录中，我们还看到如下内容："达戈贝尔
特去世后，幼子克洛维②继承其父的王位，他的臣民在马索拉
诺庄园里推举他为王国的国王。"（《历史十书》第 15 卷第 30 章）

　　西吉贝尔特也提及了同样的内容，"法兰克人的国王路

53

----

① 指 923—936 年在位的西法兰克国王拉乌尔。
② 指 639—657 年在位的法兰克王国墨洛温王朝国王克洛维二世。

易①死后，他们希望把王权移交给国王洛泰尔②的弟弟查理③，但是当查理向议事会报告此事时，于格④篡夺了法兰克人的王位”，云云（《编年史》第987年）。维埃纳的阿多记录有许多这样的例子，如“国王克洛维去世后，法兰克人立他的儿子克洛泰尔为王”（《编年史》第686年）。他又指出：“克洛泰尔在位四年后去世，此时法兰克人扶植他的兄弟提乌德里克⑤继位。”又如669年的记录指出：“法兰克人拥立前教士德尼埃尔为国王，并称之为希尔佩里克⑥。”（《编年史》第669年）抑或接下来的这段话：“法兰克人让达戈贝尔特⑦的儿子提乌德里克⑧成了他们的国王。”弗莱辛的奥托也记录了同样的习俗，他写道：“在法兰克人的国王厄德死后，查理⑨依照众人之意愿被立为国王。”（《双城编年史》第6卷第13章）在图尔的格雷戈里著作的附录中也有相关记载：“在国王提乌德里克死后，法兰克人任命他年幼的儿子克洛维⑩为国王。”（《历史十书》第11卷第101章）此外，“法兰克人立了一个名叫希尔佩里克的人为国王”（《历史十书》第11卷第106章）。另一段内容指出，“在他死后，他们将提乌德里

---

① 指967—987年在位的西法兰克国王路易五世，其中979—986年与其父洛泰尔共治，986—987年单独执政，他是加洛林王朝的最后一位国王。
② 指954—986年在位的西法兰克国王洛泰尔。
③ 指977—993年的下洛林公爵查理。
④ 指于格·卡佩。
⑤ 指提乌德里克三世。
⑥ 指希尔佩里克二世。
⑦ 指711—715年在位的法兰克王国墨洛温王朝国王达戈贝尔特三世。
⑧ 指721—737年在位的法兰克王国墨洛温王朝国王提乌德里克四世，他并未在其父去世的715年成为国王，而是直至721年8岁时被宫相查理·马特拥立为王。
⑨ 指西法兰克国王查理三世。
⑩ 指691—695年在位的法兰克王国墨洛温王朝国王克洛维四世。

克①扶上王位，成为国王"(《历史十书》第 11 卷第 107 章)。而维泰博的戈弗雷则写道："法兰克人把他们可怜的国王希尔德里克送进了修道院，丕平②依靠教皇匝加利亚③和法兰克人的选举而成为法兰克人的国王。"(《编年史》第 17 部第 4 章)

　　我认为，从这些和其他诸多类似的提法中完全可以看出，法兰克高卢的国王是由人民——各等级和(我们现在所谓的)三级会议——基于其裁断和审慎而非世袭的权利任命的。我们的祖先在册封国王时采用的习俗也是另一项有力的论据。如前所述，塔西佗对法兰克人的同胞坎宁法提斯人做了如下描述：我们注意到，法兰克民众将指定的国王放在一面盾牌上，然后扛在肩上④，而这样的习俗也被应用于我们国王的选举。被人民投票选中之人将被放在盾牌上，被抬起来绕着人民大会(populi Comitia)转三圈，如果仪式发生在军营中，他则会在众人的掌声和欢呼声中绕着军队转一圈。图尔的格雷戈里描述了国王克洛维⑤的选举情形，他写道："他们一听到这些事情，就拍手叫好，并把他举到盾牌上，让他成为他们的国王。"(《历史十书》第 2 卷)他在后文中就贡多巴德(Gondebaldus)⑥的情况指出："在此，国王被抬到了一面小圆盾上；但是当他们抬着他绕行第三周时，据说他摔倒了，以至于周围的人几乎都无法抬起他。"(《历史十

---

　　①　指提乌德里克四世。
　　②　指丕平三世。
　　③　741—752 年在位的教皇。
　　④　参见塔西佗《塔西佗　历史》，第 256 页："巴达维人便根据他们本族的习惯，要他站到一个盾牌上，用肩头抬着他，选他为自己的领袖。"
　　⑤　指 509—511 年在位的法兰克王国墨洛温王朝国王克洛维一世。
　　⑥　473—516 年在位的勃艮第国王。

55　书》第 7 卷第 10 章）关于这件事，艾穆安则写道："在传召贡多巴德并按照古代法兰克人的方式宣布他为国王之后，他们将他抬到了一面盾牌上；而在携其第三次围绕大军之时，他们突然涌向了国王，几令其无法站立。"（《法兰克人史》第 3 卷第 6 章）另一份文献则来自维埃纳的阿多，他指出："西吉贝尔特接受了法兰克人的提议，并按照该民族的习俗被放在盾牌上，宣布成为国王。"毫无疑问，这也是一些作家的做法，他们在提到国王的册立时会任意使用这一表达方式，说他被抬升成了国王。

第七章

论人民在他们已学会谴责与罢黜的国王统治下的最高权力

但现在我们必须考察这场争论的第三个论点，以便了解各等级代表大会和人民在册立或维持国王统治方面的权利及权力有多大；事实上，从所有的编年史材料中可以看出，罢黜国王的最高权力由人民掌握。法兰克高卢第一位得到任命的国王①为我们提供了关于这一权力的明确例证：当人民发现他行为堕落、荒淫无度时，便经公众同意将他赶走，并驱逐出了高卢。我们所掌握的编年史材料显示，此事发生在 469 年。他们甚至以厄德②取而代之，但是当此人出于骄傲和残暴而滥用权力之时，也被以类似的严厉手段废黜。这方面的证据见胡尼巴尔都斯关于467 年的记载，以及图尔的格雷戈里、艾穆安、维泰博的戈弗雷和西吉贝尔特的记录（《历史十书》第 2 卷第 12 章、《法兰克人史》第 1 卷第 7 章、《编年史》第 17 部第 1 章、《编年史》第 461 年和第

56

---

① 应指 457—481 年在位的法兰克王国墨洛温王朝国王希尔德里克一世。
② 应指 461—465 年苏瓦松王国的统治者艾吉迪乌斯。但根据相关史料记载，艾吉迪乌斯应是在 457 年后的某段时间（非前文所载的 469 年）被法兰克人推举为统治者，直至此前被罢黜的希尔德里克一世被召回。见 J. R. Martindale, *The Prosopography of the Later Roman Empire: Volume 2, AD 395–527*, Cambridge University Press, 1971, p. 12。

469 年）。格雷戈里写道："希尔德里克在统治法兰克人的国家时，变得骄奢淫逸，并开始强抢民女。他们对这种行为感到非常愤慨，遂将他赶下了台。希尔德里克发现他们还打算处死他，便逃到了图林根。"胡尼巴尔都斯写道："在其统治的第六年，法兰克的王公贵族们密谋反对他，因为无能且生活奢靡的他与许多贵族的妻女发生了伤风败俗的关系。当发现这些人意欲杀死他时，他就带着几名家臣秘密逃往了图林根。"后来，法兰克人拥立了一个名为艾吉迪乌斯（Aegidius）的人为国王，他在位八年之久。事实证明他也是一位暴君，曾残暴地杀死了几个贵族，而当法兰克人无法再忍受其暴政时，就把他赶走了。乌尔斯贝格修道院院长指出："此人生活奢靡，诱使民女堕落，他们不欲杀之，就把他赶走了。"西吉贝尔特指出："法兰克人把行为放荡、奢侈的希尔德里克赶出了王国，并让艾吉迪乌斯成为他们的国王。"事实上，我们更为仔细地检视了祖先这一卓越而奇特的做法，因为它似乎是一种在立国之初便立下的见证和声明，即国王是根据一定的法律在法兰克高卢册立的，而非作为暴君拥有不受约束的、自由的和无限的权力。

后来的法兰克人保留了这一习俗，在 679 年，他们废黜了其第十一任国王希尔德里克[①]，因为他的统治方式太过傲慢无礼，他曾在未指控犯罪的情况下下令将一个名叫伯蒂隆（Bodilon）的贵族绑在木桩上鞭打，几天后，他被此人杀死了。艾穆安（《法兰克人史》第 4 卷第 44 章）、阿多[②]（《编年史》第 6

57

① 指希尔德里克二世。
② 指维埃纳的阿多，9 世纪的维埃纳大主教和编年史家。

篇）、特里特米乌斯（Tritenhemius）①（《法兰克国王和民族起源简编》第 673 年）以及西吉贝尔特（《编年史》第 667 年）都记述了这一情况。后来，我们的祖先对第十二任国王提乌德里克三世②的严厉态度也以同样的方式表现了出来，这位国王曾贪鄙偏私地统治着这个王国。艾穆安写道："法兰克人起而反对他，将他赶出了王国，强行剪掉了他的头发。"阿多和西吉贝尔特将很大一部分责任归咎于宫相埃布罗恩③。西吉贝尔特指出："国王提乌德里克因为埃布罗恩的无礼而被法兰克人废黜，其兄弟希尔德里克被一个联合议事会册封为王。"（《编年史》第 6 篇第 696 年）阿多则写道："法兰克人废黜了提乌德里克，在利雪（Lexovio）④的修道院里剪掉了埃布罗恩的头发，并将希尔德里克抬升到了王位之上。"（《编年史》第 667 年）图尔的格雷戈里在其著作"附录"中指出："法兰克人起而反对提乌德里克，把他从王位上赶下来，并剪掉了他的头发，也剪掉了埃布罗恩的头发。"（《历史十书》第 11 卷第 64 章）但胡尼巴尔都斯著作的"附录"则给出了最为精彩的描述："提乌德里克无所事事，并开始通过被称为宫相的宫廷伯爵（Comes Palatii）来处理王国的所有事务。这位宫相名为埃布罗恩，他是一个邪恶且不虔诚的人，作恶多端。被这些

58

---

　　① 约翰内斯·特里特米乌斯，15—16 世纪的德意志地区历史学家和修道士。

　　② 指提乌德里克三世。

　　③ 7 世纪的纽斯特里亚王国宫相，他曾于 658—673 年和 675—680 年两次担任该职务。

　　④ 位于现今法国西北部诺曼底大区的一座市镇。该市镇最初是莱克索维人（Lexovii）的首府，在凯尔特语中被称为 Novio Magos（有"新市场"之意），后被拉丁化为 Noviomagus。为区别于其他拥有类似名称的城市，它又被称为 Noviomagus Lexoviorum（莱克索维人的新市集）。类似的情况还有第十三章中的 Noviomagum（努瓦永），其全称为 Noviomagus Veromanduorum（维洛曼杜伊人的新市集）。

行为所激怒的法兰克贵族们废黜了提乌德里克，并将他和埃布罗恩接连送入了不同的修道院。"他又写道："当其兄弟提乌德里克被废黜后，克洛维的儿子、上述两人的兄弟希尔德里克经贵族选举，从奥斯特拉西亚被召来成为国王。他在位数年施行暴政，令许多法兰克贵族怀恨在心，最终在打猎时遭杀害。"在伊达利乌斯（Idalius）未出版的年表中，关于第 603 年①的记录也提出了同样的观点，他写道："在克洛泰尔之后，提乌德里克被选为王位的替代者，但过了一段时间，当宫相埃布罗恩被驱逐后，法兰克人抬升其弟希尔德里克（即奥斯特拉西亚人的国王）来统治整个王国。"

我们的祖先在面对第十八任国王希尔佩里克（Chelpericus Rex XVIII）②时也展现了类似的习俗，他们认为这位国王由于懒惰而不配拥有如此大的权力，遂迫使他退位，并将其送入了修道院。艾穆安（《法兰克人史》第 4 卷第 61 章）、西吉贝尔特（《编年史》第 750 年）、特里特米乌斯（《法兰克国王和民族起源简编》第 750 年）和维泰博的戈弗雷（《编年史》第 17 部第 4 章）均提及了此事。第二十五任国王"胖子"查理③则提供了第六个同样严厉的案例。援引西吉贝尔特的话来说，因为类似的懦弱品性以及将高卢的一部分出让给诺曼人而导致王国遭到了削弱，他在 890 年被王国的贵族们抛弃了。维泰博的戈弗雷支持了这一说法（《编年史》第 17 部）。而弗莱辛的奥托则在其编年史中提供了更

---

① 此为编年史纪年，而非公元纪年。
② 实指 743—751 年在位的法兰克王国墨洛温王朝末代国王希尔德里克三世。
③ 指 876—887 年在位的东法兰克国王、884—888 年在位的西法兰克国王以及 881—888 年在位的神圣罗马帝国皇帝查理三世。

多有价值的细节，他在其中记录下了这令人难忘的一幕："这个自查理大帝之后拥有所有法兰克人国王中最广泛权力者，在很短的时间内就沦落到极其悲惨的境地，甚至于为了面包而不得不向此时已取代他成为国王的阿努尔夫乞求抚恤金，并满怀感激地从后者那里拿到了一笔钱。此即人类最可悲的状况，曾以罗马帝国的权威统治了西部和东部王国的他最后却落到了如此卑微的境地，竟至于缺衣少食。"（《双城编年史》第 6 卷第 9 章）另一令人难忘的例子，即第七个案例，则涉及了第二十六任国王厄德，他在"口吃者"路易之子查理遭废黜后被法兰克人选为了国王。根据西吉贝尔特（《编年史》第 894 年）、艾穆安（《法兰克人史》第 5 卷第 42 章）与维泰博的戈弗雷（《编年史》第 17 部）的说法，在位四年后，他们又命其移居阿基坦，然后选择"口吃者"路易之子查理取而代之。然而，雷吉诺写道："当厄德居于阿基坦之时，大多数法兰克诸侯都叛离了他，而路易的儿子查理则在兰斯城被抬升到了王位之上。"（《编年史》第 2 卷）

因头脑愚钝而被称为"糊涂王"的第二十七任国王查理也位列这些案例之中。由于他的愚蠢，其王国摇摇欲坠，而他在丧失了早先收复的洛林地区的所有权之后，被俘虏并身陷囹圄，鲁道夫①被选为其替代者。此事见于艾穆安和西吉贝尔特之记录（《法兰克人史》第 5 卷第 42 章、《编年史》第 926 年）。

《兰斯编年史》的作者就此事写道："几乎所有的法兰西贵族都在苏瓦松抛弃了他们的国王'糊涂王'查理，因为他不愿意赶走其顾问阿加农，此人因这位国王从一介碌碌庸才而骤然得

---

① 指 923—936 年在位的西法兰克国王拉乌尔。

势。"(《兰斯编年史》第 920 年)雷吉诺指出："路易①被他自己的臣民剥夺了权力，通过法兰克人的选举，国王的头衔被授予了其子洛泰尔②。"(《编年史》第 838 年)《兰斯编年史》的作者还写道："由于罗贝尔③的势力与日俱增，而查理颓势已现，后者最终与阿加农④秘密撤往了默兹河对岸。法兰克人选择'长者'罗贝尔(Robertus SENIOR)为国王，并承诺追随他。就此，他在兰斯的圣雷米吉乌斯教堂被主教和王国显要拥立为国王。"(《兰斯编年史》第 922 年)这位作者还就 923 年的情况指出："当法兰克人听闻查理因为他们不再追随他而召唤诺曼人前来攻击，便引鲁道夫为援；当查理逃过默兹河时，法兰克人联合起来选举鲁道夫为国王。"(《兰斯编年史》第 923 年)就此，理查⑤的兄弟鲁道夫⑥在苏瓦松被立为国王。这就是我们的祖先在法兰克高卢王国成立后的卓著惯例，而他们又是在效仿自己的祖先。因为法兰克人最早的历史学家胡尼巴尔都斯和约翰内斯·特里特米乌斯均提及了法兰克人及其国王埃列诺(Helenus)⑦："在他统治的第十四年，辛布里人在迪约兹集会，废黜了这个被普遍认为无所作为且碌碌无能的国王。他们强迫他成为平民，并选举其幼弟取而代之。"

---

① 指路易一世。
② 指 840—855 年在位的中法兰克国王和神圣罗马皇帝洛泰尔一世，为路易一世与埃斯拜的埃芒加德的长子。
③ 指 922—923 年在位的西法兰克国王罗贝尔一世。
④ 西法兰克国王查理三世的宠臣和军事将领。
⑤ 应指勃艮第公爵理查，实为鲁道夫之父。
⑥ 指 923—936 年在位的西法兰克国王拉乌尔。
⑦ 指 4 世纪辛布里人的国王埃列诺五世。

此乃约定俗成之法，当阿加提阿斯（Agathius）①提及法兰克国王的儿子们习惯于通过继承从其父母那里获得王国统治权时（《哥特战争》第1卷），显然他对此制度知之甚少，因为他是希腊人和外邦人。另外，我们应该意识到，如前所述，经过王室培养和训练的国王子嗣在议事会中有优先投票的权利，这也是一种习俗，特别是当其父母在这种希望的引导下，将他们儿子受到良好而体面的训练作为最高利益时。如狄德里希·尼海姆（Theo. Nehemius）②所言，查理大帝规定此后的法兰克国王应从其父亲处继承王国，这种说法就更加轻率和荒谬了。我们已经证明，查理大帝的遗嘱完整无缺地保留了法兰克人拥立国王的权利，这一点从未受到玷污。以下是尼海姆的原话："此外，因为查理本人是法兰克人的国王，这个王国是通过继承的方式移交给他的（还有什么比这种说法更荒谬呢？），有鉴于他自己在成为皇帝之后完全剥夺了其继承人应有的尊严（所撰的这一点似乎也很荒唐），因此他规定法兰克王国某一部分的法兰西人应该拥有一位出身王室的国王，他将通过世袭的权利来继承统治权，在世俗事务中将不承认任何上级，既不以致敬的方式也不以其他任何形式臣服于皇帝的后代。"（《论教会分裂》［de schismate］第6卷）以上即为此君之言论，但凡其中有一点儿真凭实据，就会证实如下事实：在查理大帝之前，法兰克高卢王国的统治权不是通过世袭，而是通过人民的选择传承下来的。

但是当某些古代法学博士在争论中设想"法国国王是否承认

①　6世纪的东罗马帝国历史学家。
②　14—15世纪的德意志地区历史学家。

皇帝或任何其他上级权威"的问题时，似乎必须接受尼海姆的这一观点。众多教令学家以及巴尔杜斯（Baldus）①、"沉思者"（Speculator）②和居伊·帕普（Guid. Pap.）③已讨论过这个问题。

---

① 巴尔杜斯·德·乌巴尔迪，14世纪的意大利法学家。
② 指继尧姆·迪朗，13世纪的法国教会法学家和芒德教区主教。
③ 15世纪的法国法学家。

第八章
当已故国王有若干子嗣时，
在继承方面应遵守什么法律

　　在此有必要再次指出，法兰克高卢王国按照古代之习俗并不基于继承权进行让渡，作为一种私人财产，它通过各阶层与人民的投票和决定实现习惯性的让渡，所以问题似乎不大。但如果已故国王拥有若干在世之子嗣，他们又拥有何种权利呢？因为既然人民大会和诸部落之民众大会不仅是让渡王国的手段，而且也是褫夺王国最高统治权的手段，那么必然是由它来决定是已故国王的所有子嗣之间平等地分享继承权还是将其赋予一人。

　　然而，这里确实出现了一个问题：当人民抛弃了前任国王的一个子嗣并推举另一个子嗣为国王时，应为前者留下什么来维护其尊严。在这种情况下，我们应该明白，根据罗马法，有四种财产属于君主的权力范围并由其支配，包括君主的世袭财产（principis patrimoniales）、王室财库（patrimoniales fiscales）、公共财产（patrimoniales publicae）以及私人财产（patrimoniales privatae）。在其后的罗马皇帝统治时期，世袭财产被描述为属于君主个人而非国家的财产，因此根据世袭财产法，这种财产被称为

属于君主的正当财产（见《查士丁尼法典》①）。例如，若人民将
最高统治权从贵族手中转移给君主，那么可以肯定的是，那些
64 在这一荣誉转移之前属于他的财产仍在其控制之下，这并非他
以皇帝之身份，而是以瓦伦斯②、霍诺留或狄奥多西③之身份拥
有的财产。在我们的记录中，这被描述为神圣的世袭财产（见
《查士丁尼法典》④）。因此，出于同样的原因，如果法兰克高卢
王国基于王国诸等级之决议让渡给达戈贝尔特或克洛泰尔，他
们仍对其此前所拥有的财产保留全部权利。

王室财库，也就是那些基于人民之意愿归属于君主以维持
其尊严之财产的情况亦是如此，无论它是以货币支付，还是由
土地组成的，或者是存在于法律之中的。因为，尽管"王室财
库"一词在任何适当和准确的意义上都指涉财富（如《查士丁尼法
典》⑤也证明了该词的起源），但它也被用于指称农田与土地财
产，据说它们皆被包括在王室财库之中（见《学说汇纂》⑥）。此
外，所有的税收权利、金钱罚款和授予君主的特权都包含在了这
一名称之中，这一点从《学说汇纂》和《查士丁尼法典》所使用的
诸多有关王室财库法律的标题即可看出。⑦ 因此，君主的世袭财
产和王室财库大相径庭，在《查士丁尼法典》和《学说汇纂》中，
此二者在很多情况下互有区别。⑧

---

① 参见 *Codex Iustinianus*，7，37，3。
② 弗拉维斯·埃弗利乌斯·瓦伦斯，364—378 年在位的罗马帝国东部皇帝。
③ 指狄奥多西一世，379—395 年在位的罗马帝国皇帝。
④ 参见 *Codex Iustinianus*，4，61，13；10，17，1。
⑤ 参见 *Codex Iustinianus*，7，37，3。
⑥ 参见 *Digesten*，39，2，49；43，8，2，2；50，1，38。
⑦ 参见 *Digesten*，49，14；*Codex Iustinianus*，10，1。
⑧ 参见 *Digesten*，20，4，21；49，2，49；49，14，6；*Codex Iustinianus*，4，61，6；7，37，3。

因为除非出于君主的意愿，否则不得交易属于世袭财产范畴的物品（《学说汇纂》①）。不过交易属于王室财库范畴的财物却是合法的（《学说汇纂》②）。世袭财产传给了君主的继承人，尽管他们并非其政府继承人（《学说汇纂》③）。然而，王国的地位超然于君主的地位之上，因此，当世袭财产被传给某人，而王国亦被让渡给他时，那么世袭财产就与王国合而为一了。在这方面，乌尔比安观察到，王室财库之物就如同君主本人的私有财产（《学说汇纂》④）：换言之，如《学说汇纂》第3卷⑤所指，它们不被视为真正具有完全合法权利的财产，尽管它们可能会被暂时归于近似财产的范畴。

现在我们把那些基于国家的所有权和使用权而共同拥有的财产称为公共财产，如宫廷、广场、国库、公共土地（例如草地和公共林地）（《学说汇纂》）。此乃所有人的共有财产。⑥（以我们这个时代的状况为例）还有城墙上的大炮。安德烈·蒂拉科（And. Tiraquellus）⑦于某处提及了这个引发争议的问题，法国的某座城市将其大炮借给国王使用，当国王去世之后，该城市便从其继任者手中收回了大炮。宫廷中的阿谀奉承者们以愚不可及的方式回应称，新任国王不受先王契约和义务的约束。正如帕蓬（Paponius）⑧在一段话（《法兰西最高法院著名判例集》第20卷）

---

① 参见 Digesten, 30, 39, 10。
② 参见 Digesten, 18, 1, 72, 1; 49, 14, 6。
③ 参见 Digesten, 31, 56。
④ 参见 Digesten, 38, 8, 2, 2。
⑤ 参见 Digesten, 34, 8, 3。
⑥ 参见 Digesten, 34, 1, 1。
⑦ 16世纪的法国法学家和政治家。
⑧ 让·帕蓬，16世纪的法国法学家和作家。

中所提及的奥尔德拉杜斯(Oldradus)①之观点,此种说法显然是荒谬的,而且在法兰克高卢从未有过这种做法。因此,显而易

66 见,国家拥有众多财物,它们与王室财库的财物完全不同(见《学说汇纂》②、《查士丁尼法典》③中诸法律博士讨论之段落,以及《学说汇纂》中的其他四项规定④)。

所谓私人财产指的是归属于每个家族族长财富和能力范围内之物(《学说汇纂》)⑤。同样,尽管从更广泛的解释来看,这些财物就如同公共财产一样被认为是属于君主的,但(正如我们的《重要疑难》一书中所展现的塞内加的观点)它们由君主之政府辖制,而非归属其所有;它们由君主支配,但非他的财产;此乃普遍之定则,而非个案;它只是基于法律上的推定而归属于君主,而非事实上由他占有或使用。因此,我们看到私人出售、捐赠或遗赠给君主、皇帝或国王的财物——即使这一财物以前归私人所有——此后不再为其所拥有。

---

① 奥尔德拉杜斯·德·蓬特,14 世纪的意大利法学家。
② 参见 *Digesten*,43,8,2,3。
③ 参见 *Codex Iustinianus*,11,70,2。
④ 参见 *Digesten*,8,1,14,2;30,122;18,1,72,1;*Codex Iustinianus*,11,32,1。
⑤ 参见 *Digesten*,1,8,1。

第九章
国王领地及其兄弟之封地

现在回到制度和此前提出的问题上，我们必须了解，在古代，人们规定法兰克人的国王不仅应该拥有那些授予罗马皇帝的王室财库权利，而且还应该享有某些特定的财产，以维护他们身为国王的尊严，这些财产被野蛮人称为国王地产(DEMANIUM Regium)，但一般称之为领地(DOMANIUM)。因为国王领地就像“王国的嫁妆”(dos regni)——古人所说的妆奁，或者(说得更直白一些)就好像是授予国王的明确的财产使用权，以维持其地位的尊贵。我之所以说“好像是使用权”(QUASI ususfructus)， 67
乃是因为这些财产的所有权仍然属于人民，未得人民的授权，也就是说，未得各等级和民众大会的同意，国王不能转让这些财产的任何部分，我们以后会在更得宜之处讲到这一点；他只被授予使用和享受这些财产的权利。我加上了“好像是”这个词，概因这种权利在很多方面与使用权是不同的；这就仿若为享受良人的自由裁量权提供了一种预防措施，以保证财产的形式、种类以及同类之财产不发生变动。

无论如何，从这个定义中可以清楚地看出，世袭财产和王室领地差别甚大。因为世袭财产是国王本人的财产，而领地则属于王国，或者正如人们通常所指，属于王权本身。国王对前者享有完全的权利，他拥有最高的和全部的权力，可以按照自己的意愿让渡它。后者的所有权属于全体人民，或属于国家，但使用权则属于国王，因此，正如前文所述，国王没有任何权力让渡它。在这个问题上，学者们的意见非常明确，国王对其领地享有如丈夫对妻子之嫁妆一般的权利。此乃卢卡斯·德·彭纳（Lucas de Penn.）[1]在其《查士丁尼法典》注疏中对该问题的处理方式。另见帕里德·德尔波佐（Paris de Put.）[2]在君权之限制的标题下关于法人团体的观点，以及安德烈亚斯·德·伊塞尔尼亚（And. Isern.）[3]关于国王封地所有权的讨论。领地和王室财库之间也是有区别的，因为前者是供国王本人使用的，是为了其生计和切合国王威严的生活方式所设，而后者是为了王国和国家的安全与存续。若王室财库偶尔因为战争和其他此类事务的需要而入不敷出，那么全体人民的民众大会将根据各等级的共同决定来予以税收支持。此外，如前所述，领地不能用于商业目的，而王室财库则被允许进行贸易。领地是众所周知和界定明确的，而王室财库的范围则是未知的和无限的，因为归于王室财库名下的不仅有所有那些通常所谓的王室宝器——或者更全面地说，国王之权利——而且还包括无数其他的东西，为保障国家之安全，这些东西被授予了君权。我们从艾因哈德为抬高查理大帝和加洛林家族并贬低墨洛温家族声誉所撰典籍的描述中即可了解领地的特征："因为除了国王的虚衔和宫相给予的不稳定的津贴外，他一无所有，唯有一处规模甚小的乡间

---

① 14世纪的那不勒斯法学家。
② 15世纪的意大利法学家。
③ 13—14世纪的意大利法学家，因研究封建法而闻名。

邸宅，其中有若干侍奉他的奴仆和听命于他的随从。"①

于是，当这一习俗明确确立之后，法兰克高卢的王位开始世袭，传给了过世国王的子嗣或血缘最近的亲属，即便有多人（或为子嗣，或为亲属）均具备继承王位的资格，然王位只能传给一人，即长子。国王领地被授予长子，其余所有同样等级者——无论是子嗣还是亲属，都不得领有该领地，尽管他们的要求也会被审慎考虑。为了维系其生活方式，维护家族的尊严和荣誉，人们习惯于将某些财产分配给他们，这些财产通常被称为"王室封地"（appannagia），或者正如我所相信的，借由古代法兰克语中的 Abbannē 一词，它对应了拉丁语中的"排除"（excludere）。因此，它们被称为"驱逐"（Ausbannen）和"放逐"（Forbannen），仿佛他们一旦接受了那一部分财产，就将自己排除在王国的继承权之外了。弗莱辛的奥托和维泰博的戈弗雷记载称，当克洛泰尔②的儿子达戈贝尔特被立为国王时，他将卢瓦尔河附近的一些市镇和村庄交给了其兄弟查理贝尔特（Heribertus）③，供其享用（《双城编年史》第 5 卷第 9 章）。艾穆安记录了同一件事，并补充了下述内容："他与之达成协议，让后者满足于普通人的生活，不要再指望夺得其父的王国了。"（《法兰克人史》第 4 卷第 17 章）雷吉诺也指出："达戈贝尔特获得了整个帝国的统治

① 参见艾因哈德、圣高尔修道院僧侣《查理大帝传》，第 5 页："这就是他所执行的唯一职务，因为除了空洞的称号，除了宫相凭自己的高兴许给他的不可靠的生活费以外，他自己只有一处收入很微薄的庄园，此外一无所有。他在这块土地上拥有邸宅，从这块土地上征调为数寥寥无几的仆役做必要的事务，替他装点威仪。"

② 指 613—629 年在位的法兰克王国墨洛温王朝国王克以及 584—629 年在位的纽斯特里亚国王克洛泰尔二世。

③ 指 629—632 年在位的墨洛温王朝阿基坦国王查理贝尔特二世，他为克洛泰尔二世的次子，曾与达戈贝尔特一世竞逐法兰克王国的王位。

权，除了他授予其兄弟查理贝尔特的位于卢瓦尔河对岸的土地，包括加斯科涅（Vasconia）①的部分地区和图卢兹、凯尔西（Caturcinum）②、阿让（Agennum）③、佩里格（Petragorium）④和桑特（Sanctonicum）⑤等市镇，但不包括靠近比利牛斯山的领土"（《编年史》第1卷）。由此可知，正如艾穆安在前文援引段落中所言，虽然查理贝尔特分得了王国的一部分，但他并未被授予统治王国的权利，而仅是被授予了王国的领地。艾穆安在之后的一段话中写道，查理贝尔特不满足于该领地，意欲凭借武力取得国王的头衔，并违背双方的约定对其兄弟开战。此外，艾穆安在提及丕平⑥时指出："他按照册封公爵的方式授予了其兄弟格里福（Grisons）⑦十二处伯爵领地。"（《法兰克人史》第5卷第61章）在此处援引图尔的格雷戈里的观点是恰到好处的："贡多瓦尔德（Gondobaldus）⑧派遣了两名使者至国王处，他们依照法兰克人之礼俗携带节杖，如此他们便不可为任何人所触碰。"（《法兰克人史》第7卷第32章）⑨图尔的格雷戈里继续说道："贡多瓦尔德

---

① 位于现今法国西南部的一个地区。

② 位于现今法国西南部的一个地区。

③ 位于现今法国西南部新阿基坦大区洛特-加龙省的一座市镇。

④ 位于现今法国西南部新阿基坦大区多尔多涅省的一座市镇。

⑤ 位于现今法国西南部新阿基坦大区滨海夏朗德省的一座市镇。

⑥ 指丕平三世。

⑦ 726—753年在位的曼恩公爵，为法兰克王国墨洛温王朝宫相查理·马特与其第二任妻子所生之子。

⑧ 于584年或585年在高卢南部地区起事的墨洛温王朝篡位者，自称克洛泰尔一世的私生子。

⑨ 参见格雷戈里《法兰克人史》，第368页："这些事情过去以后，贡多瓦尔德重新派出两名使臣去到国王那里，他们依照法兰克人的习俗，携带着神圣的职标，以便他们不致为任何人所触犯，而在陈述使命之后将答复带回。"

宣称他是我们的父亲国王克洛泰尔[①]之子，他遣我们来接收应归属于他的那部分国土。"[②]

现在回到涉及王国继承权的问题上。我没有发现法兰克高卢在这个问题上存有任何明确的权利，因为正如我所说的，王国不是世袭的。但对于其他被描述为封地的贵族财产(patrimonia nobilibus)，弗莱辛的奥托写道："勃艮第有一个几乎在高卢所有省份都得到遵守的习俗，即父系世袭财产的管辖权总是由长子及其子嗣(无论是男是女)来继承，其余人等则把他视为自己的领主。"(《皇帝腓特烈功业录》第2卷第29章)从所有这些材料可以看出，以"王室封地"之名义归属于长子外其他子嗣的财产，既非王国的一部分，亦不是国王世袭财产的一部分。这与那些以遗赠或继承的名义遗留下来的东西实际上是遗产组成部分的情形是不一样的(见《查士丁尼法典》[③]和《学说汇纂》[④])。彼得罗·德拉维尼亚[⑤]在其信件的不同段落中均表明这是法兰克人的普遍法律惯例(《彼得罗·德拉维尼亚书信集》第6卷信25)。

但关于王国的继承权，法律却非如此规定。概因首先，根据一条古老的法律，虽然王国让渡的最高决定权和选择权归于各等级和全体民众大会，但已故国王的儿子如果年龄未满24

71

---

① 指558—561年在位的法兰克王国墨洛温王朝国王克洛泰尔一世，克洛维一世的幼子，原为苏瓦松王国国王(Suessionum)，后吞并其三位亡故兄长的梅斯王国(Metarum)、奥尔良王国(Aurelia)和巴黎王国(Lutetia)，成为第二位统一的法兰克王国的国王。

② 参见格雷戈里《法兰克人史》，第368页："贡多瓦尔德新近从东方来，宣称他本人是您父亲洛塔尔国王的儿子。我们奉派前来要求应该归属他的那部分国土。"

③ 参见 Codex Iustinianus，6，24，13。

④ 参见 Digesten，2，13，9；28，5，9，12；29，4，14；35，2，87，3。

⑤ 13世纪的意大利法学家和外交官。

岁，就无权成为国王。在这种情况下，就有必要任命其他达到
法定年龄的人。人们完全可以赞扬我们祖先在这方面的智慧。
他们不相信其国家之政府应该交给一个年幼而需要他人建议（甚
至在管理其私人事务方面亦是如此）的人。此即约翰内斯·特里
特米乌斯所转述的胡尼巴尔都斯之言："390 年，法兰克人的国
王克洛吉奥（Clogio）率然发动了战争，结果被罗马人杀死。他留
下了两个儿子，其长子埃列诺 20 岁，幼子里什梅尔（Richimer）
只有 18 岁。但根据法兰克人的法律，任何人如未满 24 岁，均不
得成为国王。由于克洛吉奥的两个儿子无法成为国王，他们的
叔叔克罗多米尔（Clodomer）被首领们选中并加冕为国王。"

72　　如前所述，从这一切可以看出阿加提阿斯在写到国王的子
嗣们被撤销对其父母财产的继承权时所要表述的意思。从某种
意义上来说，这不应该被简单和绝对地理解为它所阐述的词汇，
而应该被理解为父母行动背后的原因。这个问题已经由各等级
大会和民众大会审查过了，而对国王子嗣是否超过了 24 周岁的
决定权就在他们手中。因为据记载，在古代，法兰克高卢王国
在国王去世后往往不是由人民授予他的一名子嗣，而是遭到了
分割，各部分被分配给了若干名成年的统治者。因此，当第二
任国王克洛维①于 515 年去世时，他留下了四个儿子——提乌德
里克②、克罗多米尔③、希尔德贝尔特和克洛泰尔，王国在他们之
间进行了如下划分：提乌德里克统治梅斯王国，克罗多米尔统
治奥尔良王国，克洛泰尔统治苏瓦松王国（Suessionum），希尔德

①　指克洛维一世。
②　指提乌德里克一世，克洛维一世的长子，511—534 年在位的梅斯王国国王。
③　511—524 年在位的法兰克王国墨洛温王朝奥尔良国王，为克洛维一世的次子。

贝尔特统治巴黎王国①。阿加提阿斯在其史书中提到了这一点
(《哥特战争》第 1 卷），而图尔的格雷戈里(《历史十书》第 3 卷
第 1 章)、艾穆安(《法兰克人史》第 2 卷第 1 章)和雷吉诺(《编年
史》第 498 年)对此亦有所提及。当第四任国王克洛泰尔死后，
王国又被他的四个儿子瓜分：查理贝尔特②占据了巴黎王国，贡特
朗(Guntrannus)③占据了奥尔良王国，希尔佩里克④占据了苏瓦松
王国，西吉贝尔特⑤占据了兰斯王国(Rhemorum regnum)。格雷
戈里、艾穆安和雷吉诺均记录了这一情况。此外，弗莱辛的奥托
和维泰博的戈弗雷还记录了 630 年前后第七任国王克洛泰尔去
世时的情况，内容如下："克洛泰尔的儿子达戈贝尔特一人统治
着法兰克王国，但他把卢瓦尔河附近的一些市镇和村庄封给了 73
他的兄弟查理贝尔特。事实上，从克洛维统治时期至今，法兰
克人的王国一直受到国王子嗣及其后代们无休止的分权统治。
此外，此时法兰克人的王国疆域从西班牙延伸到了潘诺尼亚，
由于达戈贝尔特是法兰克人的唯一国王，他甚至为巴伐利亚人
制定了法律。"(《双城编年史》第 5 卷第 9 章)此即戈弗雷提出的
观点，正如诸多智者经常所指，其言不谬。概因如尤斯蒂努斯
所言：王国若由一位统治者统治，将比由诸兄弟分治强大得多
(《〈腓利史〉概要》第 21 卷）。

　　然而若干年后，当法兰克人的王国已经远及八荒之外，而

---

① 巴黎最初为巴黎希人的聚居地，后罗马人在此建城，命名为卢泰西亚。
② 指 561—567 年在位的法兰克王国墨洛温王朝巴黎国王查理贝尔特一世。
③ 指 561—592 年在位的法兰克王国墨洛温王朝勃艮第国王贡特朗。
④ 指希尔佩里克一世。
⑤ 指西吉贝尔特一世。

且国王丕平也已去世，高卢人的民众大会又做出了一项决定，它有助于证实前文所言，即此事的全部权力在于各等级和民众大会的决定。因为艾因哈德在《查理大帝传》中是这样说的："丕平死后，法兰克人在一次庄严的大会上拥立他的两个儿子为王，条件是平分整个王国，查理①统治其父亲丕平所掌握的那部分，而卡洛曼则得到他们的伯父曾统治过的地方。"②乌尔斯贝格修道院院长也指出："丕平死后，经全体法兰克人同意，其子查理和卡洛曼都被立为了国王，条件是整个王国的主体应被平均分配。"查理大帝死后，王国也基于同样的目的进行了瓜分，这可以从约翰内斯·瑙克勒鲁斯所记录的查理大帝遗嘱以及艾因哈德关于其生平的著作③中看到。人们从中获悉，几乎整个欧洲都被他的三个儿子如此分割，然而，他没有给女儿们任何东西作为嫁妆，或属于她们的合法财产；她们婚姻和嫁妆之安排皆有赖于其兄弟的信仰、仁慈和审慎。这样做没有任何不公正之处，因为王公贵族们不会以获得大量嫁妆或提升其家庭和家族地位为目的与其女儿们联姻。

弗莱辛的奥托(《双城编年史》第6卷第6章)和雷吉诺(《编

① 指查理大帝。

② 参见艾因哈德、圣高尔修道院僧侣《查理大帝传》，第7页："但是丕平借助于罗马教皇的力量由宫相成为国王以后，就独自统治法兰克达十五年之久，甚至还要长些。他曾经对阿基坦的公爵魏法尔连续打过九年阿基坦战役，战争结束以后因水肿病死在巴黎，留下查理和卡洛曼两个儿子。由于天意，他们承继了国家。法兰克人召开了一次庄严的民众大会，选举他们两人做国王，附带条件是：他们应该平分全部国土，而查理应该专门管理他的父亲丕平所掌握的地方；同时卡洛曼则得到他们的伯父卡洛曼所曾经统治过的地方。"

③ 参见艾因哈德、圣高尔修道院僧侣《查理大帝传》，第34页："同时，他的继承人可以清楚地、无任何怀疑之可能地了解什么东西应当属于他们，因此他们可以毫无争执、毫无分歧地按照适当的比例剖分他的财产。"

年史》第 877 年）均指出，874 年路易①死后，东法兰克王国也出现了同样的分治情况。几年后，即 880 年，在第二十三任国王"口吃者"路易（Ludovicus Balbus）死后，人们也采用了同样的方法来瓜分王国。然而，这个决定并非由国王们本人做出，因为它是由各等级和民众大会做出的。这似乎是艾穆安观点背后的含义："法兰克人先王路易的儿子们前往亚眠（Ambianum），并在那里寻获了他们忠实的臣民，后者将其父的王国分给了他们。"（《法兰克人史》第 5 卷第 40 章）由此可知，法兰克高卢并没有就这一问题做出明确规定的古代法律，其完整的权力被赋予了各等级和民众大会。但后来，第四十一任国王腓力三世②颁布了法律，规定可以将一定的产业赠予分配给其兄弟；人们再度想起了我们祖先的古老制度，即关于此事的全部权利应交予民众大会和各等级会议，因此，国王的子女们应被授予某些领地，以维持他们的地位，并维护其家族的尊严。

75

---

① 应指 843—876 年在位的东法兰克国王"日耳曼人"路易，他实际上于 876 年去世。

② 指 1270—1285 年在位的法兰西王国卡佩王朝国王。

第十章
萨利克法及女性对身为国王之父亲的世袭财产的权利

　　既然我们打算谈论王室继承权，似乎就不能省略对时人常常挂在嘴边的萨利克法（lex Salicae）的回顾，在我们长辈的记忆中，它解决了关于王国继承权最重要和最危险的争端。1328 年，"美男子"腓力①之子国王"美男子"查理②去世时留下了怀孕在身的妻子，她在数月后诞下一个女儿。英格兰国王爱德华（Eduardus Angliae Rex）③由"美男子"腓力的女儿伊莎贝拉（Isabella）——法国国王查理的妹妹所生，他声称继承了其祖父的王国。相反，国王查理的堂兄瓦卢瓦的腓力④出言反对，他声称根据古老的王室法律"萨利克法"，女性被禁止继承王国的财产。加甘（Gaguinus）⑤和其他作家声称这一法律由法拉蒙德制定。他将其描述为"最著名的律法，甚至到我们这个时代依然如此"。他在《瓦卢瓦的腓力传》（vita Philippi Vaalesii）中写道："萨利克法是

---

① 指 1268—1314 年在位的法兰西王国卡佩王朝国王腓力四世。
② 指 1322—1328 年在位的法兰西王国卡佩王朝国王查理四世，他同时也是纳瓦拉国王，称卡洛斯一世。
③ 指 1327—1377 年在位的英格兰国王爱德华三世。
④ 指 1328—1350 年在位的法兰西王国瓦卢瓦王朝国王腓力六世。
⑤ 罗贝尔·加甘，15 世纪的法国人文主义者和哲学家。

爱德华之主张的一大障碍。该法律由法拉蒙德为法兰克人创制，即使在那个时代也被严格遵守。根据该法律，只有身为年长国王之后裔的男性国王才能统治王国，而女性则不被允许担任这一职务。该法律的规定如下：萨利克人土地继承权的任何部分皆不得归女性所有。但法兰克法学家将萨利克人的土地定义为只属于国王的土地，它与适用于臣民的土地法有所不同；根据后一种法律，臣民可以自由拥有任何未被国王之权力排除之物。"此即加甘的说法。即便时至今日，所有的法国人（不仅是历史学家，而且还包括法学家和实用主义者）都还赞同这种观点，比如帕蓬（《法令集》[Arest.]第4卷第1章）之言。由此可见，普遍流传的谬误几乎已成为真理。

诚然，我们务必切记，前文曾提及法兰克人有两座首都和两个王国。其中一座位于高卢，且留存至今；另一座在莱茵河以外，靠近萨勒河。因此，他们被统称为萨利安人和萨利克法兰克人（Salici Franci），其中的大多数人被简称为萨利克人（Salici），他们的王国和名字现在都已不复存在。我们曾提到，马尔切利努斯的史书显示，其中有些人被称为东萨利安人，有些人被称为西萨利安人。正如法兰克人有两个王国一样，他们亦有两套法律：属于萨利安人的萨利克法和属于法兰克高卢的法兰克法。艾因哈德在《查理大帝传》中写道："就任帝国皇帝后，当发现自己的臣民缺少诸多法律时（因为法兰克人有着两套法律，它们在诸多方面均大相径庭），他便想要拾缺补漏。"①一位撰写

①　参见艾因哈德、圣高尔修道院僧侣《查理大帝传》，第30页："在接受皇帝称号以后，他注意到他的臣民的法律体系存在着很多缺点，因为法兰克人有两套法律体系，在许多方面，二者差别甚多，因此他决定增补所缺少的部分，调和二者的歧异，并订正内容或文字方面的错误。"

有关萨利克法文章的作者也指出："法兰克人在皈依天主教之前，通过本民族的首领制定了萨利克法。四人被从众人中选出，即维索加斯特（Wisogast）、阿博加斯特（Arbogast）、萨洛加斯特（Salogast）和温多加斯特（Windogast），他们组织了三场集会，仔细捋清所有的原始条款，讨论了每一个案例，最后得出了此番结果。"①而西吉贝尔特（《编年史》第 422 年）和弗莱辛的奥托（《双城编年史》第 4 卷）几乎使用了同样的措辞："维索加斯特和萨洛加斯特制定的法律从此开始适用。据称萨利克法即是由萨洛加斯特创制，也因其而得名。法兰克人中的最尊贵者——被称为'萨利克'之人——仍在使用这一法律。"古代的编年史家们提及的这些观点使我们能够驳斥某些人的错误，他们要么认为萨利克法之名来自"sal"（即"审慎"和"理智"）一词，要么声称这个名称是对"高卢的"一词的讹用，此言大谬。

78 　　然而，几个世纪以来，同一来源又产生了更严重的谬误。首先，人们根据那些作者的观点认为萨利克法是帝国公法（ius publicum Imperii）的一部分，是王国的世袭继承法。不久前，萨利克法的碑文刚刚被发现并公之于众，从这些记录中可知，它们是在国王法拉蒙德时期首次写就并予以公布的。其次，显而易见的是，萨利克法和法兰克法的所有主要内容都是在私法（ius privatus）（而非王国和城市的公法）的背景下制定的。其中一章配有如下标题（必须特别注意的是，其中所刻字样为"论完全保有所有权之物"[DE ALODIS]，即论私人根据世袭法而非领地法

---

① 参见 Karl A. Eckhardt and Albrecht Eckhardt, eds., *Lex Frisionum*, Hanover, 1982, pp. 82ff. 。

所拥有的财产）：根据萨利克法，世袭财产的任何部分皆不得传给女性，而是由男性获得；但如若在很长一段时间后，孙子或曾孙之间出现关于土地所有权的争论，不以投骰子做出决定，而应通过族长进行分配。① 类似的规定存在于利普里安法（lex Ripuaria）②中（第 58 条），亦存在于盎格鲁人的法律中（第 7 条），该法与规定任何有关王国继承的法律皆相去甚远，甚至不适用于封地的继承，而仅适用于完全保有所有权之财产的继承，尽管女性的确可以从完全保有所有权之财产中分得嫁妆。故此，那些无能之辈要么从未研读，要么根本不理解该法律，竟敢断言萨利克法是一项防止将王权让渡给女性的举措。

尽管如此，首先可以确定的是，虽然萨利克人或法兰克人的法律中没有任何条款规定女性不拥有继承王国的权利，但在这么多个世纪里，该民族的制度和习俗却基于人们的赞同而得以存留，尤其是通过相互矛盾的判决得到了确认，从而获得了成文法的效力。因为当第三任国王希尔德贝尔特死后，其健在的两个女儿被排除在继承人人选之外，王国被让渡给了其兄弟克洛泰尔。同样，当第五任国王查理贝尔特③死后，其健在的三个女儿被排除在外，王国由其兄弟西吉贝尔特④继承。与之类似，当勃艮第和奥尔良的国王贡特朗⑤死后，王国不曾付与他的女儿克洛蒂尔德（crotilda），而是移交给了其兄弟西吉贝尔特⑥。

79

---

① 参见 Karl A. Eckhardt and Albrecht Eckhardt, eds., *Lex Frisionum*, p. 234。
② 指 4 世纪居住在莱茵河流域科隆附近的古代法兰克人所使用的法律。
③ 指 561—567 年在位的法兰克王国墨洛温王朝巴黎国王查理贝尔特一世。
④ 指西吉贝尔特一世。
⑤ 指 561—592 年在位的法兰克王国墨洛温王朝勃艮第国王贡特朗。
⑥ 指西吉贝尔特一世。

如此，瓦卢瓦的腓力的那些顾问就会以封建法律为依据进行论证，根据该法律，封地的继承权只传给男性的子嗣和后代，女性则不被允许继承。但是，当某一领地的后裔缺少男性继承人时，该领地就会在恰当情况下归于另一家系所有。事实上，正如我在关于该法律的其他著作中所充分证明的，那些通过扭曲法律而传给女性的封地绝非真正的封地（proprie feuda），而应被称为准封地（feudastra potius）。

第十一章
国王的长发之权

　　在此处提及我们的祖先让其国王蓄留长发的做法也许并不恰当。因为在我们的祖先中一直流传着一种关于头发的奇特权利，根据这一规定，那些由人民任命为国王者，或是王室后裔，皆会蓄发，并从额头上将头发分开，以油脂涂抹，并用王室的徽章和特有装饰品来装饰它。其他所有公民，无论其出身多么显赫，皆无权蓄留长发，反而由于他们热衷于行军打仗（这一点似乎颇为可信），就像罗马历史中记载的尤利乌斯·凯撒和其他诸多人等一般，还会剪掉或剃光头发。例如，艾穆安指出："法兰克人按照其他民族的方式为自己选举了一位国王，并将法拉蒙德抬升为国王。其子克洛迪奥①继承了王位；因为当时法兰克人的国王都留有长发。"（《法兰克人史》第 1 卷第 4 章）他在后文中又提到了这种做法："贡多瓦尔德被他的母亲按照国王的方式（即法兰克古代国王的做法）抚养长大，他留了一头长发。"（《法兰克人史》第 3 卷第 61 章）同样，阿加提阿斯在记述我们的国王克洛维②（他称之为克洛达米尔［Clodamirus］）在战斗中遭勃艮第

---

① 428—450 年在位的法兰克人首领。
② 指 509—511 年在位的法兰克王国墨洛温王朝国王克洛维一世，他曾在 500 年或 501 年发动了对勃艮第人领土的攻击。

人俘虏时也写道:"他一落马,勃艮第人看到其身后露出的头发,就注意到他是敌人的首领;因为法兰克人的国王不会剪掉他们的头发,甚至从童年开始他们就留着未经修剪的头发,长发始终披在身后。"(《哥特战争》第1卷)

81　从许多地方可以看出,我们祖先的习俗是,如果他们废除了国王,或者剥夺了其继承王国统治权的希望,就会剪掉他的头发。艾穆安在同一段落中指出:"他看着此人,命令剪掉他的头发,否认此乃其子。"(《法兰克人史》第3卷第61章)他又写道:"在头发再度被剪掉后,他被送到了科隆,他从那里逃了出来,待其头发重新长出来,便去投奔纳尔塞斯①……"(《法兰克人史》第3卷第61章)。图尔的格雷戈里也记录了这一事件(《历史十书》第6卷第24章)。他在后文中还提到了国王提乌德里克②:法兰克人起而反对他,将之赶出了王国,并强行剪掉他的头发(《历史十书》第6卷第44章)。格雷戈里继续写道:"你不就是那个因为自己的骄横而被法兰克人的国王们削发并流放之人吗?"(《历史十书》第7卷第36章)他紧接着又写道:"众所周知,我的父亲克洛泰尔曾放逐我,而且我被他和我的兄弟们相继削发。"(《历史十书》第7卷第36章)图尔的格雷戈里还讲述了一个令人难忘且相当可怕的故事,即王太后克洛蒂尔德③宁愿砍掉其两个孙子的头也拒绝剪掉他们的头发,其内容如下:"(国王对其兄弟说)我们的母亲把我们兄弟的儿子留在身边,希望把王国交给他们。这件事应集思广议,以观如何行事;是否应该

---

① 6世纪东罗马帝国查士丁尼大帝麾下的将领。
② 指提乌德里克三世。
③ 法兰克王国墨洛温王朝王后,国王克洛维一世之妻。

把他们的头发剪掉，将其贬为平民，或者将其杀死，由我们瓜分兄弟之王国。"(《历史十书》第 3 卷第 18 章)他又写道："然后他们派阿卡狄乌斯(Archadius)携剪刀与剑示于王太后，并说道：'最尊贵的王太后，我的领主们——也就是您的儿子们——望得悉您的意愿，您认为应该如何处理那些男孩，是剪掉他们的头发，容其苟活，抑或看着他们被杀死。'然而她选择让他们面对死亡，而非削发。"(《历史十书》第 3 卷第 18 章)艾穆安也讲述了同样的故事，并指克洛蒂尔德曾言："无论如何，我决不允许他们削发为僧。"(《法兰克人史》第 2 卷第 12 章)虽然此番记录与格雷戈里所言相去甚远，但也源自那种习惯性的做法，即削发意味着退位，意味着放弃王国继承权。此外，我所观察到的一种习俗是，当国王上战场时，他们会把头发绑在头盔上，犹如一种作为战斗中识别标志的徽章。艾穆安在描述国王达戈贝尔特①和撒克逊人最勇猛的领袖贝托尔德(Bertoaldus)②之间激烈斗争的一段话中提到了这一点，他写道："国王的头发和头盔的一部分被一剑砍掉了，并由一个仆人把其送到他父亲那里，以便后者能够迅速驰援。"(《法兰克人史》第 4 卷第 18 章)

当我思考这种做法背后的原因时，我发现了如下状况：由于高卢人和法兰克人的民族都留着头发(这也是辛布里人和几乎所有这些地区的普遍做法)，我们的祖先认为应该通过此种恰当之荣誉和区别赋予王权以尊严。稍有学识的人都不会去找寻高卢人留着长发的证据("长发高卢"[Comata Gallia]的说法即由此

①　指达戈贝尔特一世。
②　指 7 世纪法兰克国王克洛泰尔二世及其子达戈贝尔特一世统治时期的撒克逊公爵贝托尔德。

而来），尤其是当他回想起克劳狄安的诗句（《致鲁菲努斯①》［in Ruffinum］第 2 卷）：

83

> 在那里，长发的高卢人由金色野兽护卫，
>
> 湍急的罗纳河与平缓的索恩河环绕着他们
>
> 而莱茵河则在找寻他们的诞生之地。

卢坎（Lucanus）②诗文中的一段话证明，法兰克人的习俗亦是如此，正如我们此前所证明的，他们源自考契部落或查伊科人：

> 以罗马之名，尔等须大胆阻遏
>
> 长发考契人的行军路线。

当这种情况出现时，我们注意到，那些对我们的长发国王心怀敌意的外邦人不仅侮辱他们，称之为"长毛"（Setatos），还称其鬃毛，颇类于狮子、马和猪的鬃毛（他们因此被称为"长鬃毛之人"［Setosi et Setigeri]），此般羞辱甚至更进一步，宣称他们长有猪的鬃毛。由此诞生了那则可憎的虚构故事和令人厌恶的名称"长发之冠"（τριχοραχάτον），乔治·卡卓努斯（Georgius Cedrenus）③在其史书中如此写道："那些出自王族世系者被称为'毛发丛生者'（Cristati），因为他们身披长发，形同猪猡。"我认为这段话是错误且被曲解的，ΚΡΙΣΤΑΤΟΙ（毛发丛生者）或者应被ΣΕΤΑΤΟΙ（长鬃毛之人）替换，或应一同出现。称之为"毛发丛生者"具有褒义，因为他们的头盔上绑有一缕头发；而另一些满怀恶意之人

---

① 4—5 世纪的修道士、历史学家和神学家。

② 1 世纪的罗马诗人，著有史诗《内战记》（Pharsalia）。

③ 11 世纪的东罗马帝国历史学家。

则充满侮辱性地称之为"长鬃毛之人"。如果卡卓努斯在这段话中未能清楚表述他的意思，而且"毛发丛生者"这个名称也未得 84保留，那么他们就应被称为"长发之冠"，该名称表达了我认为更为可取之意，即因其长发而与众不同。但我现在注意到，卡卓努斯的整个段落被《历史杂录》(Historia Miscella)的作者①改成了如下模样："的确，据说'毛发丛生者'或'长发之冠'就是该世系的后代，他们生来就如同猪猡一般，长发及背。"(《历史杂录》第 22 卷)不管真相如何，我不希望有人认为我忽略了这样一个事实：在查理大帝时期盛行一种习俗，即国王的子嗣被送至一些结盟或交好的邦外之王那里，后者出于尊重会剪短其子嗣的头发，如此这般之后，他会被称为这个年轻人名义上的父亲。保罗执事论及查理大帝时是这样说的："法兰克人的统治者查理把其子送至伦巴第国王利乌特普兰德②处，后者按照习俗收下了他的头发，成为其父亲，并让这个年轻人将诸多王家礼物回赠其生父。"(《伦巴第人行迹》第 6 卷第 15 章)这则故事还为雷吉诺所记录(《编年史》第 655 年)，他没有使用保罗执事的词汇"收下"(susciperet)，而是采用了"剪除"(incideret)一词，这样似乎更浅显易懂。

诚然，迄今为止，国王留长发的权利的确是由法律规定的。事实上，有人主张此乃路易七世③统治时期在巴黎主教伦巴第人彼得④的建议和鼓励下制定的，意在消弭高卢人和法兰克人之间

---

① 指 10—11 世纪的伦巴第历史学家"学者"兰多尔福。
② 8 世纪的意大利伦巴第王国国王。
③ 1137—1180 年在位的法兰西王国卡佩王朝国王。
④ 12 世纪的哲学家和神学家，于 1159 年被任命为巴黎总教区总主教。

的区别，因为前者蓄发，后者既蓄须也蓄发。这样的故事在有
识之士看来不足为道，因为它表明高卢人和法兰克人之间的这
种区别延续了八百多年(此即从法兰克高卢王国建立至路易七世
时期的时间跨度)。恰恰相反，我们在前文已经证明，在法兰克
高卢王国建立之后，这两个民族融合为一，就仿佛它们是一对
孪生民族一般，通过它们的交融，一种语言与一套制度和习俗
就此出现。

第十二章
法兰克高卢王国的构成形式

　　既然这些问题已得到了概述，我们似乎有必要解释一下法兰克高卢王国的构成形式。我们在前文已经证明，人民在他们的议事会中保留了任命和罢免国王的所有权力。我们中的高卢人在被罗马人统治之前也拥有同样的政府形式，因为正如凯撒所言：人民之于国王的权力并不少于国王之于人民的权力（《高卢战记》第5卷第8章）。然而，人们一致认为，我们中的法兰克人是从日耳曼民族而非高卢人那里接受了这种构成其国家的形式。在这一方面，塔西佗在《论日耳曼人的习俗》一文中写道："国王不拥有无限制或不受约束的权力。"① 显而易见，没有任何一种政府形式比之更为远离暴政了。概因正如亚里士多德所指：国王执掌之事愈少，王国就存延愈久（《政治学》第5卷第2章）②。可以看到，古代哲人所定义的暴政的三个标志中，没有一个可以在我们王国的构成形式中找到。首先，就政府涉及压

86

---

① 参见塔西佗《阿古利可拉传　日耳曼尼亚志》，第59页："国王的权力并不是无限的，他不能一意孤行；将军们也不是以命令来驾驭士兵，而是以身作则地统率着士兵，他们借作战的勇敢和身先士卒的精神来博取战士们的拥戴。"
② 参见亚里士多德《政治学》，吴寿彭译，商务印书馆1983年版，第290页："王室的权威较小者，其统治往往较为耐久而少受损害；他自己既因此而不致妄自尊大，处处专制，就多少保持些同他人平等的观念和行为；另一方面，他的臣民对他也因此而妒忌较轻。"

109

迫（也就是说，国王违背臣民的意愿对其进行统治）的情况，我们已经指出，选举和罢免国王的最高权力归于人民。至于暴政的第二个标志，即外国卫队的存在，它与法国国王雇用外国人和外国雇佣兵作为卫兵的事实相差甚远，他们通常甚至都不以公民或本国人作为他们的卫兵，而是完全信任其附庸的护卫。图尔的格雷戈里和艾穆安赞同这一观点，他们声称国王贡特朗①曾在巴黎得到一位贵族的警告，让他警惕法拉乌夫（Faraulphus）的设伏，他立即用武器和卫兵加强了自己的防卫力量（《历史十书》第 7 卷第 18 章、《法兰克人史》第 3 卷第 63 章）。格雷戈里指出，他前往各处，"即便是圣地，皆有卫兵拥簇四周。"由著名的让·德茹安维尔（Ioanne Ionvillaeo）②撰写的一部关于路易③的优秀史书留存至今，他与这位国王相处了多年，对其熟稔异常。值得注意的是，在这段历史中，他根本没有提到卫兵或卫队，所论及者仅有看门人与其所谓的领宾员（Hostiarios）。

但是就如此显而易见的问题而言，如果纽伯格的威廉（Wilhelmus Neunbrigensus）④留存了一份无可辩驳的记录，那么寻找这些无力且微不足道的证据又有何用呢？我们将在此处引用它，以留存我们祖先的卓绝智慧，并堵住那些谄媚廷臣的悠悠之口。纽伯格的威廉曾论及路易⑤的儿子国王腓力⑥，此君在 1190 年前

---

① 指 561—592 年在位的法兰克王国墨洛温王朝勃艮第国王贡特朗。
② 13—14 世纪的法国编年史作家，著有《圣路易传》。
③ 指 1226—1270 年在位的法兰西王国卡佩王朝国王路易九世，即圣路易。
④ 12 世纪英格兰的修道士和历史学家。
⑤ 指 1137—1180 年在位的法兰西王国卡佩王朝国王路易七世。
⑥ 指 1180—1223 年在位的法兰西王国卡佩王朝国王腓力二世。

后与英格兰国王理查（Richardus Anglorum rex）[1]一同前往收复耶路撒冷："当法国国王在营寨里听到侯爵的遭遇时，他为其朋友的枉死神伤。但不久之后，他找到了一个嘲笑英格兰国王的机会，遂转悲为喜。当时他驻扎在距离叙利亚非常遥远的己方边界内，但他要么无端惧怕仍留在东方的理查，要么假装担心遭遇埋伏，以增加对后者的敌意。他假意宣称所谓国王理查唆使之刺客对他构成了威胁，遂拒绝在没有强大卫队护卫的情况下行动。这与其祖先的习俗相悖，以至于那些接近御驾者皆被视为图谋不轨之徒。国王的这一系列诡谲举动令众人大感震惊，他甚至尝试煽动人民反对英格兰国王来证明其所作所为的正当性。为此，他在巴黎召集了一场由其支持者和贵族参加的会议。在这一会议中，他对英格兰国王理查提出了诸多言之凿凿的指控，其中之一便是英格兰国王支使残忍的同谋者杀害了那位最尊贵的侯爵。他出示了据说是由某些要人写给他的信，信中警告他须为自己的安全采取更多的预防措施，因为英格兰国王生性奸诈，且当时正在筹谋从东方派来刺客袭击他。他说道：'众卿勿要奇怪我采取非常手段保护自己，但若尔等认为此乃不当之举，可下令撤销之。'他还补充，他想寻得合适的时机为自己所受的来自叛徒的伤害展开报复。许多人对此表示赞许，并认为他采取预防措施和计划复仇是明智且正当的。然而，那些谨慎的人却指出：'我们并不责怪您的谨慎，因为您对意外情况做好了万全的准备，但我们不甚赞同您提出的不合时宜的复仇建

88

---

① 指1189—1199年在位的英格兰王国金雀花王朝国王理查一世，即"狮心王"理查。

议。即使关于英格兰国王的说法确有其事,采取鲁莽且贸然的行动亦是不智之举;相反,我们应对一个正直之人(众所周知,他曾为基督的事业发动东征)抱有相应的尊重,直至他回返自己的国家。'"(《英格兰史事》第 4 卷第 2 章)此即纽伯格的威廉之记录。现在让我们从另一个方面探讨我们祖先在建立王国过程中所展现出的智慧。

89　　因为被算作暴政的第三个标志是:一切都不以国家和臣民为转移,而是以统治者本人的便利和裁断自由为转移。我们的国家没有出现这样的缺陷,从我们稍后要讲到的内容中可知,法兰克高卢王国的最高权力归于一个公开且神圣的国家会议,后世称之为三级会议。克劳德·塞瑟尔(Claudius Seyssellus)[1]在关于法国君主制的著作中指出,该会议是以公民的三个等级命名的,他认为其中最高的等级为贵族,中间等级为法学家和商人,第三等级为工匠和农民。其大意如下:"在这个王国里,有一种国家的形式是非常值得赞扬和保留的,因为它对建立所有等级的和谐具有重要意义,而且毫无疑问,只要每个等级都能维护其权利和尊严,这个王国就可谓无懈可击。因为每个等级都有自己的某些特权,如果这些特权得到维护,一个等级就不能推翻另一个等级,甚至三个等级皆无法共同密谋反对国王和君主。在下文中,我未将教士置于三个等级之中,而是列举了如下三个等级:第一个等级是贵族;中间等级由人民中那些所谓的富人(Opimus)组成;最后一个等级是最底层的平民(plebs

---

[1]　15—16 世纪的法国法学家和人文主义者,著有《法国君主制》(*La Monarchie de France*)。

infimus)。"(《法兰西君主制度》[*Franciae Monarchia*]第 13 章)此
即塞瑟尔之言。

但我们要看到,既然这种分为三个等级的做法并非为了描
述普通社会的基础,而是与国家的公共议事会有关(因此该会议
一般被称为三级会议),那么它可能更便于与该会议中所体现的
三种政府类型——君主制、贵族制与民主制——相对应。因为这
的确是古代哲人(包括波利比乌斯和图利乌斯[Tullius]①皆心摹
手追的柏拉图和亚里士多德)认为最好和最优秀的政府形式②,
这种形式是由君主制、贵族制和民主制这三种元素混合而成,并
加以调整。此即西塞罗在《国家篇》(*De re Republica*)中尤为推崇
的国家形式。③ 因为,既然君主制政府和民主制政府在本质上互
相抵牾,那么就有必要增加一些对两者而言的第三因素或中间
因素。此即王公贵族的作用,他们由于其血统的高贵和古老特
性,趋近于王室的地位,但又出于其作为附庸(或通常所谓的臣
民)的地位,更易接纳平民出身者。因为他们如同平民一般承认
同一君主为全体人民的行政长官。西塞罗用一段文雅之词赞美
了此类国家显而易见的对称特性。该段大有效法柏拉图《理想
国》之意,而此处予以复述正因其辞章之典雅:"正如同在竖琴

90

---

① 指西塞罗。
② 参见亚里士多德《政治学》,第 47 页:"城邦的过度划一绝不是一个良好
政策。"
③ 参见柏拉图《法律篇》,张智仁、何勤华译,商务印书馆 2016 年版,第 96 页:
"有两种一切其他制度由之产生的母制。第一种母制的确切名词是君主制,第二种是民
主制。"柏拉图《法律篇》,第 167 页:"从每个财产等级中选出 180 人,其中一半最后通
过抽签选出。这些人经过复查之后,就成了当年的议员。这样的选举制度是君主政制
和民主政制之间的一种折中,它显然正是一种政制常有的一种折中。"西塞罗《国家篇 法
律篇》,沈叔平、苏力译,商务印书馆 2002 年版,第 75 页:"对一个国家来说,最好的
政制是前面提到的三种政体形式——君主制、贵族制和民主制——的均衡结合。"

和长笛的音乐中或者在一些歌手的歌声中，必须保持不同音的某种和谐，对于训练有素的耳朵来说，打破或违反和谐是不能容忍的，而且这种完美的一致与和谐出自不同音的恰当混合。因此，与此相似，一个国家是通过不同因素之间协调而获得和谐的，其方法是把上、中、下三层阶级（似乎他们就是音乐中的音调）公正且合乎情理地混合在一起。音乐家所说的歌曲和谐就是一个国家的一致，这是任何国家中永久联盟的最强有力和最佳的纽带；而没有正义来帮助，这种一致是永远不会出现的。"①

在建立法兰克高卢王国时，我们的祖先持有着西塞罗的这种观点，即最好的国家形式是通过三个等级的混合来进行调节。这一点可以通过各种证据来证明，特别是被称为"虔诚者"的国王路易向法兰克高卢的所有等级发表的讲话，以及安塞吉乌斯（Ansegisus）②关于法兰克法律的论著，其中援引的一份官方报告内容如下："尽管国王之职位似乎是由我们本人所占据，然众所周知，它被神圣之权威与人类之组织划分为若干部分，因此，尔等皆在他的位置和顺序上被承认占据着我们的一部分职务。由此看来，我们应是尔等之训诫者，而尔等皆应是我们的协助者。我们皆知晓，尔等各安其位，获授权责。"（《法兰克王国诸王纪》第3章）安塞吉乌斯在后文中写道："正如我们所言，尔等皆被承认占据了我们的一部分司职。"（《法兰克王国诸王纪》第12章）又云："我们敦促尔等忠贞不渝，切记尔等付与之忠诚，及受托之司职。"（《法兰克王国诸王纪》第6章）

---

① 参见西塞罗《国家篇 法律篇》，沈叔平、苏力译，商务印书馆2002年版，第89—90页。

② 7—8世纪的法兰克王国丰特奈尔修道院院长。

出于这一原因，我们的祖先接受了这种体现三个等级的混合 92
而有节制的国家，并非常明智地规定，每年 5 月的第一天应召开
整个王国的公共议事会，在会议上根据所有等级的共同意见处理
国家的最高和最重要之事务。如此一来，那条古老的金科玉律
就生效了：人民之福祉乃其最高律法（SALUS POPULI SUPREMA
LEX ESTO）。① 这种制度的智慧和作用在三个方面得到了凸显。
首先，大量深谋远虑之人确保了诸多建议的提出，这些建议则
保证了人民的福祉，此乃所罗门和其他智者所乐见之事（《旧
约·箴言》第 11、15 章）。其次，自由的部分要义在于：那些做
一件事时面临危险之人在安排这件事时应有一定的发言权和权
威，或者说，正如通常所说的，涉及所有人之事应得到所有人
的认可。② 最后，那些对国王有重大影响之人，以及在政府重大
事务中处于最重要位置之人，在履行其职责时应对这个会议心存
敬畏，概因在这个会议上，各地区的要求可以无拘无束地得到聆
听。正如亚里士多德的确当之言所指，当某些王国仅由国王之意
志统治时——就如今日之土耳其人被统治的方式，其政府将缺乏
自由之人的建议和开明的意见，犹如兽类（《政治学》第 3 卷）③。
在这种情况下，他们形同未得到同类控制的畜群，或者由高高
在上者而非同龄人来管理的青年。

同样，众人之统治和管理不应授予他们中的一员，因为其见 93
识未必比众人多多少，而应授予经过所有人考验和同意之人，他

① 参见西塞罗《国家篇 法律篇》，第 226 页："民族安全是他们的最高法律。"
② 参见 *Codex Iustinianus*，5，59，5，2。
③ 参见亚里士多德《政治学》，第 144 页："'神明鉴临'，也许在某些人的团体
中，不可滥用这种原则；要是说这种理论可以作为通例，也可施之于兽类，这就未免
荒谬，而某些人的团体又有什么不同于畜群？"

们基于众人的建议行事，就仿佛是听命于一个众人组成之意志。虽然大多数国王都照例拥有一个常设的议事会，并声称在管理国家的过程中采纳了议事会成员的建议，但王国之顾问与国王之顾问殊为不同。前者关切整个国家，并在公众面前提出建议，而后者只为一人之利服务。此外，由于国王的顾问要么常年居于一职，要么始终依附于君主的宫廷，所以他们不易体察和熟悉偏远地区的情况。此外，他们沉迷于宫廷生活的诱惑，很容易被支配他人的欲望、野心和贪婪所腐蚀。最终，他们似乎不是王国和国家的顾问，而是国王的谀臣，是国王及其自身欲望的奴仆。

关于这一问题，弗拉维乌斯·沃匹斯库斯在《奥勒良传》中所言即是明证，我们在此予以引用："我听父亲说，皇帝戴克里先（Diocletianus）①曾私下里感叹没有什么比治理好国家更困难的了。四五个人便能密谋制定一个欺君之计，告诉皇帝什么应予以批准。闭门不出的皇帝不知真相，只知晓他们所言之事。他做出了错误的决断。正如戴克里先本人所言，一个贤明、谨慎、出类拔萃的皇帝也会遭人出卖。"②此即沃匹斯库斯所言，尽管我认为若他使用"不谨慎"（INCAUTUS）一词会更显正确。

由于担心这些麻烦，罗马人按照惯例为国王设置了元老院。为了让人民的福祉成为最高律法，他们既不为国王也不为其元老院保留最高权力，而是为人民自己和他们的议事会保留了这

94

① 284—305 年在位的罗马帝国皇帝，他结束了 3 世纪危机，建立了四帝共治制度。
② 参见埃利乌斯·斯巴提亚努斯等著《罗马君王传》，第 553 页："然而，我从我父亲那儿听说，当初元首戴克里先还是一介凡民的时候曾说过，没有什么比当一位贤明的统治者更难的了。四五个人聚在一起得出一个计谋以欺骗皇帝，他们说任何[皇帝]应该会同意的事情。把自己关在宫内的皇帝不晓得实情。他所获悉的只能是那些人所讲的，他任命不该任命的官员，理应留任的他却把他们从国家的职位上解职了。还有什么可说的呢？正如戴克里先本人常说的，贤明、谨慎、杰出的皇帝[的旨意也]常被人贩卖。"

一权力。因此，正如哈利卡尔那索斯的狄奥尼西奥斯（Dionysius Halicarnassus）①所证明的，在任何一位国王的统治下，人民都应该在他们的议事会中任命行政长官、制定法律并决定有关战争之事宜，此乃既定之法律（《罗马探古》第 2 卷）。法学家蓬波尼乌斯（Pomponius）②记录称，早期的罗马人被分为 30 个群体，这些群体被称为"库里亚"（Curia），国王根据这些群体所做之决定安排王国之事务。因此就有了"库里亚法"和"库里亚大会"的说法，后者是所有议事会中最为古老的一种。

塞涅卡在其书信中提出了他本人从西塞罗的著作《国家篇》了解到的一个观点，即人民有控诉之权利，即便是控诉国王（PROVOCATIONEM AD POPULUM ETIAM A REGIBUS FUISSE）（《书信集》信 19）③。西塞罗在《图斯库路姆论辩集》中进一步支持了这一观点，其内容如下："自这座城市建立伊始，王制以及法律就对占卜、仪式、集会、申诉，以及所有的军事事务做出了规定。"④但他在《对祭祀团的演讲》（De Domo Sua Ad Pontifices Oratio）中却指出："相反，根据公法，根据这座城市所使用的法律，若无这一法律的审判，公民皆有可能受此灾之殃，这甚至在王政时代也适用。因此我认为，若无元老院、人民或在特定案件中被任命为法官者的判决，就不可对公民的生命和财产采取任何

95

① 公元前 1 世纪的希腊历史学家和修辞学教师。

② 塞克斯图斯·蓬波尼乌斯，2 世纪的罗马法学家，著有《指南》（Enchiridion）。

③ 参见西塞罗《国家篇 法律篇》，第 81 页："控告的权利，哪怕是反对国王的判决，以前一直都是得到承认的，并且我们的占卜书也证实了这种说法。"

④ 参见玛尔库斯·图珥利乌斯·西塞罗《图斯库路姆论辩集》，第 160 页："因为，［罗马］城建立伊始，凭借王者的制度，部分还因为各种法律、鸟卜、祭仪、公民大会、申诉、元老们的决策、骑士和步兵的划分以及一切军事事务就得到了神妙的设立，当时，在共同体从君主的统治得到释放后，出现了令人惊异的发展和难以置信的朝向整个卓越的征程。"

措施。"①从这几段话中可以看出，罗马人即使在臣服于国王的时代，也认为我们上面提及的这条法律是不可侵犯的：即人民之福祉乃其最高律法。我认为，除了土耳其人的国家以及那些类似的邦国，未有任何一个王国之公民不曾保留着某种基于举行集会这一独特权利的自由概念。

因此，在建立国家时，我们的祖先就如同避开危崖一般决定国家应由一个包含所有等级的民众大会来管理。为此，国王、贵族和从各地区选出之人在每年的一个固定时间举行会议。我们注意到，其他许多国家也采用了这种做法。从前文凯撒的论述②中可知，在我们自由而古老的高卢，这种做法起初是通过一个显贵议事会而得以实现的。

但既然存在着建立王国的纪念仪式，那么显而易见的是，古代希腊的近邻同盟会议（Amphyctionum Concilium）③是由国王安菲克提翁（Amphictyon）④（丢卡利翁［Deucalion］⑤之子）设立的

---

① 参见《西塞罗全集·演说词卷》（下），第62页："按照国家的公平原则和法律，任何公民未经审判都不应当遭受这样的灾难。这种权利甚至早在王政时代就已经在这个国家存在，我们的祖先把它传给我们。最后我要说，它是一个自由国家的独特标志——我的意思是，没有元老院的裁决，没有人民的裁决，没有组织起来处理审判各类犯罪的法庭，就不应当剥夺公民的权利和财产。"

② 参见凯撒《高卢战记》，第25页："他们询问是否允许在某一天宣布召开整个高卢的议事会，以及是否可以按照凯撒的意愿举行这一会议。"第191页："全高卢的议事会在比布拉克特举行，无数人群从四面八方会聚而来。"第132页："于第一年春天得到举行高卢议事会——当时除了塞农人、卡尔尼特人和特雷维里人，所有人皆尽到齐——消息的凯撒将这一会议搬到了巴黎。"第172页："当一些高卢国家之间出现分歧时，他希望能够通过不懈的努力将它们联合起来，为整个高卢建立一个世界上其他任何力量都将无法抵挡的统一议事会。"

③ 古风时期一个由临近部落组成的希腊宗教性联盟每年举行一次的会议。

④ 希腊神话中的温泉关及雅典国王。

⑤ 希腊神话中的普罗米修斯之子。

（正如苏达［Suda］①和其他人所证明的），他安排来自希腊十二个国家的代表在每年的一个固定时间于温泉关会面，并在那里就王国和国王的各种最重要事项做出决议。有鉴于此，西塞罗称这个希腊议事会为"共同议会"②，普林尼则称之为"公众会议"③。亚里士多德由此写道：在荷马时代，国王的所作所为照例都要先向民众大会报告（《尼各马可伦理学》第 3 卷）④。希罗多德（Herodotus）⑤同样记载称：爱奥尼亚（Ionia）的十二个国家经常举行一个公共议事会，为此他们称之为"爱奥尼亚全体会议"⑥，就如同埃托利亚（Aetoliae）各国拥有它们的"埃托利亚全体会议"一般。故此，比代（Budaeus）⑦称我们法兰克高卢的议事会为"凯尔特全体会议"。

看来，日耳曼人在建立日耳曼帝国（Imperium Germanicum）的过程中也展现出了同样的智慧。在那里，皇帝代表君主制，诸侯代表贵族制，城市代理人则代表民主制。除非在这三个等级的会议上做出决议，否则与日耳曼人国家之福祉有关的任何

---

① 东罗马帝国辞书编撰者，据称他于 10 世纪末编撰了百科全书性质的《苏达辞书》，收录约 3 万个条目。

② 参见西塞罗《西塞罗全集·修辞学卷》，王晓朝译，人民出版社 2007 年版，第 225 页："他们在希腊人的宗教集会上，也就是在希腊人的共同议会上受到指控。"

③ 参见普林尼《自然史》，第 354 页："确实，波利格诺图斯是一位非常受尊敬的人物，近邻同盟会议、希腊最高的公众会议投票赞成给他公款招待的待遇。"

④ 参见亚里士多德《尼各马可伦理学》，廖申白译，商务印书馆 2003 年版，第 70 页："这可以由荷马述说的古代政体的例子得到说明。在这些政体中，王向人民宣布他们的选择。"

⑤ 公元前 5 世纪的希腊历史学家，著有《历史》（Ἱστορίαι）一书。

⑥ 参见希罗多德《历史》，王以铸译，商务印书馆 1997 年版，第 76 页："米卡列司是大陆的一个地岬，它向西方伸到萨摩司方面，各城邦的爱奥尼亚人通常都在那里集合，举行称为帕欧尼亚的祝祭。"

⑦ 纪尧姆·比代，15—16 世纪的法国人文主义法学家。

事情都无法被视为公正和确定的。他们还延续了拉刻代蒙人（Lacedaemonii）①同样古老且卓越的制度，即为国王设置了"五人行政长官"（Ephorus）一职。因此，如柏拉图所指，他们对国王起到了约束作用，而国王则通过其建议和权威来治理国家。② 普林尼在关于塔普罗巴纳岛③王国（insula Taprobone Regni）的论述中也提到了类似的制度，在那里，人民向国王指派了30名指导者，他们的建议则被用于治理这个国家（《自然史》第6卷第22章）。因为，如若允许国王对公民拥有无限的权力，他们就会像对待奴隶或牲畜一样对待后者。这恰好是土耳其帝国（Turcicum imperium）的做法，那里的暴君不仅有权杀戮被当作牲口对待的平民和公民，而且还有权杀戮所有与之有血缘或姻亲关系的亲属，甚至其兄弟。

事实上，波利多尔（Polydor Virgil）④证明了英格兰人采用了同样的政府形式来治理其王国，他写道："在这些时代之前（他叙述了亨利一世⑤的生平），国王们并没有维持民众大会，民众大会的存在是为了提供建议，但罕有召集。因此可以断言，虽然这一制度是由亨利下令设立的，但它在更早的时候就已经形

---

① 即斯巴达人，拉刻代蒙乃古希腊城邦斯巴达的本名。

② 参见柏拉图《法律篇》，第 93—94 页："有位关心你们的神看出了将要发生的情况。他把单一的王权一分为二，把权力限制在更合理的比例上。在这之后，一个把人性和神的某种力量结合起来的人，看出你们的统治制度仍处于动荡不安的状态，于是把斯巴达人的固执和气魄同老年人的谨慎小心混合起来，而给 28 个长老在做出重要决定时以与国王同等的权威。你们的'第三位救世主'看到，你们的政府仍受到腐蚀并为无休止的活力所扰乱，就用'五人行政长官'的权力形式来加以约束。"

③ 指斯里兰卡岛，塔普罗巴纳为古希腊对该岛的称呼。

④ 波利多尔·弗吉尔，15—16 世纪的意大利人文主义者、历史学家、神职人员和外交官。

⑤ 1100—1135 年在位的英格兰国王，为"征服者"威廉的第四子。

成了，而且始终有很深的根基，以至于它一直延续至今。这是因为凡是需要考虑的与国家之福祉及存续有关的问题都要提交给该民众大会，除非得到这个民众大会的授权确认，否则任何基于国王或人民之命令制定的法令都完全没有效力。为了避免民众大会受到无知的普通民众之判断的阻碍，一项特定法律一开始就明确规定了神职人员群体中的哪些人，以及其他民众群体中的哪些人和多少人应被召集到这个民众大会中来。他们按照法国人的习惯称之为议会。每个国王都习惯于在其登基之初召集议会，此后他将视情况自行决定是否需要经常召集议会。" 98 (《英格兰史》第 11 卷) 此即波利多尔·弗吉尔的说法。曾任英格兰大法官的某位古代作家①提出了同样的观点："除非在议会中获得整个王国的同意，否则国王不可自行或通过其大臣向他的臣民强加税赋、补助金或其他任何负担，他亦不能改变法律，或制定新法。"(《一位精通法律者对英格兰政治律法的颂扬》[*A learned commendation*] 第 36 章)

但是，在几乎所有国家的这些制度中，没有一种比西班牙人的制度更引人注目，他们在阿拉贡的公共议事会中任命国王时，通过安排一场表演让人们始终牢记这件事。他们把一个被称为"阿拉贡之律法"(Ius Arragonici) 的人带进来，并通过一项人民的法令宣布他比国王更伟大、更有权势。然后，他们对基于确定之法律和条件而得到任命的国王发表了长篇大论，由于该民族在训诫国王时表现出了非凡且最为奇特的勇气，我们在此将予以重复：尊崇之地位不下于您且职权甚于您的我们于此番

---

① 指约翰·福蒂斯丘，15 世纪的英格兰法学家，曾任英格兰王座法庭首席法官。

条件下选举您为国王；在您与我们之间，尚有一人权力大于您（NOS QUI VALEMOS TANTO COME VOS, Y PODEMOS MAS QUE VOS, VOS ELEGIMOS REY, CON ESTAS Y ESTAS CONDITIO-NES: INTRA VOS Y NOS, UN QUE MANDA MAS QUE VOS.）。

约翰内斯·韦斯（Iohannes Vasseus）[①]所记录的情况也与此相关："埃尔米库斯（Ermicus）通过人民投票当选为国王，他被涂上油膏并加冕，但他的当选自然有某些条件，例如他应该公正地执行法律，如若出现任何争端，应由一位法官在国王和人民之间进行调解。这位法官被称为'阿拉贡的仲裁者'（ARAGONIAE IUSTITIA）。"（《西班牙编年史》第 839 年）卢修斯·马里内乌斯（Lucius Marinaeus）[②]也指出："国王虽是选举产生的，但人们也提出了一些条件，比如他应该公正地对人民施用法律。根据这些法律，还需有一位法官，其职责是在他们之间进行调解。他被称为'阿拉贡的仲裁者'。"（《西班牙要事录》第 8 卷）

赫罗尼莫·苏里塔写道："约翰·西梅尼乌斯·塞尔达努斯（Iohannes Simenius Cerdanus）在阿拉贡担任被称为'阿拉贡的仲裁者'的行政官职位多年，直到年事已高。这位在众人之中享有崇高权威并居于要职的人杰宣称，王国在建立之初就设置了这一受理最重大事务的裁判职位。就如在拉刻代蒙人之中五人行政长官与国王相对立一般，在阿拉贡人之中，这个行政官也制衡了无节制的王权，并在某种程度上充当了自由之监督者与守护者。他们引入这个职位是为了给普通自由人提供保护，其权

① 16 世纪的佛兰德人文主义者和历史学家。
② 15—16 世纪的意大利历史学家。

力在捍卫自由方面彰明较著，因此，除非故意放弃，否则任何
人都不会失去其合法权利。此后，该职位仍然是那些失去自由
或被剥夺自由之人的某种庇护所，而且，由于他们希望它保持
完整和纯粹，遂以‘仲裁者’(IUSTITIAE)之名来提升其本已显赫
的地位。从阿拉贡人的一系列法律和制度中可以看出，该职位 100
得到了法令的有力保护和支持。由于王国遇到了诸多限制自由
的情况，古代的政治家们决意应未雨绸缪，以免自由在以后的
岁月里可能被反常之权力破坏，抑或其地位以任何方式遭到削
弱。"(《阿拉贡诸王纪事》第 3 卷第 849 年)

　　苏里塔就 1114 年的情况指出："彼得·西梅尼乌斯(Petrus
Simenius)是阿拉贡的仲裁者。起初，这个职位被称为‘司法官’
(Maior Iustitia)。后来，它得到了法律的保护和支持，成为维护
和保持自由不受最高当局侵犯的共同庇护所和保护措施。"(《阿
拉贡诸王纪事》第 3 卷第 1114 年)

　　他就 1344 年的情况再度指出："国王下令将阿托斯·佛丘
斯(Athonis Foccius)的所有收入和战利品列出，并以书面形式予
以确定。佛丘斯则主张通过阿拉贡的仲裁者加西亚·费迪南德
(Garcia Ferdinand)的干预和禁令搁置这一程序，于是出现了关
于管辖权的争论。王室律师提起了诉讼，要求驳回阿拉贡的仲
裁者的干预，后者此前已经做出了中止的决定。他们拒绝接受
此番说辞，即此乃在民众大会上决定和界定与国王有争议之事
项的法律。他们亦不认同在民众大会之外对国王进行审判是公
正和正确的，或者代表他人接受判决无损于国王的威严——除 101
非是在关乎贵族之行为或者国王因是教唆者而受到限制的诉讼

中，以及在可能对王室官员和法官提出指控的情况下。"(《阿拉贡诸王纪事》第 3 卷第 1344 年)

　　苏里塔还就 1348 年的情况写道："从那时起，阿拉贡的仲裁者创建了保卫共同自由的事业，并获得了古老法律的保护和支持，开始在其中行使他们的权力，以便无人需要外援来对抗王室大臣、命令和指令的特殊权力，亦无人被强者的不公正所压迫。在几乎所有公共的和私人的争议中，他都将不使用武力。如果任何一人（无论是以私人的还是公共的名义）不遵守其法令，就将受到最严厉的惩罚，提出主张者的权利将不得恢复，荣誉亦将丧尽，其权力将被从城市中移除，以上皆得到了法律的认可。事实上，这个职位的设置让下首者（甚至是那些在国家中地位最卑贱者）认为自己与大人物是平等的，随着身居这一职位之官员权力的增加，他可以对抗王室法官，就像拉刻代蒙的五人行政长官因塞奥彭普斯（Theopompus）①之制度设计而与斯巴达国王相对抗，以及罗马人中的保民官与执政官相对抗一般。但是，为了保证该职位的声誉和权威永远不会遭到削弱，或不过度受民众欢迎，所有人都必须遵守最高律法的命令，而律法则必须始终以同一种声音对所有人说话，这样，人民的福祉将真正成为最高律法，成为自由之纽带和重要支撑力量，而所有人——正如人们所说的——皆会受到约束，就像被法律的神圣链条所束缚一般。为了避免来自最底层之人或利用民众选票之人获得有关的职位，抑或为了避免一个战功赫赫者和得享国王恩宠者当选，我们施行了这种谨慎的限制措施。这一职位被我们的祖

---

　　①　公元前 720—前 675 年在位的斯巴达国王，可能是他设立了五人行政长官制度。

先确立为一种温和的力量——它不受民意的影响，而且比拉刻代蒙人引入的五人行政长官制度更稳定。后者已经习惯了出言无状，以至于他们坦然坐在法庭的席位上，在国王面前既不起身，也不对他们示以敬意。国王们受宗教的约束，月月皆要宣誓，并遵守其国家的律法，而五人行政长官亦要服从国王们的权威，只要后者遵守了其祖先的律法以及各项制度。阿拉贡这个国家就此避免了分歧与异议，并借由仲裁者一职按照习俗和律法行事，而未曾出现不合理地反对王室官员的情况。人民的认可和赞同是这种做法的自然结果。此后，各种骚乱皆被镇压，内部分歧在没有骚乱和动荡的情况下得以解决。"（《阿拉贡诸王纪事》第 3 卷第 1348 年）

此外，苏里塔就 1386 年的情况写道："国王①通过王国政府剥夺了其子胡安(Iohannes)②的权力，并命令任何人不得听命于他。胡安对这一决定感到困惑，当他确定了父亲和继母对自己的敌意后，便寻求法律的帮助，反对国王的权威，并向阿拉贡的仲裁者多米尼克斯·塞尔达努斯提出申诉。他请求后者提供法律所能给予的庇护和保护，以对抗强大的王权。按照惯例，仲裁者禁止使用武力。自由的一般原则在此得到了尊重，以至于国王认为有必要会见那位官员，以便可以就有关他的誓言和法律的问题展开辩论，概因国王任命之人承担了裁判权。当仲裁者的禁令被执行之后，国王的权威或最高权力似乎荡然无存，直到仲裁者对禁令的法律做出自己的判断，并宣布他的意见，

103

---

① 指 1336—1387 年在位的阿拉贡国王佩德罗四世。
② 指 1387—1396 年在位的阿拉贡国王胡安一世。

即国王不应凭借其高位违反习惯法的公平性，不应利用其特殊权力以武力胁迫受压迫者。在这项最值得称道的人民的事业当中，塞尔达努斯继续表现出不屈不挠的恒心，使他的观点为人所知并得到维护。因为我们的祖先希望阿拉贡的仲裁者所拥有的调解和约束的权力能够以一种比余外之物都更加神圣和不可侵犯的方式得到行使。他们希望一切都服从于这一最高权威，以便那些被压迫、被限制、被剥夺权利或被武力击倒的人能够获得补偿，宗教信仰能够得到尊重。他们基于理性和判断规定：仲裁者应该具备要求王室法官不得筹划或从事任何违反其禁令或调解的事项。因此，他们崇敬、坚守并小心翼翼地保护这座堡垒，就仿佛它是公共福祉、法律和习俗的庇护所，而王国各处均夸耀称，王国之继承人曾求助于这一法律的庇护。"（《阿拉贡诸王纪事》第 3 卷第 1386 年）

既然事实如此，而且正如我所言，这种制度始终是所有实行君主制而非暴政的国家和民族所共有的，从而让人民的福祉成为最高的律法（UT SALUS POPULI SUPREMA LEX ESSET）。显而易见，不仅这种召开公共议事会的自由是各国法律的组成部分，而且那些用邪恶手段压制这种神圣自由的国王就仿若是这种诸国通行之法的违犯者，正如人类社会的经验所证明的，他们不应被奉为国王，而应被视为暴君。

但是，我们为何要称之为暴君，而不使用一些更可怕的字眼呢？当弗拉维乌斯（Flavius Constantinus）①在年轻的霍诺留秉

①　弗拉维乌斯·君士坦丁，5 世纪的西罗马帝国重要军事统帅，421 年被霍诺留提拔为共治皇帝，即君士坦丁三世。

政时期作为暴君统治高卢时，他也不敢违反我们高卢的这一项古老制度，而是将其视为神圣不可侵犯之物保留了下来。因为当他将其王国的首府定在阿雷拉特（Arelate）①，并因此决定称之为君士坦丁城（Constantina）时，他就决议把根据旧制度习惯于每年举行的诸邦公共议事会置于该城举行。该议事会包括了七个行省，即维埃纳行省、纳尔榜两行省、阿基坦两行省、"九民之地"（Novempopulaniae）②和滨海阿尔卑斯行省。这可以从一份最近因两位最杰出人士之关注而为人所知的诏书中得到证实，其内容如下："君士坦丁皇帝致高卢地区行政官阿格里科拉（IMP. CONSTANTINUS AD AGRICOLAM PRAEFECTUM PRAETORIO GALLIARUM）③：根据您的伟大提议，在授权之下，我们发布了这条关于我们七省政府应遵守之制度的永久法令，概因我们知道它对政府本身而言是最受欢迎的措施。各座城市和行省的私人和公共需求，以及土地所有者的利益和公共治理的利益，均需政府要员会聚一堂或派出代表。我们认为这是非常切合时宜的做法，并且相信以后每年都会维持这一传统，让他们于适当的时候在首府——阿雷拉特——举行七省议事会。我们在其中对个人的和共同的事务皆有明确的建议：首先，只要公众赞同，就应在总督在场的情况下召开一次显贵会议，以便对特定的事项做出最合理的决定。接下来，凡是在此处讨论过的问题，都可以在各行省中按比例进行审议和决议，但范围不宜太过宽泛，因为该会议有必要在那些未派出代表的行省中保持公平和公正

105

---

① 法国东南部城市阿尔勒的旧称，源自凯尔特语，意为"湖畔之地"。

② 指第三阿基坦行省。

③ 应指尤利乌斯·阿格里科拉，4—5世纪的西罗马政治家，出生于高卢纳博讷。

的形象。我们相信，除了商议之需要外，事实将证明，在特定的年份里，于君士坦丁城举行会议对我们而言是相当便利的。因为它是一个充满机遇的地方，商人云集，旅行者也频频光顾，无论哪里出产的东西，都可以在此处轻易找到。没有其他行省像阿雷拉特这样为自己的物产丰饶感到高兴，丰富的货物表明它是一块无与伦比的富饶之地。无论在东方发现什么财富，无论在阿拉伯有何种芬芳的香料，无论在亚述有何种奢侈品，无论在肥沃的非洲有何种产品，无论在西班牙有何种宝藏，无论在丰饶的高卢有何种精巧的产品——所有这些皆可在那里大量找到，就仿佛一切皆在那里生产一般。现在我们可以看看罗纳河和卢瓦尔河的走向，凡是这两条河流流经的地方，它们旁边或中间的土地都应该成为相邻或接壤的地区。因此，当这片土地上所拥有的一切都要为这个国家服务时，不管是通过船只或车辆，通过陆地、海洋或河流带来的东西，不管是在哪个人身上产出的东西，人们就会相信，当我们要求在同一座城市举行集会时，很少有国家能超过我们高卢。难道还有什么地方如此神圣，为贸易和商业提供了如此巨大的机会？事实上，即使杰出如佩特罗尼乌斯(Petronius)①者亦嘱咐称，应该用合理的计划和行之有效的计划来遵守这一制度。阿格里科拉，我们最亲爱的同胞，我们在此下令，凡是因时间的流逝或暴君的懒惰而败坏之物，都将借由我们智慧的唯一权威而得以恢复。我们的这一命令要求您这位杰出的大人物为您在七省首府安排一种更好的

① 盖厄斯·佩特罗尼乌斯·阿尔比特，1世纪生活在尼禄统治时期的罗马帝国廷臣、抒情诗人和小说家。

制度，并确保它得以永续。各行省的要人和行政官应该知道，在每年 8 月 13 日至 9 月 13 日的这段时间里，阿雷拉特都要举行一次会议。如果偏远省份的行政官——'九民之地'和第二阿基坦行省（secunda Aquitania）的法官——因庶务而耽搁行程，他们应该知道必须按照惯例派遣代表参加。通过这一规定，我们可以从行省政府那里知悉诸多事务——这将起到非同凡响的作用，并大大增加阿雷拉特的福祉，根据我们的元老和同胞的报告与意见，此处对我们忠诚有加。愿阁下知晓，如果任何参会者（贵族或廷臣）未能在规定时间内抵达既定地点，他将被处以一定量黄金的罚款。"

第十三章

国王陛下与法兰西民族年度议事会
（或曰"公共司法会议""法庭""议会"）

现在言归正传，如前所述，我们的国家是由祖先建立在最值得称道的基础上的，是一个融合了三种政体的混合制国家。它每年都要召开一次庄严的公开会议，如有必要，这一会议还要召开得更为频繁。这一会议被称为三个等级的议会，这个词汇意味着众人之会议，他们从各地聚集于一处，以审议各项事务。在我们的编年史中，为与敌人媾和或休战而召开的会议总是被赋予"议会"这一古老的名称。国王坐在其黄金宝座上主持这一会议。居于其下的是王国的诸侯和行政官，然后是各个行省的使节，他们一般被称为代表。在指定的会议日期里，国王被护送到会议地点，仿佛这里是高卢司法最庄严和神圣的殿堂，并且更趋向于民众的节制，而非国王的崇高地位。

尽管在我们这个失落的时代，这无疑是一件让谄媚的朝臣们嘲笑的事情，但因欣然于古人之智慧实为虔诚之举，我们将对古代的一些记录予以阐释。在当时，国王被送进一辆牛拉的车驾中，车驾由一个手持刺棒的车夫驱驶。当国王抵达会议大厅，或者说是王国的圣地时，贵族们将把他领到一个黄金宝座上，如前所述，其余人等按照他们的位置和等级就座。此乃圣地，也即国王威严昭彰之所，即使在今日，我们也可以注意到国王印章（typo Regius）或通常所说的掌玺大臣印章（Magnum Cancellariae Sigillum）上的一个显著标识，在其中，国王不是以武人之身份骑于马背之上，也不是以凯旋之方式乘于四马战车之上，而是穿着长袍，戴着王冠，端坐于王座之上，右手持国王之权杖，左手持正义之权杖，主持着这一庄严会议。的确，国王的威严体现在为国家之福祉运筹决策，而非如今日之无知群氓所习惯的那般，不管国王在打球、跳舞，还是和女子嬉游，皆称之为国王陛下。

　　我们将提供一些关于此类事宜的证据，它们均是从现有的众多证据中遴选而出。第一项证据既来自艾因哈德的史书（作为查理大帝的宰相，他撰写了这位国王的传记），也来自约翰内斯·特里特米乌斯所收录之胡尼巴尔都斯的附记："无论去往何处，他都乘坐一辆由一名牛倌按照乡村方式驱赶的牛车。他就这样前往宫殿，参加民众大会（为了王国的利益，每年5月1日都要举行民众大会），亦是如此回返家中。"[1]约翰内斯·瑙克勒鲁斯在其编年史中几乎用了同样的词汇来描述这一点。《大编年史》（Magni Chronici）的作者在记述查理大帝生平的开首亦是如此（《大编年史》第177页）。此事不足为怪，因为在那个时代，国王、王后及其子嗣乘坐牛车是一种传统。图尔的格雷戈里就记

---

　　[1]　参见艾因哈德、圣高尔修道院僧侣《查理大帝传》，第5—6页："无论到什么地方去，他都乘坐一辆车子，车子由两只牛拉着，一个牧人赶着，颇具乡村风味。他通常就是这样到王宫或民众大会去的，也是这样回家的。民众大会每年举行一次，讨论国家大事。"

109

110

录了这样一个例子："多伊特里亚(Deuteria)①(国王希尔德贝尔特②的妻子)从其前夫那里接过女儿之后，担心好色的国王会勾引她。于是她把其女儿放在一辆车上，车前套上了未被驯服的牛，把她从桥边丢了下去。"(《历史十书》第 3 卷第 26 章)艾穆安在谈及国王达戈贝尔特时曾就黄金宝座写道："他在一个叫毕加尔久姆(Bigargium)③的地方发布了召集令，于是法国的贵族们匆匆赶到了那里，在 5 月 1 日举行集会，此时国王端坐于他的黄金宝座上，在他们中间开始了演讲。"(《法兰克人史》第 4 卷第 30 章)艾穆安在论及国王克洛维④时指出："他端坐于他们中间的黄金宝座上，发表了他的第一部分演讲"(《法兰克人史》第 4 卷第 41 章)。另外，西吉贝尔特写道："法兰克人的国王们习惯于在 5 月 1 日在全体人民面前主持工作，向他们的人民致意，也接受后者的致礼、效忠和礼物。"(《编年史》第 662 年)乔治·卡卓努斯几乎用同样的话语描述了这个仪式："在五月，你将主持全体人民的会议，他们将拜倒于你的面前，并进献得当的贡礼，而你亦将予以回馈。"

　　艾穆安在另一谈及克洛维二世的段落中证明了参会人员的权威性："(国王宣称)法兰克高卢的公民，对尘世福祉的照管要求尔等在公共事务之上寻求建议。"(《法兰克人史》第 4 卷第 41 章)在后文中，艾穆安又写道："夏初在撒克逊，民众议事会得111 以召集(正如法兰克过去每年所举行的一般)。"(《法兰克人史》

---

① 应指法兰克王国墨洛温王朝奥斯特拉西亚国王提乌德贝尔特一世的妻子。
② 应指提乌德贝尔特一世。
③ 法兰克王国时期的市镇，位于巴黎郊区，为现今加尔日莱戈内斯的前身。
④ 应指克洛维一世。

第 4 卷第 74 章)而当在其他段落中提及查理大帝时，他则指出："他从亚琛(Aquisgranum)①打猎回返，按照庄严之礼俗召集了民众议事会。"(《法兰克人史》第 4 卷第 13 章)他还举了另一个例子："皇帝举行了两次大会，一次在努瓦永(Noviomagum)，另一次在贡比涅(Compendium)②，他在会上接受了年贡……"(《法兰克人史》第 4 卷第 116 章)以下段落所证亦是如此："8 月，他来到沃尔姆斯(Wormacia)③，举行了大会，按照庄严之礼俗接受了向他赠送的礼物，并接见了诸使节。"(《法兰克人史》第 4 卷第 117 章)再如，在另一段文字中："他于 6 月 1 日在杜西亚克(Duziaco)举行了大会，在那里接受了年贡。"(《法兰克人史》第 5 卷第 31 章)

关于这一庄严的会议，由于拉丁语的错误用法，高卢人和日耳曼人有时称之为"法庭"(Curia)，有时称之为"全民大会"(Conventus generalis)，更多的时候则称之为"公共司法会议"(PLACITUM)。后者是图尔的格雷戈里的用法，如下面的例子："因此，随着公共司法会议时间的临近，他们接到了国王希尔德贝尔特的指示……"(《历史十书》第 7 卷第 14 章)又如："但由于希尔德贝尔特和他的贵族们已经参加了公共司法会议……"(《历史十书》第 8 卷第 21 章)艾穆安写道："在此月的中旬，蒂永维尔(Theodonis)④举行了一次全民大会，那里挤满了法兰克

---

① 位于现今德国北莱茵-威斯特法伦州的一座市镇。
② 位于现今法国北部上法兰西大区瓦兹省的一座市镇。
③ 位于现今德国莱茵兰-普法尔茨州东南部的一座市镇。法兰克王国时期，沃尔姆斯一度成为加洛林王朝统治的权力中心。
④ 位于现今法国东北部大东部大区摩泽尔省的一座市镇。

人。"(《法兰克人史》第 4 卷第 109 章)他还继续写道："这位最虔诚的皇帝非凡的同情心在这次公共司法会议上得到了体现。"(《法兰克人史》第 4 卷第 109 章)

因为按照惯例,在那次会议上,各方都要向国王进献贡礼,这一传统在其他许多地方亦有流传,在这些地方,该会议被称为"全民大会"。艾穆安在谈及国王丕平时指出:"他要求他们承诺在所有方面都遵从他的意愿,并且每年在全民大会上向他赠送三百匹马,以示尊敬。"(《法兰克人史》第 4 卷第 64 章)他在后文中还写道:"他并非没有意识到撒克逊人的背叛,他在莱茵河对岸的库芬斯坦因(Cuffenstein)依照庄严之礼俗召开了一次全民大会。"(《法兰克人史》第 4 卷第 85 章)

然而,现在,该会议也被称为法庭。由此产生了这样的说法:当一人入主宫廷并统御四方时,他也被认为是入主了法庭,概因除非是在特别宣布的人民会议和议会上,且涉及重大事务之时,否则很少有人会前去进谒国王。沙特尔的伊沃(Ivo Carnotensis)①在一封信中写道:"国王允许我们将他安全地带至其法庭,法庭应该在其家乡奥尔良召集,在那里他将与王国的诸侯们讨论如何维持王国的统一。商定之事确实得到了执行,我们在议会中集合后,展开了我们的请愿书。但是,由于法庭未能取得一致意见,我们无法促成完全的和平,直到上述主教签字并宣誓效忠国王,就像兰斯大主教(Remenses Archiepiscopi)和法兰克王国的其他主教之前对他们的前任法兰克国王所做的那般。这是在法庭中所有贵族的劝说之下完成的。"(《伊沃书信集》信 206)

---

① 11—12 世纪的教会法学家,曾担任法国沙特尔教区的主教。

艾穆安还提到了另一例证，他写道："丹麦国王①的儿子查理②发现寻求法院对佛兰德(Flandria)某些贵族的判决是恰当的。"(《法兰克人史》第5卷第50章)在下一章中，他再次指出：¹¹³"在罗马人的国王亨利③去世后，人们在美因茨(Maguntia)④举行了一次有关此事的全民最高会议。"(《法兰克人史》第5卷第51章)弗莱辛的奥托写道："随后，国王⑤进入巴伐利亚，在那里，他于二月举行了一次全民会议。"(《皇帝腓特烈功业录》第1卷第40章)这位作者在后文中写道："罗马人的国王康拉德(Conradus Romanorum Rex)⑥把诸侯们召集在一起，在法兰克福为东法兰克举行了一次全民会议。"(《皇帝腓特烈功业录》第1卷第43章)但在此后的诸世纪里，它被称为法兰克法庭(Franciae Curia)，有时也被称为三等级议会之法庭(Curia Parlamenti trium statuum)和法兰克国王之法庭(Curia Regis Franciae)，或更准确地说，是各等级之议会，我们将在后文对此予以说明。因此，被称为"沉思者"的法学家⑦在一篇题为"论节日"(De ferii)的文章中指出："我们可以理解法兰克国王法庭的习惯，即把决定每日会议时间的权利交给会议本身，以方便来自遥远地区的代表。"同样的用法出现在让·富尔(Ioannis Fabri)⑧的著作当中："法兰克法庭习

---

①　应指1080—1086年在位的丹麦国王克努特四世。

②　应指1119—1127年在位的佛兰德伯爵查理一世。

③　应指1167—1197年在位的罗马人的国王和1190—1197年在位的神圣罗马帝国皇帝亨利六世。

④　位于现今德国莱茵兰-普法尔茨州的一座市镇。

⑤　指腓特烈一世。

⑥　应指1027—1039年在位的神圣罗马帝国皇帝康拉德二世。

⑦　指继尧姆·迪朗，13世纪的法国教会法学家和芒德教区主教。

⑧　14世纪的法国法学家。

惯性于裁定，当国王让货币贬值时，它应被接受并取代价值更高之货币，当他让货币增值时，应考虑到现有契约的期限。"另一个例子出现在托马斯·沃尔辛厄姆(Thomas Walsinghamius)[1]的《英格兰编年史》当中，他写道："此时，加斯科·德·比尔纳(Gasco de Bierna)被英格兰国王围困，除开自身与国王爱德华[2]展开周旋之外，他还向法兰克国王之法庭提起上诉。国王爱德华接受了后者的管辖，因为他最近承认了自己是法兰克土地的领主，他不希望相关举动导致法兰克国王反对他。因此，国王爱德华指示其大臣在法兰克国王之法庭上提起他对加斯科的诉讼。"（《英格兰编年史》第 1275 年）

114

---

① 14—15 世纪的英格兰编年史家。
② 指 1272—1307 年在位的英格兰国王爱德华一世。

第十四章
民众议事会的神圣权利
以及在议事会中所处理之事项

现在我们将审视在那一庄严会议上处理各类事项的场所，并景仰我们的祖先在建立国家方面的智慧。我们大致观察到了这些事项的概要。首先是任命和罢免国王；其次是有关战争与和平的事项；紧随其后的则是关乎公共法律、统治者与国家政府的最高荣誉、将已故国王的部分财产分配给其子女——或称为其女儿的嫁妆、货币以及所有那些在现在被通称为国家事务的问题，因为根据累世的最高权威，正如我所说的，除了在各等级议事会中予以处理之外，国家的其他任何部分都无权处理这些问题。

关于国王的任命和罢免，我们在前文已经提供了足够的证据，其中包括了查理大帝的遗嘱和其他作者的观点。然而，我们不应遗漏雷吉诺提及的一件事，他在写到查理大帝时指出："他召集法兰克人的要人和贵族开会，在其子嗣之间建立和维持着和平，并对王国进行了分割。"（《编年史》第 2 卷第 836 年）艾穆安在提及"秃头"查理①时也表达了相差仿佛之意："在克雷西

①　指 840—877 年在位的西法兰克国王和 875—877 年在位的神圣罗马帝国皇帝查理二世，也被称为"秃头"查理。

137

（Carisiacus）①举行的一次大会上，他②为其子查理③戴上了象征刚勇的徽章，也即为其配备了一把剑，并把王冠戴在他的头上，把纽斯特里亚分给了他，而阿基坦则交给了丕平④。"（《法兰克人史》第5卷第17章）因为，如前所述，国王的儿子在议事会中享有很大的特权，然而，即便由父亲的遗嘱指定为继承人，他们也必须得到人民的确认。因此，若无人民在各等级议事会中的必要确认，国王就不可立下处置其王国的遗嘱，这种安排也不可能基于国王的个人权利而具备任何效力，就像我们在罗马法中所惯称的，父亲之遗嘱中对受信托人的指定若未得司法官之确认即属无效。此外，这也是我们西法兰克人和东法兰克人所保留的习俗。虽然在许多作者的作品中都有大量关于此种做法的充分证据，但维杜金德还是在其书中提供了一个重要的例证，他在提到皇帝亨利⑤指定其子奥托⑥为王国的继承人后，继续写道："亨利去世后，其子奥托——他已被皇帝指定为国王——被法兰克和撒克逊的全体人民选举为他们的统治者，那些负责指定民众选举地点的人下令在亚琛的宫殿举行该会议。"（《撒克逊史略》第2卷）在后文中，身着华丽且隆重的长袍的美因茨主教在等待奥托现身时对民众说道："我给你们带来了奥托，曾由亨利陛下封为国王的他现在被王国的诸侯共同任命为

116

---

① 位于现今法国上法兰西大区索姆省的一座市镇。
② 指路易一世。
③ 指"秃头"查理。
④ 指817—838年在位的阿基坦国王丕平一世，为"虔诚者"路易之子。
⑤ 指919—936年在位的东法兰克国王亨利一世。
⑥ 指936—973年在位的东法兰克国王和962—973年在位的神圣罗马帝国皇帝奥托一世。

国王。倘若你们对这次选举感到满意，请举起右手表示赞同。听罢此言，所有的人都高举右手，高声赞美，祈求新国王得享荣景。"(《撒克逊史略》第2卷)

从以上这些和其他许多类似的文献中，我们可以清楚地了解到，西法兰克人和东法兰克人在选择国王方面有着相同的做法，事实上，那些源自一个地区和国家的人长期以来一直由同一批国王和诸侯基于相同的法律和习俗进行统治。

至于王国的摄政问题，艾穆安提及了一份重要的证据，作者就"秃头"查理的情况写道："当查理即将启程前往罗马时，他于6月1日在贡比涅召开了一次议事会，并在会上颁布了几项法令，规定他的儿子路易、臣子以及王国的要人应该以何种方式统治法兰克王国，直至他从罗马返回。"(《法兰克人史》第5卷第35章)他在几章之后复又写道："由于法兰克的要人认为他太过于年轻，无法治理国家(事实也是如此)，法兰克、勃艮第和阿基坦的贵族们决定就重大事务进行协商，并聚集在一起，选举查理①的管理人(gubernator)厄德为王国的统治者。"(《法兰克人史》第5卷第42章)

加甘在圣路易传记中的这段话可以作为有关法律和制度的证据，"当路易来到巴黎后，他召开了民众议事会，改革了国家，制定了关于法官宣判和禁止卖官鬻爵的金科玉律"，云云。

把最高荣誉和地方行政官的职位授予被认可之人的做法已在艾穆安谈及"秃头"查理的段落中得到了证明。由于查理在就

117

---

① 指876—887年在位的东法兰克国王、884—888年在位的西法兰克国王和881—888年在位的神圣罗马帝国皇帝查理三世，也被称为"胖子"查理。

职前自行酌定分配了王国的总督职位，贵族们遂宣布召开庄严之议事会，并向国王派出特使，在他利用他们的会议和权力授予这些官员职权之前，不许他加冕为王。艾穆安写道，"由于他未经某些人同意便将荣誉授予了他们，所以这些人愤恨于他，并在威特玛尔举行了议事会，然后派遣特使至路易处；而路易亦向他们遣使"，云云（《法兰克人史》第5卷第36章）。另一个例子则来自雷吉诺："查理在贡比涅举行了一次议事会，他在那里听取了贵族们的建议，任命罗迪贝尔托（Rodiberto）为卢瓦尔河和塞纳河之间地区的公爵。"（《编年史》第2卷）图尔的格雷戈里也提供了一个例证，他写道："是年，克洛泰尔①在特鲁瓦与勃艮第的贵族和自由人集会，他请与会者畅言是否希望他在瓦纳哈尔（Warnharius）②死后，将另一个人擢升至前者曾经的职位上。但所有人普遍不愿选举一位宫相，他们以此决心恳求国王的恩典，并与他达成了协议。"（《历史十书》第11卷第54章）格雷戈里在后文中指出，在国王提乌德里克去世后，"法兰克人选举其尚未成年的儿子克洛维为国王，而在他死后没几年，其弟希尔德贝尔特③又被选举为国王；与此同时，格里莫（Grimoaldus）④被选为了凌驾于法兰克人之上的宫相"（《历史十书》第11卷第101章）。

同样如此的还有那些似乎对国家产生不利影响的诸侯之间

---

① 指克洛泰尔二世。

② 617—626年的法兰克王国勃艮第宫相，他曾在613年支持时任纽斯特里亚国王的克洛泰尔二世入侵勃艮第王国。

③ 指695—711年在位的法兰克王国墨洛温王朝国王希尔德贝尔特三世。

④ 指曾于695—714年担任法兰克王国纽斯特里亚宫相的格里莫二世，为赫斯塔的丕平之子，查理·马特同父异母的兄长。

的争端，因为它们皆是在同一会议上得到讨论的。艾穆安在书中提及了希尔佩里克①的儿子克洛泰尔②，布伦希尔德③曾向他索求奥斯特拉西亚王国的统治权："克洛泰尔回应称，她应该召集法兰克人的贵族议事会，通过普遍的讨论，就共同关心的问题提出建议。他承诺在所有方面都服从这些人的决定，并保证不妨碍他们命令的执行。"（《法兰克人史》第 4 卷第 1 章）此事在图尔的格雷戈里的书中亦有提及："克洛泰尔回应称，他将执行法兰克人代表以裁决形式做出的任何决定。"（《历史十书》第 11 卷）

格雷戈里在同一著作中所描述的伯索·冈特拉努斯（Boso Gunthrannus）如何在法兰克人的民众议事会上因盗掘坟墓而被审判和定罪之事，也体现了同样的原则："当希尔德贝尔特及其要员加入这一议事会之后，冈特拉努斯因为这些指控而深感不安，他偷偷逃走了，而他在奥弗涅（Arvernus）通过财政职位获得的那些特权皆被剥夺了。"（《历史十书》第 8 卷第 21 章）艾穆安则提供了另一个例子，他论及了被其子嗣们的敌意和争吵所困扰的国王"虔诚者"路易："随着秋天的到来，那些与皇帝意见不同的人希望在法国的某个地方召开一次议事会。"（《法兰克人史》第 5 卷第 12 章）艾穆安还指出："他命令其子民在蒂永维尔④召开大会。"（《法兰克人史》第 5 卷第 13 章）他在后文中又写道："过了一段

119

———————

　　①　指希尔佩里克一世。
　　②　指克洛泰尔二世。
　　③　奥斯特拉西亚的布伦希尔德，法兰克王国墨洛温王朝奥斯特拉西亚国王西吉贝尔特一世的王后，曾先后成为三位国王的摄政。
　　④　位于现今法国东北部大东部大区摩泽尔省的一座市镇。

时间，他在圣玛尔定日（festus Sancti Martini）①召集其子民，并希望把他流亡在外的儿子丕平召回身边，但后者不愿前来。"加甘就同一问题指出："然而当阴谋家们发现若无贵族议事会，他们就无法废黜国王，遂极力争取在法兰克举行会议。然而，路易挫败了这一尝试，因为他知道法兰克人被其敌人唆使来反对他，因此他把美因茨定为集会的地点，还下令不允许任何人携带武器参加会议。"但是他的儿子们因为密谋反对父亲，担心缺少公共权威的支持，遂强制要求在贡比涅召开一个由全王国之主教和贵族组成的议事会。洛泰尔释放了遭监禁的父亲，将其带至贡比涅。艾穆安的书中也有类似的记载，他记录了"口吃者"路易如何在马尔苏埃（Marsua）召开会议，并将与其兄弟讲和的问题提交给会议："就在那次会议上，下列旨在维护协定之事项在其所有臣子的同意之下取得了一致意见。"（《法兰克人史》第5卷第38章）

我们现在可以考虑议事会的其他职能。因为在这方面，我发现存在着这样的习俗：如果任何君主或出生显赫之人被指控犯有罪行，他就会被传唤到正在进行审判的议事会前，并且必须在那里为自己的案件辩护。因此，在国王克洛泰尔统治的时期，当布伦希尔德被指控并被判处多项死罪时，她遭到了法兰克高卢议事会的起诉，根据艾穆安的说法，国王在各等级代表前发表了下述言论："法兰克最亲密的战友和最尊贵的领袖们，请决定谁应该为这种罪行受到惩罚。"（《法兰克人史》第4卷第1

---

① 在每年11月11日为天主教圣徒玛尔定举办的宗教节日。

章)维埃纳的阿多也写道:"法兰克人在国王面前对她进行了审判,并判处她被烈马分尸。"(《编年史》第583年)

至于王室财产和封地的分割,艾穆安有一段谈及查理大帝的内容为证:"在这些事端结束之后,皇帝与法兰克人中的大人物和贵族们举行了一次议事会,讨论如何在他的儿子们之间建立和维持和平,并将王国分为三个部分,使其在世之子嗣均能保护和统治各自的那一部分领土。"(《法兰克人史》第5卷第94章)艾穆安在前文中就路易之子嗣瓜分王国的情况写道:"他们前往亚眠,在那里寻得了他们忠实的臣民,并瓜分了其父之王国。"(《法兰克人史》第5卷第40章)艾穆安在后文中还提到了曾在沃尔姆斯①召开过会议的卡洛曼②:"于格③出发前往参加这一公共司法会议,要求得到卡洛曼兄弟路易④曾作为所有者占据的那部分王国领土"(《法兰克人史》第5卷第41章)。

此外,从他处可知,当国王有重大开支计划——如建造教堂或建立修道院时,他都要征求各等级代表的意见。艾穆安举了克洛维一世的一个例子:"他在庄严议事会召开之际坐于王座之上,以这种方式开始了他的演讲:'法兰克王国的公民们,尘世之权责要求我们就公共关注的问题召集你们展开协商。'"(《法兰克人史》第4卷第41章)

---

① 位于现今德国莱茵兰-普法尔茨州东南部的一座市镇,是德国历史最悠久的市镇之一,为凯尔特人所建。

② 指879—884年在位的西法兰克王国国王卡洛曼二世,曾与其兄弟路易三世共治西法兰克王国。

③ 应指洛塔林吉亚王国国王洛泰尔二世的私生子于格,他于867年被其父封为阿尔萨斯公爵。

④ 指879—882年在位的西法兰克王国国王路易三世,曾与其兄弟卡洛曼二世共治西法兰克王国。

　　这确实是迄今为止的情况。我们认为，正如开首所言，我们的祖先是真正的法兰克人，是自由的守护者，他们没有把自己置于任何暴君或刽子手的统治之下，因为后者可能把其臣民当作牲口一样对待；相反，他们憎恶一切暴政，特别是任何土耳其式暴君的统治，他们严格遵守着这一神圣的戒律。人民之福祉乃其最高律法，的确，他们在民众议事会中拥有管理王国的所有权力，如前所述，民众议事会被称为"公共司法会议"。第戎的匿名编年史家在以下这段话中所使用的就是这个词汇："764年，国王丕平在卡里尼昂（Carisiacum）①举行了一次盛大的法兰克人公共司法会议。"但该词的起源已不为人知，概因按照严格的拉丁语用法，这个词指的是遭到协商之众人质疑和辩论的事务，以及最终达成一致意见的事务，因此西塞罗和其他古代人称之为"哲人之见"（Placita philosophorum）。格利乌斯（Gellius）②曾举过一个例子："拉刻代蒙人商议一切有益、荣耀且对社会裨益最大之事务。"（《阿提卡之夜》第18卷第3章）他还继续指出："他们提出的建议被所有公民接受和认可。"因此，在罗马，那些被元老院裁定为大多数元老之意见的事项是用这样的话来予以宣布——"经元老院认可"（PLACERE SENATUI）。此事可从那个时代的其他众多作家那里得以确定，就像从我们自己的记录中所看到的那样（见《学说汇纂》③）。在这些书中，很少有词汇比所谓的"公共司法会议"出现得更频繁，其意为由若干人商定之决定，例如，骑士的全体议事会即使用"公共司法会议"一词作为召唤

①　位于现今法国大东部大区阿登省的一座市镇。
②　奥卢斯·格利乌斯，2世纪的罗马作家。
③　参见 Digesten, 5, 3, 20, 6; 16, 1, 2。

用语(见《查士丁尼法典》①、《学说汇纂》②以及其他六百多处文献)。

　　既然如此，我相信我在其他地方已经提出的猜想就不会显得不合理了，那就是：时至今日，王室缮写员在法律条款众使用的常见短语"此乃朕意"(QUIA TALE EST NOSTRUM PLACI-TUM)就是从"公共司法会议"(PLACITI)一词演变而来的。在过去，所有这些法令均以拉丁文撰写(我们认为这一点可以从艾穆安的记载、查理大帝的诏书和其他此类记录中清楚地予以确定)，但后来，当王室缮写员开始使用本国语言时，他们不知不觉地(或者说心怀敌意地)将这句话翻译为"此乃朕意"(Car tel est nostre plaisir)。

　　查理大帝的法典中还有这样一项关于人民权力的证据：如要在法律中增加任何新的条款，应征求人民的意见，当所有人都同意增加该条款后，他们应在这一条款上签字确认。从这些描述中可以看出，法兰克人民受到了他们自己在议事会中投票批准的那些法律的约束。这符合法学家马奇阿努斯(Marcianus)③在《学说汇纂》中借德摩斯梯尼(Demosthenes)④之口表述的法律定义："法律乃公民之契约和协议，是国家为公共利益而做出的决议。"⑤(νόμος εστι πόλεως συνθήκη κοινή.)此外，《阿勒曼尼法典》(Lex Alamannorum)的结尾处有这样一番话："在公共司法会

---

① 参见 Digesten, 2, 3, 1; 2, 4, 33; 8, 13, 27。
② 参见 Digesten, 5, 3, 20, 6; 8, 2, 4。
③ 罗马法学家埃利乌斯·马奇阿努斯。
④ 公元前4世纪的希腊演说家和民主派政治家。
⑤ 参见 Digesten, 1, 3, 2。

议中，以下事项基于其忠实臣民的赞同而取得一致意见并得到遵守。该一致意见由诸王及其恭顺臣民做出。"艾穆安还举了一个例子："在这次集会上，他们彼此之间达成了协议，并得到了其支持者的赞同，以下事项将得到维护。这一协议是在这些最负盛名的国王之间达成的，并得到了他们的臣民的普遍赞同。"（《法兰克人史》第5卷第38章）关于此事，我们已经予以引用的《法兰克诸王律目》（*Legis Francicae*）第2卷中的记载提供了最明确的证据。此即"虔诚者"路易对王国各等级发表的演讲："虽然王国政府的最高权力似乎集于吾等身上，但可以看出，通过上帝之权柄和凡人之约定，王国被分成了若干部分，尔等诸人各司其位，皆为吾等政府之一分子。"书中他处也提到了同样的观点："尔等诸人皆被视作王国管理的一分子。"（《法兰克诸王律目》第2卷第12章）又如："我们已经在法典中颁布了关于此事的法令，并得到了我们忠诚之臣民的一致赞同。"（《法兰克诸王律目》第2卷第22章）最后，它还指出："我们还希望当下和其他任何时候由吾等根据忠实臣民之建议制定的法令，可以通过司法官员而为大主教和权贵所接受。"（《法兰克诸王律目》第2卷第24章）

124

最后不能忽视的一点是此议事会在其他民族中所具备的权威性，以至于外邦国王偶或也会就他们之间的争议问题提请该议事会的裁决。这在图尔的格雷戈里的记录中有所体现："在提乌德里克①统治的第十二年，阿尔萨斯地区（也就是他自小长大

---

① 指595—612年在位的勃艮第国王和612—613年在位的奥斯特拉西亚国王提乌德里克二世。

并按照其父希尔德贝尔特①之命领有之地）通过一种原始的仪式传给了提乌德贝尔特②。因此，两位国王同意在萨拉河边的城堡中举行会议，以便通过法兰克人的裁断来解决这些问题。"（《历史十书》第 11 卷第 37 章）

---

① 指 575—595 年在位的奥斯特拉西亚国王、592—595 年在位的勃艮第国王和巴黎国王希尔德贝尔特二世。

② 指 595—612 年在位的奥斯特拉西亚国王提乌德贝尔特二世，他是希尔德贝尔特二世的长子，提乌德里克二世的兄长。

第十五章
被称为宫相的王室官员

　　在进一步解释民众议事会持久不衰的权力之前，我们必须提到国王的最高行政长官，他们在墨洛温时代被称为宫相或宫廷长官（Magister Palatii）。他们侵占王权多时，最终趁机将其据为己有。我认为他们在国王身边几乎拥有与过去罗马皇帝身边的禁卫军长官（Praefectus Praetorio）一样的显要职衔，后者也被称为宫廷长官（Aulae praefectus）。他们是在选举国王的同一议事会中获得提名的，通常是公共政策的鼓动者和指导者。因此，像这样的段落在编年史家的著作中俯拾皆是：他们选择此人担任宫相的至高职位。又云：在宫相埃赫奇诺杜斯（Herchinoldus）①去世后，法兰克人选择埃布罗恩②继任这一职务，成为王国宫廷的主宰者。再者，他们立希尔德里克为国王，并让沃尔福德（Wolfoldus）③成为宫相。这些文献与前一章直接相关，在那一章中，我们坚持认为宫相和其他高级官员非由国王自己任命，这些职位往往是在庄严之议事会上授予那些杰出的忠诚之士和正直之人。

---

　　① 7世纪纽斯特里亚王国和勃艮第王国的宫相。
　　② 7世纪纽斯特里亚王国的宫相，他曾于658—673年以及675—680年两次担任该职务。
　　③ 7世纪奥斯特拉西亚王国的宫相。

　　然而，正如普鲁塔克在《吕山德传》(*Lysandri vita*)中所载，当拉刻代蒙人把阿格西莱(Agesilaus)①派至军中担任指挥官，吕山德(Lysander)②任其副手时，同样的事情也发生了。他写道："在悲剧和戏剧演出中经常出现的情况是：那些饰演信使和仆人之角色者戏份更多，表现也更为出色，相比之下，那些持权杖或戴王冠者在剧中却罕有台词。与之类似，领兵的实权握于副将吕山德之手，国王则枉担虚衔。"③同样的事情也发生在了法兰克高卢，之所以出现这样的情况，概因一些国王越来越游手好闲和懒散，其中就包括了达戈贝尔特④、克洛维⑤、克洛泰尔⑥、希尔德里克⑦和提乌德里克⑧等人。因为保罗执事写道："在这一时期的法兰克王国中，国王变得堕落，丧失了他们惯有的力量和手段，而那些宫相则开始接掌国王的权力，做国王惯常所做之事。"(《伦巴第人行迹》第6卷第5章)维内里库斯·韦尔切兰希斯(Venericus Vercellensis)⑨经常引用的《法兰克人史》的作者无名氏也持有相同的观点，他写道："在达戈贝尔特之父克洛泰

126

----

　　①　指阿格西莱二世，约公元前400—前360年在位的斯巴达国王。
　　②　伯罗奔尼撒战争期间的斯巴达将军，曾借助波斯的支持在埃果斯河战役中击溃了雅典海军，从而结束了伯罗奔尼撒战争。
　　③　参见普鲁塔克《希腊罗马名人传》(2)，第810页："这种状况在戏剧中并非罕见之事，那些扮演信差或奴仆的演员，插科打诨引起人家的注意，反而是头戴王冠手执权杖的庄严角色，很难听到念出一句台词。吕山德身为资政高据统治的职位，国王空有头衔而无权力。"
　　④　应指达戈贝尔特三世。
　　⑤　应指675—676年在位的法兰克王国墨洛温王朝奥斯特拉西亚国王克洛维三世。
　　⑥　应指717—719年在位的法兰克王国墨洛温王朝奥斯特拉西亚国王克洛泰尔四世。
　　⑦　应指希尔德里克三世。
　　⑧　应指提乌德里克四世。
　　⑨　1090—1111年的纽伦堡主教瓦尔兰姆斯。

尔的时代，法兰克人的王国开始由那些被称为宫相者统治和管理。"维泰博的戈弗雷在其编年史中提供了进一步的证据。同样如此的还有第戎附近一座修道院编年史的编纂者，他写道："在这一时期，国王们已经丧失了过去的精力，治理整个王国的责任被转交给了宫廷中的首领和诸侯们。"

因此，当宫相们履行了国家的所有职能，并在需要发动任何战争之际调兵遣将时，那些满足于空洞的国王虚衔之人却在他们的宫殿里无所事事，过着闲散的生活。最后，情势发展到了这样的地步：当第十八任国王希尔德里克接掌王国时，曾以国王的名义发动战争并击溃撒克逊人的宫相丕平①便将权力集中于自己手中，并且没有放过夺取国王头衔的机会，特别是在其威震天下的军队仍常备不懈的情况下。以上情形得到了不同作者的证明。首先是弗莱辛的奥托的编年史以及维泰博的戈弗雷编年史对此的转述，他们写道："在曾担任过宫相的丕平大帝时代之前，法兰克的国王们在王国的各种管理和治理方面皆无经验，只在实施名义上的统治，而宫相则负责整个王国的治理。"（《双城编年史》第 5 卷第 12 章；《编年史》第 16 部）西吉贝尔特就克洛维的儿子克洛泰尔持相同观点："从这时起，法兰克人的国王们丧失了他们惯有的力量和手段，王国的权力由宫相接掌。这些国王仅仅是实施名义上的统治，因为按照传统，他们是基于出身而获得统治权，而实际上却无所作为。"（《编年史》第 662 年）

然而，我们在涉猎这些记录时应小心谨慎。由于丕平及其子嗣们很可能因为从希尔德里克手中抢走了王国而招致诸多嫉

①　指丕平三世。

妒，他们遂寻得一些智士，夸大希尔德里克的无所作为和前任诸王的好逸恶劳。在这些史家中，我们可以把查理大帝的宰相艾因哈德排在首位，为其皇帝之故，他在此事上表现得甚为积极。他在其著作的开篇这样写道："法兰克人习惯于自行册立国王，据说这个墨洛温家族的国家一支持续到国王希尔德里克时期，根据罗马教皇斯德望（Stephanus Romanus Pontifex）①的命令，他遭到了罢黜，并被削发关入修道院中。尽管人们或许认为这个王朝到他这里才算终结了，但其实在很长一段时间里墨洛温王朝的国王们都无任何实权，除了国王的虚衔之外，他们一无所有，因为王国的财富和权力都掌握在宫廷长官们手中，他们被称为宫相，拥有着至高无上的权力。国王一无所得，只能满足于虚名，他们披着长发，垂着长须，坐于王位之上，摆出一副统治者的模样，聆听来自四面八方的使者的进言，待他们辞行之际，便回以别人教他们或命令他们讲出的说辞。当时，除了国王的虚衔和宫相给予的不稳定的津贴外，他一无所有，唯有一处规模甚小的乡间邸宅，其中有若干侍奉他的奴仆和听命于他的随从。"②

128

---

① 指 752—757 年在位的教皇斯德望二世。

② 参见艾因哈德、圣高尔修道院僧侣《查理大帝传》，第 5 页："据推算，法兰克人一向从中选举国王的墨洛温世系一直延续到希尔德里克国王的时候。根据罗马教皇斯德望的命令，希尔德里克被罢黜王位，举行了削发仪式，送到修道院里去。虽然可以认为这个王室是以他告终的，但是它久已失去了一切权力，除了国王的空洞称号以外，什么都没有了，因为国家的财富和权力都归于宫廷长官——宫相——之手，由他们操纵全权。国王是满足于他的空洞称号的。他披着长发，垂着长须，惯于坐在宝座上面，扮演着统治者的角色，他倾听来自任何地方的使节的陈词，在他们离去的时候，向他们说一说别人教给他或者命令他回答的辞句，好像是出于自己的意旨似的。这就是他所执行的唯一职务，因为除了空洞的称号，除了宫相凭自己的高兴许给他的不可靠的生活费以外，他自己只有一处收入很微薄的庄园，此外一无所有。他在这块土地上拥有邸宅，从这块土地上征调为数寥寥无几的仆役做必要的事务，替他装点威仪。"

西吉贝尔特采纳了艾因哈德的描述（我在特里特米乌斯著作所附的胡尼巴尔都斯文本中也发现了这些记录），他以同样的方式抨击了早期的那些国王：按照传统，他们基于出身获得了统治权，但实际上却无所作为（《编年史》第662年）。他们生活在宫殿中，吃喝玩乐，仿佛已经丧失各位作家提及的克洛维①身上所展现的那种奇异的勇气和毅力，后者不仅在托尔比亚克（Tol-biacum）②附近的战斗中战胜了入侵高卢的日耳曼人的庞大部队，还将罗马人的剩余部队也赶出了高卢的边境。

现在，我们又该如何评价从普罗旺斯和阿基坦地区铲除西哥特人（Wisigothi）③和东哥特人（Ostrogothi）④并在那里建立自己的势力的希尔德贝尔特⑤和克洛泰尔⑥？在有关所有这些国王的记载中，未有一处提及宫相，他们最多只是作为王国的一介仆从被粗略、间接地提及，如格雷戈里所举的古奇利乌斯（Gucili-us）的例子，或他的其他两处类似段落（《历史十书》第5卷第18章、第6卷第9章和第45章、第7卷第29章）。此外，这种显要职衔既存在于国王的宫廷中，亦存在于王后的宫闱和扈从之中。因为在另一处文献中，格雷戈里将一个名为瓦东（Wadon）之人称为王后里贡斯（Regina Riguntha）的宫相（《历史十书》第7卷第

---

① 指克洛维一世，500年前后，他曾率领法兰克人于托尔比亚克战役中击败阿勒曼尼人。
② 即现今位于德国北莱茵-威斯特法伦州东部的曲尔皮希。
③ 最初出现于巴尔干半岛的一个日耳曼部落，曾作为罗马的盟友定居于高卢南部，后进入伊比利亚半岛建立西哥特王国。
④ 曾分布于多瑙河下游和黑海以北地区的一个日耳曼部落，后入侵意大利半岛建立东哥特王国。
⑤ 指希尔德贝尔特一世。
⑥ 指克洛泰尔一世。

27 章），格雷戈里和艾穆安在其他诸多段落中也都提及了宫相
一职。

但是那些王室官员的巨大权力却是源于克洛泰尔二世时期，
大约在 588 年，也即法兰克王国建立后大约一百三十年。这一
点也可以从维内里库斯经常援引的历史学家那里得到证实。然
而，还有两位可信度较低的历史学家——西吉贝尔特和特里特
米乌斯认为这种巨大的权力始于克洛泰尔三世统治时期，他的
宫相名为埃布罗恩——一个因邪恶和残忍而臭名昭著之人。尽
管如此，历史学家们还曾用其他名号称呼那些宫相，如王室伯130
爵（Comites domus Regiae）、宫廷长官、宫廷伯爵（Comites Palatii），
以及王室公爵和诸侯（Duces et Principes domus），数个世纪之
后，他们甚至被称为法兰西的宫廷总管（Seneschalli Franciae）。
西吉贝尔特写道："英格兰王太子在献主节这天来到巴黎，在餐
桌上服侍法兰西国王，仿佛他是法兰西的宫廷总管一般。法兰
西国王罗贝尔也曾授予戈弗里多（Gaufridus）宫廷总管的职位，
即古时候的宫相一职。"（《编年史》第 1170 年）

第十六章
丕平是基于教皇还是法兰克高卢
议事会的授权而成为国王的？

如前所述，当"蠢王"希尔德里克被赶下台，导致墨洛温家族的大权旁落之后，丕平以王国宫廷长官的身份被选为国王。故而我们在此提出这个王国的统治权是由谁授予他的疑问也就不足为奇了。概因据《教会法》所载，教皇哲拉旭（Gelasius Papa）①曾提出了一种观点："教皇匝加利亚②废黜了法兰克人的国王，与其说是由于后者的过失，不如说是由于他没有能力承担如此重大的责任；他以查理大帝的父亲丕平取而代之，让所有法兰克人得以从效忠誓言中解脱出来。"（《教会法大全》第 15 部第 6 问）包括阿多、兰贝特（Lambertus）③、雷吉诺、西吉贝尔特、艾穆安和兰多尔福（Landulphus）等，几乎无人不赞同这位教皇提出的观点。乃至维内里库斯·韦尔切兰希斯在前述书籍中也引用了教皇额我略七世（Gregorius Papa VII）④致梅斯主教埃尔曼

131

---

① 应指 1118—1119 年在位的教皇哲拉旭二世。
② 741—752 年在位，曾为丕平三世加冕。
③ 指黑斯费尔德的兰贝特，11 世纪的德意志地区僧侣和编年史作家。
④ 1073—1085 年在位，天主教会重要改革者之一，曾与神圣罗马帝国皇帝亨利四世展开有关主教的叙任权之争。

(Hermannus Metensis Episcopus)①信中的以下文字:"罗马的某位教皇废黜了法兰克人的国王,与其说是由于他的过错,不如说是由于他不胜其任;教皇以丕平取而代之,蠲除了所有法兰克人对他的忠诚誓言。"弗莱辛的奥托和戈弗雷都认为:"罗马教皇从这一事实中获得了改换各王国统治者的权力。"(《双城编年史》第5卷第23章;《编年史》第17部)

但我们可以看到,这段历史的真实性并没有得到充分证实,因为首先无人可以否认,我们已经证明被选举或被废黜的诸多法兰克国王无一是基于教皇的权力登基或退位的。相反,我们已经证明,选举和罢黜国王的全部权利都属于民众的庄严议事会,因此法兰克人不会在这一事件中行使其权利是难以置信的。但我们为何要在这个问题上浪费口舌呢?维内里库斯·韦尔切兰希斯提供了一位古代史家的证词,后者提及了有关法兰克人的事迹,其作品揭示了有关这一事件的所有记录都是错误的。他明确指出,根据法兰克人的惯例及其祖先的做法,希尔德里克退位,丕平取而代之。丕平取而代之是由国家的庄严议事会所决定的,正如前文所表明的,只有该议事会拥有这种权力。那位史家指出:"在所有法兰克人的建议和同意下,一份报告被送至教廷,并收到了教皇的意见,然后那个最杰出之人,丕平,基于整个国家的选择,并在主教的祝圣和诸侯们的臣服之下被抬升到了王位之上。"从这些记录中可以看出,丕平非由教皇拣选,而是由人民和王国各等级选举而出。维内里库斯在前文对

---

① 1073—1090年在任的梅斯主教,曾遭神圣罗马帝国皇帝亨利四世罢黜。

同一历史学家的评论中非常清楚地诠释了这个问题："作为宫相，丕平被认为行使了国王的职权，而且作为宫廷长官中的第一人，他被选中并被任命为国王。此外，教皇匝加利亚的意见也被首先得到确认，因为教皇的赞同和权威对于这一事项而言似乎是必不可少的。"他在后文中写道："教皇匝加利亚认为这些代表的建议是公正和有益的，从而同意了他们的建议。因此，经诸侯们的普遍投票，丕平成为国王。"

维埃纳的阿多同样也指出："代表们被派往匝加利亚处，就法兰克人的国王是否应该继续留任征询他的意见，因为他们几乎已经大权旁落，只满足于国王的称号。教皇匝加利亚回复他们称，统治王国之人更应被称为国王。当代表们归来时，彼时拥有国王头衔的希尔德里克已遭废黜，法兰克人根据代表们的建议以及教皇匝加利亚的意见行事，让丕平成为他们的国王。"（《编年史》第 6 篇第 727 年）

除上述作者之外，艾穆安也表达了相同的观点。他于结尾处得出了如下结论："是年，丕平被任命为法兰克人的国王，按照法兰克人的习俗，他在苏瓦松被抬升到王位之上。"（《法兰克人史》第 4 卷第 61 章）甚至连维泰博的戈弗雷在其编年史中也指出："教皇匝加利亚通过法兰克人的选举让丕平成为法兰克人的国王，懒王希尔德里克被法兰克人送进了修道院。"（《编年史》第 17 部第 4 章）关于此事，西吉贝尔特（《编年史》第 752 年）、《历史杂录》的作者、弗莱辛的奥托（《双城编年史》第 5 卷第 21、22、23 章）以及《时代杂录》（*Fasciculus temporum*）的作者[1]也有类

---

① 指 15—16 世纪的德意志地区加尔都西会修士和历史学家维尔纳·罗勒芬克。

似的记载。我们极易从这些作者那里得出以下结论：虽然法兰克人在征求教皇的意见后立了丕平为王，但他并非基于教皇的命令和权威而登基的。因为册立国王是一回事，为册立国王提供建议又是另一回事；拥有册立之权是一回事，拥有提议之权又是另一回事；尽管在这种事情上，除了被要求提供建议的人，无人有权提供建议。

此外，我还要提供一份引人注目的证据，它来自某份作者身份未知的古代手稿，其中包含了美因茨大主教写给丕平的一段话："法兰克人基于所有等级的同意，经我之手把这顶兼具荣耀与职责的王冠戴在了您的头上，他们用希尔德里克的饰物来装扮您，他的家族以及对其祖先的记忆为人所尊重，但他那些自甘堕落的习惯却遭人鄙弃，而他们爱慕和推崇您美德的光芒。但是，若您身上的光亮因骄傲而熄灭，抑或懒惰遮蔽了它，您认为他们会如何待您？您将站在谁的立场上，对那个依靠自己的权利而非别人的恩惠得享其国者实施如此严厉的审判？因此，您须以丕平为范，避免上述案例所带来的危险，像国王一般行事，也就是说，要为民众之福祉殚精竭虑。"

最后，相比于帕多瓦的马尔西利奥(Marsilius Patavinus)①，无人能够更清楚地阐释整个问题，他在巴伐利亚的路易②统治时期撰写了一部关于帝国主教调任问题的著作。他对这件事的看

---

① 13—14 世纪的意大利政治哲学家，著有旨在驳斥教权的《和平的保卫者》(Defensor pacis)一书。
② 指 1328—1347 年在位的神圣罗马帝国皇帝路易四世。

157

法如下："骁勇善战的丕平是查理·马特（Carolus Martellus）①之子，据说他被教皇匝加利亚擢升为法兰克王国的最高统治者。"（《论帝国主教的调任》第6章）但艾穆安在其关于法兰克人的史书中更为真确地写道："丕平是由法兰克人合法选出的国王，并由王国的贵族们抬升到国王之位。事实上，希尔德里克担任国王之时，因为恣意享乐而萎靡不振，遂被迫剃发成为僧侣。因此，匝加利亚未曾废黜他，而是像有些人所言，仅是赞同了那些人的做法。因为这种以适当的理由废黜国王并册立新王的权力，无论如何都不属于任何主教，也不属于任何牧者或牧者的团体，而是属于居住在某一地区的全体公民，或全体贵族，或他们中的大多数。"

135　　此即马尔西利奥之言，我们可以发现，约翰内斯·特里特米乌斯著作所附的胡尼巴尔都斯文本表达了对这一观点的认同，其中写道："同年，整个王国的贵族们聚集在一起，为废黜失职之国王希尔德里克一事展开商议。现在大家一致认为，他们应该废黜毫无统治权术与能力的国王希尔德里克，并抬升丕平至国王之位，将整个王国的最高统治权授予他。但丕平回绝此事，除非事先征得罗马教皇匝加利亚的意见，他声称有理由引以为戒。"此即他所记录的内容。

　　因此，我认为对众人而言，教皇声称有权册立或罢免国王乃是一种无耻的捏造行为。但除了这种捏造行为之外，它本身

---

　　①　丕平二世的长子，法兰克公爵，曾于715—741年担任法兰克王国墨洛温王朝奥斯特拉西亚宫相，其中在737—741年担任王国摄政。

也是不虔诚和恶意的最确凿证据。在此值得一提的是教皇斯德望①某封引人注目的信件，它正是为迎合这种捏造行为而量身定做的，从中可以想象得到那只老狐狸的愚蠢和恼怒。这封信收录于雷吉诺的编年史之中，雷吉诺是圣本笃会的修士，亦是普吕姆修道院（Abbas Prumiensis）的院长，故而此记录成为有关此事的铁证，其中写道："主教斯德望，天主众仆之仆。任何人都不应该夸耀自己的功绩，而应该公开宣扬神工，此番功业乃是通过圣徒完成的，他们的功绩没有被掩盖，就像天使嘱咐多俾亚（Thobia）②那般。由于那位最残暴、最亵渎神明的国王③对神圣教会的压迫，我逃到了法兰克，投奔圣彼得④最忠实的仆人以及最虔诚的国王丕平。在那里我病入膏肓，在巴黎地区的殉道者圣德尼修道院（monasterium Sancti Dionysii martyris）里待了一段时间，彼时的医者亦认为无望治愈我的病疾。某日，我在那个蒙福之殉道者的教堂钟声下祈祷，在祭坛前得见使徒彼得和外邦人之主保罗⑤，我通过其身着之长袍认得了他们。然后我看到蒙福的圣德尼（Beatum Dominum Dionysium）⑥颀长而高大的身形站在了彼得的右手边。那位仁慈的牧羊人彼得说道：'我们的这位兄弟欲得康复。'保罗答曰：'彼目今可得痊愈。'然后他便走近，将手轻放在圣德尼的胸脯上，并看向彼得。彼得欣喜地对圣德

136

---

① 指752—757年在位的教皇斯德望二世。
② 《旧约》中所载的一位犹太英雄。
③ 指749—756年在位的伦巴第王国国王艾斯图尔夫。
④ 耶稣十二门徒之一，被视为罗马教会的创建者。
⑤ 早期基督教会最具有影响力的传教士之一，率先在犹太人族群之外传播教义，因此被称为"外邦人的使徒"。
⑥ 3世纪的基督教殉道者和圣徒，曾担任巴黎主教一职。

尼称道：'因你的恩典，他已得痊愈。'圣德尼手持一个香炉和一片棕榈叶，在一位长老和一位执事的陪同下，来到我面前称道：'兄弟，愿安宁与你同在，勿要害怕，你不会殒身，而当以康泰之身回返尊位。你将痊愈，并将此祭坛献给上帝以及如你所见行感恩圣礼之使徒彼得和保罗，以示敬意。'我马上就痊愈了，意欲完成嘱咐我的那些事情。当时在场的人都认为我疯魔了。因此，我把我所看到的一切以及我是如何被治愈的都如实告诉了国王及其宫廷成员。我完成了那些嘱咐之事。此事发生在753年的8月10日，由于我因基督的美德而痊愈，在我为上述祭坛举行祝圣仪式和献祭之际，我膏立了丕平以及他的两个子嗣查理和卡洛曼为法兰克人的国王。此外，我还以上帝的名义为丕平的妻子贝特拉达（Betranda）①作保，她身着王袍，受七重圣灵的恩典洗礼。我用使徒的祝福为法兰克的贵族们祈福，在基督赋予彼得本人的权力下，他们有义务并保证他们本人及后代自此以后皆不会以任何方式从其他家族中册立国王。"（《编年史》第753年）

　　此即教皇斯德望信件的内容，虽然他的荒唐愚蠢对我们所有人而言都是有目共睹的，但我们也应憎恶他对那些可能得国的非查理大帝后裔的诅咒。这一疯狂的特例是最近出版的一部旨在驳斥本书的著作中的一段话，该著作的作者马塔雷尔（Matharellus）②是一个厚颜无耻且败德辱行的家伙，他赞同教皇斯德望那封愚蠢至极的书信中的观点，从而展现了他的怙顽不悛。

---

① 拉昂的贝特拉达，"矮子"丕平之妻，也是查理大帝和卡洛曼的母亲。
② 安托万·马塔雷尔，16世纪的法国耶稣会士和作家。

还有一个叫帕皮尔·马松（Papirius Massonus）的家伙亦是如此，他是一个变节的耶稣会士和受雇于人的奸商，他应该被送入巴黎的圣马图林收容所（Mathurini Parisiensis fanum）——那里才是照看疯人之所——并被鞭挞至死。

138

第十七章
法兰克的马厩伯爵与同等者

除了前文提及的宫廷长官之外，我们在此处还有必要论及另一显要职衔，因为根据我们祖先的历史记录，它似乎已经取代了前者的司职。由于过去王室曾设有马厩伯爵（Comites stabuli），这个词汇因讹误而衍生出了 Comestabuli 和之后的 Constablii 等词。在罗马皇帝统治的时代，所有在宫廷中获得最高荣誉并在国家治理中发挥其作用者通常都被称为伯爵。正如我们在其他一些书中所看到的，这是为古人所接受的一种做法。因此，西塞罗在不止一处称"卡利斯提尼（Callisthenes）[1]为亚历山大大帝的伯爵。"[2]现在，这一职务被称为马厩伯爵，类似于罗马人所谓的骑士统领（Magister equitum），也就是说他负责照看国王的马匹，通常被称为携盾侍从（custodes regiorum equorum）或掌马官（Scutieros）。故此，图尔的格雷戈里写道："克洛维[3]的司库（Thesaurarius）被马厩伯爵库帕（Cuppan）从布尔日[4]带走，并用

---

[1] 公元前 4 世纪的希腊历史学家，著有《希腊史》（Ἑλληνικά）等。

[2] 参见西塞罗《西塞罗全集·演说词卷》（下），第 528 页："聪明的卡利斯提尼是亚历山大大帝的同伴，但却被亚历山大所杀。"

[3] 应指 561—584 年在位的法兰克王国墨洛温王朝纽斯特里亚国王希尔佩里克一世之子克洛维。

[4] 位于现今法国中部中央-卢瓦尔河谷大区谢尔省的一座市镇。

铁链锁拿送至王后那里。"(《历史十书》第 5 卷第 39 章)他在提及
莱乌达斯特(Leudast)①时也用到了这些称谓:"她主动将其召至
自己身边,任命他为掌马官。此人很快即利欲熏心,妄自尊大, 139
并争取到了马厩伯爵一职。自获得这个职位之后,他就开始鄙
夷和藐视其他众人。"(《历史十书》第 5 卷第 48 章)

　　由这些例证可知,虽然掌马官乃荣耀非常之司职,但却远
远不及马厩伯爵的职位。艾穆安亦提供了这方面的证据,他对
前文提及的莱乌达斯特做出了如下评价:"他与王后过从甚密,
被任命为掌马官。而后他获得了居于其他官员之上的伯爵衔,
王后去世之后,查理贝尔特②又让他成为图尔伯爵(Comitatus
Thuronicum)。"(《法兰克人史》第 3 卷第 43 章)艾穆安在后文中
写道:"受国王之命指挥这次出征的王室掌马官(通常又被称为
马厩伯爵)莱乌达斯特命令将军械带至此处。"(《法兰克人史》第
3 卷第 70 章)又如他在提及查理大帝时指出:"同年,他派其马
厩伯爵布尔夏德(Burchardus)率一支舰队前去攻打科西嘉(Corsi-
ca)。"(《法兰克人史》第 4 卷第 95 章)雷吉诺对这一事件的描述
如下:"同年,他派其马厩伯爵(Comites Stabuli)——我们误称
为'军队统帅'(Constabulus)——布尔夏德率一支舰队前去攻打
科西嘉。"(《编年史》第 2 卷)在图尔的格雷戈里那里,此官职被
称为"军队统帅"(Comestabulus)。他写道:"布伦希尔德被军队
统帅埃尔坡(Erporr Comestabuls)带出村庄。"(《历史十书》第
11 卷)

---

① 6 世纪的法兰克王国墨洛温王朝一位伯爵。
② 指 561—567 年在位的法兰克王国墨洛温王朝巴黎国王查理贝尔特一世。

在这种情况下，阿尔贝特·克兰茨[1]敢于断言军队统帅等同于日耳曼的元帅（Germani Marschalcus）一职："军队统帅应被称为士兵中的万里挑一者，他有权征召王国内的各个群体，并代表国王处理一切事务。他们称我们所谓的元帅为高卢的军事统帅（Galli Connestabulus）。"（《丹麦、瑞典和挪威等北方诸王国编年史》第5卷第41章）这种说法看起来或许更有可能，因为我注意到在古时候的法兰克高卢无人提及元帅一职，所以它很可能是后来的国王根据日耳曼人的习惯制定的制度。不管如何，托马斯·沃尔辛厄姆也提供了一项古老的证据，他写道："不久之后，法兰克人的国王指示法兰克的军事统帅以国王的名义武力夺取阿基坦公国。"（《英格兰编年史》第1293年）

即便马厩伯爵最初在我们的制度中仅仅是一个微不足道的职务，后来才发展成为禁卫军长官，但无疑，这一职位源自罗马人的传统。在那个时代，这一要职类似于军团司令官。阿米阿努斯在提及皇帝瓦伦提尼安时指出："在按照既定路线进入尼科米底亚（Nicomedia）[2]后，他于三月初任命其兄弟瓦伦提乌斯（Valentius）掌管马厩，享军团司令官之尊位。"（《要事实录》第26卷）《查士丁尼法典》提到了这一职衔：他享有主持皇帝的宴会并身着紫袍的荣耀。[3]《狄奥多西法典》（*Codex Theodosianus*）也有多处提到了该职位，并授予了该职位之官员从各行省征调战马供

---

① 15—16世纪的德意志地区历史学家。

② 即现今位于土耳其的伊兹密特，其前身是由希腊城邦墨伽拉建立的殖民地阿斯塔科斯。

③ 参见 *Codex Iustinianus*, 12, 11, 1。

皇帝使用的权力。①

　　我们现在要讨论的是那些通常被称为法兰克同等者（PARES FRANCIAE）的地方官员，尽管我们进行了研究，但还是找不到有关他们的记录。因为在大量被称为法兰克年鉴或编年史的著作中，无一对这一制度做出过任何令人信服的说明。加甘，一个名为保卢斯·埃米利乌斯②的意大利人（与其说他是研究高卢国王的史家，不如说研究教皇的史家）以及其他人等皆认为这些官员是由丕平或查理大帝任命的，此言大谬。他们得出这一结论或因在这些国王统治的时代，或在他们之后不久，诸多日耳曼史家无一明确提到或暗示过存在着这种官员。即使是艾穆安（他关于法兰克人习俗和事迹的史书内容甚至延伸了"虔诚者"路易统治时期，并提及了第三十七任国王"青年"路易③的年龄）也从未提到过这些同等者。

　　因此，就目前而言，在获得更确切的材料之前，我认为这一制度与于格·卡佩的统治有关，他在王国合法继承人被除掉后占有了它，并认为少数获得新官职和荣宠的贵族应对他效忠。概因如此一来，众人皆会同意他的做法。此外，我们很容易理解这种制度是如何从封建法律中产生的，根据这种法律，那些从他们的领主和保护人那里获得封地的诸侯彼此之间互称"同等者"，仿佛他们是"具有同等职衔之人"（ὁμότιμοι）。他们的权力表现为三方面：首先，被纳入这一封臣等级者可被代表他们的

142

────────────

　　① 参见 *Codex Theodosianus*，11，1，29。

　　② 保卢斯·埃米利乌斯·维罗内西斯，15—16 世纪的意大利历史学家。

　　③ 指 876—882 年在位的萨克森国王和 880—882 年在位的巴伐利亚国王路德维希三世，他是"日耳曼人"路易的次子。

同权社团(collegius)①接纳(《封建法典》[*Feud.*]第2卷第2篇)；其次，他们可作为授职仪式的见证者(《封建法典》第2卷第19篇)；最后，如果他们之间或与领主之间出现任何争端，他们可以行使民事和刑事管辖权(《封建法典》第2卷第46、52、55篇)。可以肯定的是，法兰克的贵族们皆受这一法律的约束。首先，除非通过其同权社团，否则他们不能被随意任免；其次，除非其缘由已在议事会上得到陈述，否则他们不能被传唤到同权社团成员管辖权范围之外的任何地方——尽管巴黎元老院(Parisiensis Sena-tus)②也获得了这一要求同等者向其申诉缘由的权力。

但迄今为止最为博学之人比代却称这些同等者为"贵族"(Patriciati)，并指出：在他看来，他们是由我们那些掌握日耳曼帝国的国王之一封敕的，因为查士丁尼认为这些贵族是由皇帝选定作为国家的庇护者和监护人。我不否认这位最博学者的观点，特别是他对贵族之尊位并不陌生。在晚期罗马帝国皇帝统治的时代，贵族等级在某种程度上与同等者等级殊无二致，这部分是因为正如苏达所证明的，贵族在某种意义上是国家的元老。皇帝会在最重要的问题上征求他们的意见；他们使用与执政官(Consules)相同的等级标志；尽管他们所拥有的荣誉和权力逊色于执政官，但却比禁卫军长官还要多。这一点可从查士丁尼③的《新律》(*Novells*)④以及希多尼乌斯·阿波利纳里斯、克劳

---

① 罗马以降的一种全体成员拥有同等权力的结社组织。

② 即巴黎高等法院。

③ 指527—565年在位的东罗马帝国皇帝查士丁尼一世。

④ 由东罗马帝国皇帝查士丁尼一世下令编纂的法典，收录了534年之后颁布的律法。

狄安和卡西奥多罗斯①等人的著作那里得到证实。

　　然而，当这一尊号传至日耳曼人手中时，它并没有以帝国的名义被篡夺，如果同为法兰克高卢国王的日耳曼皇帝封敕了任何这样的贵族，也不可能没有任何一个日耳曼历史学家提到它。而在前文引用的段落中，比代虽有犹疑，但仍然指出同等者等级在其他邻近民族中亦有存在；他写道：某个名为尼格拉努斯（Nigellanus）的佛兰德人卷入了一场与佛兰德伯爵夫人的纠纷，他向法兰克的同等者们提起上诉，因为他发誓称其无法在佛兰德的同等者那里获得公正的审判，而当佛兰德同等者撤销了该审判后，人们最终根据某些理由决定将该争端提交给法兰克的同等者们（《国王纪事》［Regii Commentarii］第724年）。然而，比代并未解释移交审判的原因，而一个如此精通于封建法律之人绝不会漏掉这一点。

　　现在让我们更全面、更清楚地阐述一下这个行政长官制度的起源，首先容我复述我认为已经为所有作家确定之内容，即在卡佩王朝诸国王统治时代之前，无论是日耳曼人还是高卢人都未曾提及"贵族"的称谓。但是，我注意到了最近发现并为人所知的某些古代文献，而这些文献用不小的篇幅阐述了那些同等者的权利，我认为值得简要地阐述一下我们在这些曾经佚失文献中所观察到的情况。我更乐于这样做，概因这些问题被最近将这些文献公之于众的作者歪曲了，而真相和理智皆表明事实完全不同。因此，我注意到封敕同等者有两方面的原因：首先，

144

———————

　　①　5—6世纪的罗马政治家和作家。

他们可以主持国王的登基典礼——或者按当时的说法，主持国王的授职仪式，也就是说，他们以王公贵族的身份庄严地授予国王以帝国的象征和财富；其次，如果法兰克的任何一位权贵被指控犯有死罪，他们会对案件进行裁决。因为在古代，这种审判是在国家的公共议事会上进行的（正如前文所详细阐述的）。而且在卡佩王朝的制度中，宫相逐渐将审判管辖权移交给了高等法院（parlamentum）（关于这一点，我们将在后文中予以阐述），而王国的诸侯们不甘仅由高等法院决定他们的命运。在国王们看来，除了高等法院的法庭之外，为同等者们设立一个特别的司法机构——所谓的同等者法庭（Parium curia），但其级别和人数变化不定——对他们自己而言是非常方便的。

　　正如那些让此类文献重见天日者所指出的，该机构并非始终由十二人构成，其人数时多时少，取决于负责授予该裁判权的国王。这一点可以从下述文献中得到确定，其中最早的一份记录的是国王"胖子"路易①统治时期的情况："其裁定者为我们王国的同等者，即兰斯大主教、朗格勒的威廉、沙隆的威廉、博韦的菲利普、努瓦永主教斯蒂芬、勃艮第的厄德公爵②以及其他众多主教、贵族，如欧塞尔主教、沙特尔主教、桑利斯主教和利雪主教，蓬蒂厄伯爵、德勒伯爵、布列塔尼伯爵、圣保罗伯爵、罗谢伯爵、安茹总管、瑞维尼伯爵、博蒙伯爵和阿朗松伯爵。他们聆听了我们的陈述，并认可了该判决结果。"（《国王纪事》1216 年）从这些记录中可知，那一时期的法兰西同等者与后世的贵族不同，

---

　　① 指 1108—1137 年在位的法兰西王国卡佩王朝国王路易六世，而 1216 年在位的法兰西王国卡佩王朝国王应为腓力二世。
　　② 指 1192—1218 年在位的勃艮第公爵厄德三世。

由于彼时的宗教狂热，他们中的许多人是大主教和主教。当主 146
教区因国王们的慷慨而建立在那些富饶且多产的地方时，神职
人员的地位很容易随着这些财富的增长而得到提高。特别是当
时圣职开始被授予那些出生于显赫家庭者，这并非因为他们能
够履行教会职位的职能，而是因为这给他们带来了大量财富和
权力。在这方面，我们可以引用西吉贝尔特的描述："在兰斯教
会获得国王克洛维赐予的诸多财产之后，雷米吉乌斯决定将其
中的一大部分赠予拉昂教会，并在那里建立了主教区。"（《编年
史》第 500 年）

现在让我们回到同等者制度的问题上。我们可以从其他文
献中看到同等者们针对布列塔尼的统治者皮埃尔·莫克莱尔
（Petrus Mauclerus）①的判决，其具体内容如下："1230 年，吾
等，受上帝恩典之桑斯大主教和沙特尔主教戈蒂埃、巴黎主教继
尧姆、佛兰德伯爵、香槟伯爵托马、内韦尔伯爵、布卢瓦伯爵、沙特
尔伯爵、蒙福尔伯爵、旺多姆伯爵、鲁瓦西伯爵、法兰西军事统帅
马蒂厄·德·蒙莫朗西②、让·苏瓦松、艾蒂安·德·桑塞尔、博
蒙子爵等，在法兰西国王路易③面前宣告，吾等一致认为原布列
塔尼伯爵皮埃尔因对国王陛下所犯下的罪行而失去了布列塔尼
司法执行官的职位，布列塔尼的诸男爵和所有其他因上述执行
官职位而向他宣誓效忠者被彻底赦免，并从该效忠誓言中解脱 147

---

① 指 1213—1221 年在位的布列塔尼公爵，并于 1221—1237 担任布列塔尼公爵领
摄政的皮埃尔一世。
② 指于 1230 年去世的马蒂厄二世，他于 1218—1230 年担任法兰西军事统帅。
③ 指路易九世，即圣路易。

出来。"①

关于"爱争吵的"路易②统治期间的1315年有一段更引人注目的记录，我们从这段记录中首次得知同等者的尊位经常被随意授予不同的贵族；后来，其他法兰克贵族和官员的名字也被习惯性地加入到判决中；最后，如果外国国王和贵族的管辖区恰巧位于那些与同等者尊位相关联的地区的话，他们有时也会加入同等者的行列。该记录的内容如下："吾等，即上述之同等者，应国王之要求和命令，于其位于巴黎的宫廷集会，吾等与其他十二位教士或贵族组建了一个法庭，其中包括鲁昂大主教、圣布里厄和圣马克卢的两位主教、法兰西王太子及普瓦捷伯爵腓力③、埃夫勒伯爵路易、马尔凯伯爵查理、圣保罗伯爵居伊东、沙蒂永与波尔西安领主及法兰西军事统帅戈谢、克莱蒙伯爵的长子——克莱蒙领主让、马尔屈埃领主和努瓦耶领主米隆。这些人被吾等选中，在国王的保护之下与吾等共同组建一个同等者法庭进行审判。国王宣称他无法征调更多的同等者，因为阿基坦公爵——受到传唤的英格兰国王——由于苏格兰人的战争而推却，勃艮第公爵因其他事务而推却，而努瓦永主教已经去世，沙隆主教则出于某些原因而被拘押于监狱之中。"④

除了这些古代的明证之外，1360年的一些记录亦与之相关，这些记录表明，正如我们已经多次指出的，同等者的人数最初

① 参见 René Choppin, *De domanio Franciae*, 3, 19, 10。
② 指1314—1316年在位的法兰西王国卡佩王朝国王路易十世。
③ 指1316—1322年在位的法兰西王国卡佩王朝国王"高个子"腓力五世，但他实为路易十世的弟弟。
④ 参见 René Choppin, *De domanio Franciae*, 3, 7, 16。

是固定和明确的，尽管决定这一人数的最高权力掌握在国王手中。此外，这一尊位并非如比代和那些赞同比代观点之人所认为的是"贵族"，而是被称为"同等者"，尽管"同等者"以及一个源自高卢语言习惯的称谓"佩里亚"（Perriae）其后皆被认为等同于贵族。该记录的内容如下，"以该公国的尊位之名，吾等令其荣耀高于法兰西本身的荣耀，借上述权力机构之令，只要他及其后的合法婚生男性继承人还活着，他们就应该被称为贝里和奥弗涅公爵和法兰西同等者，并应享有公爵和同等者的地位以及所有头衔、权利与其他一切特权"，云云。① 国王约翰②在1363年颁发的特许状也证明了这一点，在其中，这一尊位未被称为"贵族"，而是"同等者"："吾等将有着同等者头衔的勃艮第公爵之位和其所附带的任何权利与所有权，以及最终继承勃艮第公爵职位的可能权利，授予吾等挚爱之亲腓力，由他和他在婚姻中合法诞下的继承人依照世袭权利和平且安全地永久持有和领受。"③

149

　　然而，（如前所述）"同等者"和"佩里亚"这两个词后来变得不再流行，在1414年的记录中可以看到如下描述："为了授予吾等之挚亲约翰更大的荣誉，并提升前述伯爵头衔，吾等在此将约翰擢升为公爵，并将前述阿朗松伯爵领提升为公爵领，希望该公爵领可以由吾等以佩里亚或同等者的身份持有，不过，

---

　　①　参见 René Choppin, *De domanio Franciae*, 3, 7, 9。
　　②　指1350—1364年在位的法兰西王国瓦卢瓦王朝国王约翰二世，他曾于1356年的普瓦捷战役中遭英军俘虏。
　　③　参见 René Choppin, *De domanio Franciae*, 2, 11, 7。

其形式和方式与约翰过去持有该伯爵领一致。"[1]

如前所述,这些例子在有关法兰西的记录中都有迹可循,其中还有一个值得注意的案例,此事虽未得到证实,但却有案可查:当布列塔尼公爵被宣布犯下了谋逆君主罪时,人们很可能会问,那场审判到底是由谁来进行的。而且,当勃艮第的"勇敢的"菲利普[2]最终向国王提出这个问题时,国王以议事会意见的名义宣布,除了由同等者们进行的判决,不可指控一位同等者(此乃 1386 年 3 月 2 日的声明内容)。[3] 巴黎元老院曾就此问题再次向国王查理七世[4]提出异议,主张在他们面前,同等者可以被指控犯有死罪,而(如前所述)1458 年 4 月 20 日的答复则指出这种做法在封建法律下是可以接受的。[5] 不过现在是时候回到我们的主要议题上了。

① 参见 René Choppin, *De domanio Franciae*, 3, 7, 14。
② 指 1363—1404 年在位的勃艮第公爵菲利普二世。
③ 参见 René Choppin, *De domanio Franciae*, 3, 7, 15。
④ 1422—1461 年在位的法兰西国王瓦卢瓦王朝国王。
⑤ 参见 René Choppin, *De domanio Franciae*, 3, 7, 16。

第十八章
论神圣议事会在加洛林王朝
统治时期的持续权威

我认为我们已经充分说明了我们的国家在墨洛温王朝统治时期是何种形态，以及民众议事会的权威为何，现在应该就它们在加洛林王朝统治时期的性质予以阐述。从我们的和日耳曼的历史中可以想象得到，各等级的权威被完整地保留了下来，所以对于所有问题的最终裁断和决定非由丕平、查理或路易做出，而是由国王陛下做出的。正如前文所表明的，国王陛下真正和适当的席位居于众人之上，此种安排得到了累世之人的一致赞同。

这方面的第一项证据载于雷吉诺的《编年史》，作者在其中提到了查理大帝。他写道："皇帝与法兰克人中的要员和贵族们一起，决定由其诸子瓜分其王国，当王国划分为三个部分后，他就此事立下遗嘱，并由法兰克人进行庄严宣誓予以确认。"（《编年史》第 2 卷第 806 年）后文复又写道："他就王国的分割制定了一份遗嘱，并由法兰克人宣誓加以确认。"（《编年史》第 2 卷第 806 年）艾因哈德在我们多次称赞的那部作品中用如是言辞解释了丕平死后所发生的事情："法兰克人在一次庄严的大会上拥 151

立他的两个儿子为王，条件是平分整个王国，查理统治其父亲
丕平所掌握的那部分，而卡洛曼则得到他们的伯父卡洛曼①曾统
治过的地方。"②

从这些记录中不难得出结论，王国各等级在墨洛温王朝统
治时期掌握了近三百年的权力在后者倒台后仍由他们所占有。
因此，尽管先王在身后留下了诸子，但他们并非通过世袭的方
式，而是基于各等级的选举和意愿获得王位的。因此，如若国
王之子未成年，民众就会为他遴选一位摄政者。艾穆安写道：
"路易的时代结束了，他撒手人寰，留下了尚在襁褓中的儿子查
理，也就是后来的'糊涂王'。法兰克的诸侯们认为后者的年龄
不适合行使统治权，遂召开了一个讨论高级事务的议事会。法
兰克、勃艮第和阿基坦的贵族们齐聚一堂，并在该会议上选举了
男孩查理的监护人和王国摄政。"（《法兰克人史》第 5 卷第 42 章）

事实上，还有其他一些重大的国家事务也被习惯性地提交
给了该议事会。这一点在雷吉诺的《编年史》中得到了证明，他
写道："763 年，国王丕平在内韦尔③召集大会。"（《编年史》第 2
卷）他还指出："国王丕平在沃尔姆斯④召集大会。"（《编年史》第 2 卷
152 第 764 年）另外，他又写道："国王丕平在阿蒂尼（Attiniacum）⑤召
集了大会。"（《编年史》第 2 卷第 765 年）后文还记录道："他在

---

① 查理·马特的长子，"矮子"丕平的兄长，曾于 743—747 年担任法兰克王国奥
斯特拉西亚宫相，后于 747 年放弃宫相职位，进入修道院开始隐退生活。
② 参见艾因哈德、圣高尔修道院僧侣《查理大帝传》，第 7 页。
③ 位于现今法国中部勃艮第-弗朗什-孔泰大区涅夫勒省的一座市镇。
④ 位于现今德国莱茵兰-普法尔茨州东南部的一座市镇，是德国历史最悠久的市
镇之一，为凯尔特人所建。
⑤ 位于现今法国东北部大东部大区阿登省的一座市镇。自克洛维二世于 647 年在
此建造宫殿以来，这里一直是国王居所所在地。它也是加洛林王朝的王宫所在地。

奥尔良召集了大会。"(《编年史》第 2 卷第 765 年)艾穆安在关于萨克森战争①的描述中写道:"国王②在初春时节向努瓦永(Noviomagum)③进发,来到了一个名为帕德博恩(Padabrunus)④的地方,意图在此召集民众议事会,此后他率领着一支庞大的军队进军萨克森。"(《法兰克人史》第 4 卷第 71 章)后文复又写道:"冬天过去后,他在一个名为帕德博恩的地方庄严地召集了民众议事会。"(《法兰克人史》第 4 卷第 77 章)艾穆安在后面一章中又列举了一个案例:"当在沃尔姆斯寻到妻子后,他便决定在那里召集民众议事会。"(《法兰克人史》第 4 卷第 79 章)

在此处以及所援引的其他段落中,艾穆安不断地提及国王查理,他几乎将整个欧洲都纳入了自己的王国,这一丰功伟绩让他被各族人民一致尊为"大帝"。然而,查理大帝却无法剥夺法兰克人过去的权利和自由,他也从未在未获得人民之裁断和贵族之授权的情况下推行任何重要的事务。此外,可以肯定的是,查理大帝驾崩之后,其子路易也以同样的方式统治着这个王国。艾穆安指出:"查理大帝去世之后,皇帝路易仿佛是出于一种预感,在提奥斯瓦提(Theotuadi)召集了一次民众议事会。"(《法兰克人史》第 5 卷第 10 章)再如,在提及国王路易和他的表弟路易签订的和平条约时,作者写道:"他们召集了一次议事

---

①　指查理大帝统治时期法兰克王国与萨克森人之间的战争,该战争从 772 年开始,至 804 年结束,萨克森人遂臣服于法兰克王国。

②　指查理大帝。

③　位于现今法国北部上法兰西大区瓦兹省的一座市镇。位于此处的努瓦永教堂是 768 年查理大帝,以及 987 年于格·卡佩加冕之所。

④　位于现今德国北莱茵-威斯特法伦州的一座市镇。查理大帝曾于 777 年在此建造了一座城堡。

会，在其追随者的赞同之下，他们商定了下述事项。"(《法兰克人史》第 5 卷第 38 章)在该条约上，大家一致同意国王应由卫兵陪同返回。另一例证出现在讨论"口吃者"路易之子卡洛曼①的一段话中："因此，他离开诺曼底回到沃尔姆斯，他的议事会将在 11 月 1 日举行。"(《法兰克人史》第 5 卷第 41 章)此外，还有一处提及"糊涂王"查理的记录指出："法兰克的诸侯们认为他太过年轻，不适合行使统治权，遂召开了一个讨论高级事务的议事会。"(《法兰克人史》第 5 卷第 42 章)

《兰斯编年史》的作者也写道："国王鲁道夫②驻跸拉昂，国王军队和主教卫兵之间在复活节当日发生了一场骚乱，在这场骚乱中，不惟平民，甚至连一些教士也被打伤或杀死。为此，国王在苏瓦松召集王国诸侯举行了一次公共司法会议。"(《兰斯编年史》第 935 年)另外他还记录了一则更明确的例证，其中涉及了国王复辟的问题："英格兰国王埃德蒙③为了国王路易④之复位，遣特使至于格大公⑤处，大公遂召集了他的侄子和王国其他诸侯举行议事会。"(《兰斯编年史》第 946 年)后文复又载曰："在理查⑥之子于格⑦和王国其他诸侯的同意之下，法兰克公爵于格让被监禁近一年的国王路易复辟得位。"(《兰斯编年史》第

---

① 指 879—884 年在位的西法兰克国王卡洛曼二世，他在其父去世后与兄长路易三世同时即位成为西法兰克国王。

② 指 923—936 年在位的西法兰克国王拉乌尔。

③ 指 939—946 年在位的英格兰国王埃德蒙一世。

④ 指西法兰克国王路易四世。

⑤ 即西法兰克国王罗贝尔一世之子于格(898—956)，任法兰西公爵和巴黎伯爵，其子于格·卡佩为法兰西王国卡佩王朝的首任国王。

⑥ 指 880—921 年在位的欧坦伯爵理查，他还于 918 年成为勃艮第公爵。

⑦ 指 923—952 年在位的勃艮第公爵黑于格。

946 年)我们甚至不能忽略这样一个事实,即该《编年史》的作者
还提及了国王公共司法会议(PLACITUM REGALE),即民众议事
会:"已故大公于格之子奥托①在复活节期间随驾国王路易。来
自法兰克和勃艮第的一些人都希望召集国王公共司法会议,一
个由不同诸侯组成的议事会遂在苏瓦松召开。为了防止诺曼人
威廉②之子理查③迫近(如果可能的话),国王的支持者包围了他
的军队,在一些手下被杀死后,他转身逃走了。"(《兰斯编年
史》第 961 年)

154

但是,列举所有相关的记录将是一项永无休止的工作,而
且在我看来,也是一项多余的工作。因为我们相信,任何人基
于到目前为止所提供的例证皆可看出,在"糊涂王"查理之前,
也就是在五百五十余年的时间里,对国家重大事务的裁断和决定
是由民众议事会或(如我们现在所说的)各等级大会做出的,我们
祖先的这一制度在如此漫长的时间里被视为神圣不可侵犯之物。
因此,我对近来那些在其书中厚颜无耻地宣扬民众议事会最初是
由国王丕平创建的作者之观点感到惊讶非常,特别是因为查理大
帝的宰相艾因哈德曾断言:"在每年 5 月 1 日举行民众大会,并乘
坐牛车前往集会地点,这是所有墨洛温人都遵守的制度。"④

---

① 指 956—965 年在位的勃艮第公爵奥托。
② 指 927—942 年在位的鲁昂伯爵"长剑"威廉,他是诺曼底的第二代统治者。
③ 指 942—996 年在位的诺曼底公爵理查一世。
④ 参见艾因哈德、圣高尔修道院僧侣《查理大帝传》,第 6 页:"无论到什么地方
去,他都乘坐一辆车子,车子由两头牛拉着,一个牧人赶着,颇具乡村风味。他通常就
是这样到王宫或民众大会去的,也是这样回家的。民众大会每年举行一次,讨论国家
大事。"

第十九章
论国王和王国的主要区别

现在容我提出一个对主题有更大影响的问题，并思考这一制度中所展现出的我们祖先的智慧。从迄今为止所讲述的所有内容来看，我们难道还不清楚他们对国王和王国做出了多大的区分吗？概因事实如下：就作为统治者的国王而言，他是一个特定的个体，而且堪称是其国家的首脑；而王国则是公民和臣民构成的整体，堪称是国家的主体。法学家们也注意到了这一区别，因为乌尔比安将公敌定义为对国家或国王怀有敌意的人。①《法学阶梯》(*Instit.*)②的最后一个章节指出："尤利乌斯③的叛国法对那些试图反对皇帝或国家之人展现了它的威力。"④保罗⑤写道："就国王的健康或国家大事咨询占卜师之人，应与任何为他提供建议之人一同被处以死刑。撒克逊人的法律则规定：凡密谋反对法兰克人之王国或国王者应被处以死刑。"

不仅如此，国王与王国的关系就如同父亲与家庭、导师与学

---

① 参见 *Digesten*, 48, 4, 11。
② 古典罗马法学家盖尤斯在161年前后撰写的一部关于罗马法的初级教科书。
③ 指尤利乌斯·凯撒。
④ 参见 *Institutiones*, 4, 18, 3。
⑤ 指尤利乌斯·保罗，2—3世纪的罗马法学家，《学说汇纂》中的大量内容即来自他的作品。

生、监护人与被监护人、领航员和水手与船上的乘客、牧师与信众、将军与军队一样。因此，正如学生并非为其导师而生，航船并非为舵手而生，信众并非为牧师而生，军队并非为将军而生——相反，后者皆为前者所任命，所以人民并非为国王之缘故而存在，而是国王为人民而存在。因为可能存在着一群没有国王的人民，他们可能服从于贵族或他们自己的建议，就像他们在统治者空位期所做的那般。但是，我们难以想象没有人民的国王，就如同没有信众的牧师那般不可思议。（在色诺芬的《回忆苏格拉底》一书中）苏格拉底曾问①："你想，荷马缘何将阿伽门农②称为'人民的牧者'，因为正如牧者必须照顾到羊群的安全，保证其无以匮缺，国王的职责也是确保其公民得享安富尊荣。"③

　　我们还可以注意到其他区别。像任何一个人一样，国王终有一死；而王国却是永恒的，其不朽已经为人所知（或者得到预言），正如伊索克拉底（Isocrates）④在《论和平》（*Oratione de pace*）中所提及的诸国（Civitates），以及法学家们所谈及的同权社团和社群（collegii et universitates）。一位国王可能头脑简单，也可能

---

　　①　公元前 5—前 4 世纪的雅典军事家和历史学家，著有《远征记》（*Κύρου Ανάβασις*）一书。

　　②　古希腊迈锡尼的国王。

　　③　参见色诺芬《回忆苏格拉底》，吴永泉译，商务印书馆 1986 年版，第 88 页："你想，荷马称阿伽门农为'人民的牧者'是什么缘故呢？是不是因为正如一个牧者必须照顾到羊群的安全，供给他们的饲料，从而使饲养羊的目的得以完成，同样，一个将领也应顾及士兵的安全，给他们提供粮秣，使养兵的目的得以完成呢？"

　　④　公元前 5—前 4 世纪的雅典演说家。

患有精神错乱的病疾，就像我们的查理六世①一般。他将其王国拱手送给了英国人，没有人比他更易被谄媚和女人所迷惑，以至于心智受到干扰。但是，一个王国真正可确定的智慧来源是其元老和贵族，他们在处理事务方面经验丰富，堪称国家之首脑。国王可能在一天之内被击败，可能在一场战役中被敌人俘虏，成为阶下囚。在这一方面，无人不知圣路易、约翰②和弗朗索瓦一世③的前例。尽管王国失去了它的国王，然若收到此类凶讯就立即召开民众议事会，诸首领会聚一堂，为当前的困境寻求补救措施和援助力量，那么这个王国仍将毫发无损。这一点在上述案例中表现得非常明显。

由于年老体弱或品性轻浮，国王可能会被贪婪、奸诈和好色的顾问煽惑而至堕落，或被一些同龄的登徒子腐蚀，或遭到一些年轻女子的魅惑，所以他几乎可以把统治王国的全部权力交给这样一个人。想必熟谙我国历史之人皆知此类恶行经常发生。但是，一个王国始终得依靠其顾问的建议和智慧。最聪慧者所罗门④甚至在晚年还被年轻女孩所惑，罗波安（Roboamus）⑤被年轻男子

---

① 1380—1422 年在位的法兰西王国瓦卢瓦王朝国王，因患有精神疾病而被称为"疯王"。在其统治时期，法兰西军队在阿金库尔战役中惨败，后又签署《特鲁瓦条约》，该条约完全剥夺了其子查理的继承权，并承认英格兰国王查理五世为法兰西摄政王与继承人。

② 指约翰二世。

③ 1515—1547 年在位的法兰西王国瓦卢瓦王朝国王，他曾于 1525 年的帕维亚一战中遭到惨败，被神圣罗马帝国皇帝查理五世俘虏。

④ 约公元前 970—前 931 年在位的以色列联合王国国王。

⑤ 公元前 971—前 912 年在位的犹大王国国王。其父为所罗门，在所罗门统治期间，以色列联合王国分裂为北方以色列王国和南方犹大王国。

所惑，尼诺斯(Ninus)①被其母塞弥拉弥斯(Semiramide)②所惑，托勒密③被吹笛人和竖琴演奏者所惑。我们的祖先让国王选择自己的私人顾问以照管其私人事务。但管理国家、共同商讨并向国王提出治国建议的长老的选择权则留给了民众议事会。1356 年，当国王约翰被英国人虏至英格兰时，王国的民众议事会在巴黎召开了。当国王的顾问在那里现身时，他们被勒令离开集会场所，并被告知，如果这些顾问继续现身于王国的这一庄严圣地，民众议事会的代表将不再召开会议(《大编年史》第 2 卷第 169 页)。 158

事实上，从来未有一个时代不曾在国王和王国之间标明这种清晰可见的区别。正如色诺芬所见证的，拉刻代蒙人的国王与仿若其监护人和监督者的五人行政长官，每月都会通过宣誓来向对方效忠。国王发誓他将按照既定的法律实施统治，而五人行政长官们则宣称，只要国王遵守誓言，他们就会维护国王政府的统治。西塞罗在致布鲁图斯④的信中写道："您应知晓，我一直希望我们的国家能够摆脱国王和王权。"在《法律篇》(De legibus)中，他还写道，"既然国家的王制一度被接受，后因国王而非王制本身的错误而被推翻，那么遭厌弃的似乎仅是国王之头衔"⑤，云云(《法律篇》第 3 卷)。同样，西塞罗指出："概因

---

①　被认为是亚述古都尼尼微的创建者。

②　希腊神话中亚述国王尼努斯的妻子，后继承了尼努斯的王位。

③　指公元前 304—前 282 年在位的托勒密王国国王托勒密一世。

④　指马尔库斯·尤利乌斯·布鲁图斯，公元前 1 世纪的罗马政治家与演说家，曾参与了刺杀凯撒的行动。

⑤　参见西塞罗《国家篇 法律篇》，第 231 页："但既然先前得到赞同的君主制后来又被否决了，尽管主要并非是王位的而是国王的过错，那么如果由一个行政长官来统治所有其他人，这就似乎是所废除的仅仅是国王这个名字，而这个制度仍然存在。"

若我在场，我会让王国摆脱王权和国王的困扰。"(《反腓力辞》第 2 篇)①

但我们的祖先没有给我们留下比地方行政官的法律和头衔更清楚的证据来证明这种区别。因为那些从国王那里获得某种王室尊位之人被称为他的仆人或大臣，如果国王驾崩或被废黜，他们就会立即失去这种尊位。他们就是通常被称为国王的管家（Magistri Hospitii REGIS）、国王的内侍（Camerarii REGIS）和国王的猎手（Magnus venator REGIS）的官员，以及其他的王室官员。然而，我们的祖先在任命那些作为整个王国和国家的行政官时，会给他们的头衔附上"法兰西的"（FRANCIAE）这一得到最广泛使用的称谓，而这一习俗我们甚至保留到了今日。因此，我们谈及的往往是法兰西军队统帅（Comestabulus FRANCIAE）、法兰西海军总司令（Amiralius FRANCIAE）、法兰西掌玺大臣（Cancellarius FRANCIAE）。因为在古代，他们并非从国王那里，而是从人民那里获得了尊位，故而不会因为国王驾崩或国家事务的变动而被停职，亦不会因为国王的意愿而遭解职。因此，今日那些往往被称作"王室官员"（CORONAE OFFICIALES）之人亦不因国王驾崩而不复为行政官。除非他们被判定犯有死罪，否则其职务终身也无法被剥夺。

此外，我们甚至无法忽略人民掌握最高权力的观点，即在军事、法律和财政这三个国家事务领域，那些被赋予最高权力的官员并非由国王而是由法兰西王国任命的。因为，正如我们刚

---

① 参见西塞罗《西塞罗全集·演说词卷》（下），第 614 页："如果我是他们中的一员，我会在这个国家里不仅废除一位国王，而且废除整个王制。"

159

刚提及的，军事事务的最高负责人被称为法兰西统帅、法兰西元帅或（如西吉贝尔特所证实的）法兰西宫廷总管大臣；舰队和海上力量的最高负责人被称为法兰西海军总司令；在法律方面掌握最高权力者被称为法兰西掌玺大臣；而控制税收和国库之人则被称为法兰西总度支官。

第二十章
卡佩家族以及让与它的
法兰克高卢王国

　　事实证明，一千两百年来，法兰克高卢王国只由三个家族所控制，其中的第一个家族（即墨洛温家族）和第二个家族（即加洛林家族）皆是以其领袖和首领的名字命名的。因为（正如前文多次指出的）尽管王国的继承权不是通过继承而是通过议事会的选择来传递的，但法兰克人还是愿意保留日耳曼人的做法，即（用塔西佗的话来说）"他们从贵族中选择国王，从有德者中选择首领"[①]。因此，他们往往选择那些出身王族、以王室方式接受指导和教育之人作为他们的国王，无论他们是真正的国王子嗣还是旁系亲属。

　　然而在987年，法兰克高卢的第三十一任国王，同时也是加洛林王朝的第十二任国王路易五世[②]去世后，王国发生了革命性的变化，其权杖转至他人之手。因为当洛塔林吉亚公爵查

---

　　① 参见塔西佗《阿古利可拉传　日耳曼尼亚志》，第59页："他们的国王是按照出身推举的，而选拔将军则以勇力为标准。"
　　② 967—987年在位的西法兰克国王，其中979—986年与其父洛泰尔共治，986—987年单独执政，他是加洛林王朝的最后一位国王。

理①（他是先王的叔叔，亦是该家族中唯一尚在人世者）被视为王国的继承者时，于格·卡佩出现了，他乃阿乌伊迪斯（Havuidis）②（皇帝奥托一世③的长姐）的外甥、巴黎伯爵于格④之子。正如他本人所言，作为一个备受赞誉故而理应获得王国统治权的军事家，他希望是自己而非一个外邦人成为国王；因为德意志帝国和高卢王国之间曾发生过若干次争执，查理站在了帝国一边，而与高卢王国势同水火。基于这些原因，他无法争取到众多高卢人的认同与支持。

　　于是在秣马厉兵之后，查理领兵进入高卢，并接受一些城市的投降。卡佩则获得了法兰克贵族的青睐和友谊的支持，带着他所能召集的部队前往香槟地区边境上的拉昂⑤。一场激烈的战斗旋即爆发了，卡佩在战斗中被击败，并逃往高卢内陆，他在那里开始重整旗鼓。与此同时，解散了军队的查理和他的妻子则枯坐于拉昂。翌年，他被卡佩的大批军队所围困。拉昂这座城市的主教名为安塞尔默斯。卡佩利诱此人背叛了其国王和城市。在取得了胜利并占领了这座城市之后，他将被俘的查理及其妻子送至奥尔良拘押。在国王被囚禁的两年里，国王有了两名子嗣，即路易和查理，但不久之后他们都夭折了。如此，卡佩毫无争议地获得了整个高卢王国，并让其子罗贝尔⑥成为储

---

①　977—993 年在位的下洛林公爵，他于 991 年被于格·卡佩俘虏并囚禁至死。

②　应指 939—954 年在位的西法兰克王国王后萨克森的格贝尔加，她是神圣罗马帝国皇帝奥托一世和于格·卡佩之母萨克森的哈德维希的长姐。

③　936—973 年在位的东法兰克王国国王和 962—973 年在位的神圣罗马帝国皇帝，史称奥托大帝。

④　即西法兰克国王罗贝尔一世之子于格（898—956）。

⑤　位于现今法国北部上法兰西大区埃纳省的一座市镇。

⑥　指 996—1031 年在位的法兰西王国卡佩王朝国王罗贝尔二世。

君，确保后者被指定为其继承人。经此之后，加洛林家族的尊
162　位和名望在立国二百三十七年之后皆尽消逝。西吉贝尔特记录
了这段历史(《编年史》第 987 年)。艾穆安著作附录(《法兰克人
史》第 5 卷第 42、45 章)中也有类似的记录。

　　我们知道，于格·卡佩是法兰克人的大公于格之子、著名大
诸侯安茹公爵罗贝尔①的曾孙，而罗贝尔还有一子名为厄德。关
于厄德，如前所述，法兰克人在"胖子"查理死后出人意料地将
王国转让给了他。这些细节和维杜金德的作品均表明，于格·
卡佩并非如某些意大利作家所指②，出生于某个肮脏卑贱的家
庭，而是来自最显赫的家族。因为他是安茹的罗贝尔的子孙，
艾穆安称之为撒克逊人的后裔。来自该家族的厄德(或称之为奥
托)是一个英勇非常之人，当国王"胖子"查理任命他为法兰克人
的军队统帅对抗丹麦人时，他在一次战斗中消灭了十万敌人。
厄德之子名为罗贝尔③，罗贝尔之子为法兰克人的大公于格，而
后者之子正是以前文所述的方式获得了王国统治权的于格·卡
佩。此外，维杜金德所记录的另一事件也值得铭记，即当厄德
意欲将王位归还"糊涂王"查理时，皇帝阿努尔夫强行夺取了高
163　卢王国。这位皇帝将王冠、权杖和其他国王徽记赠予了厄德，厄
德因皇帝阿努尔夫的恩典为其领主保全了政府。维杜金德写道：
"因此，直到今日，加洛林家族的后裔和厄德的后裔之间还在为

---

　　①　指罗贝尔王朝的创始人强者罗贝尔，生于 820 年，卒于 866 年，他的两个儿子
先后成为西法兰克王国国王厄德一世和罗贝尔一世。
　　②　参见但丁《神曲　炼狱篇》，田德望译，人民文学出版社 1997 年版，第 248 页：
"在世上我叫于格·卡佩；从我生出了近代统治法国的腓力们和路易们。我是巴黎一个
屠户的儿子。"
　　③　应指罗贝尔一世，实为巴黎的厄德之弟。

王位展开争斗。因为于格（他的父亲、厄德之子罗贝尔被查理的军队杀死了）用诡计俘虏了后者，并公然将其囚禁至死。"

　　我们还应该提及卡佩在建立其新王国时的狡猾计划。因为在过去，某些被选中之人往往是在民众议事会上被任命为王国的行政长官和权贵，也就是所谓的公爵和伯爵，这些人居于有俸之职，而且（如法学家所言）无法肆意占据职位（如前文在阐述议事会的公共权力时所指出的）。于格·卡佩是首位为了赢得贵族的支持而让这些曾经的临时性司职成为永久性职位的国王，他规定，获得这些职位之人可以将其作为世袭财产予以保留，并将它们与其他世袭财产一起让与他们的子嗣与后代。法学家弗朗索瓦·科南（Franciscus Connanus）①的评论支持了这一解释（《〈民法大全〉注疏》第 2 卷第 9 章）。因为这一规定，公共议事会的权力被大大削弱，但在当时的背景下，卡佩似乎不可能在未经议事会同意的情况下自行削减后者的权力。

---

　　①　16 世纪的法国法学家和人文主义者。

第二十一章
论公共议事会在卡佩王朝
时期的持续权威

　　弗鲁瓦萨尔（Frossardus）①、蒙斯特勒莱（Monstrellettus）②、加甘、科米纳③、吉勒④和其他历史学家的作品表明，在卡佩王朝时期，公共议事会的权威在各个方面都不比前两个王朝少。此外，在它们的统治下，"人民之福祉乃其最高律法"这条金科玉律得到了频繁且有力的传播，尽管它从未被充分铭记。我认为自人类存在以来，除了将公民当作牲畜而非人对待的土耳其之外，还未曾诞生过这种暴政。我亦无法对那些人的无知感到惊讶，他们对罗马法已有一定的了解，并从我们的著作中得出了这样的观点：罗马帝国的人民基于王权法将他们所有的领土和权力授予皇帝，并构想出了所有国王都拥有的永久、自由和无限的权力，他们以一个野蛮而不恰当的名词——"专制权力"（Absoluta）称谓它。就好像，罗马的国王确实没有通过库里亚大会的选举来统治国家（如法学家蓬波尼乌斯所言）；或者，如果说罗马的

---

① 让·弗鲁瓦萨尔，14—15世纪的来自低地国家的法国作家和宫廷历史学家。
② 昂盖朗·德·蒙斯特勒莱，15世纪的法国编年史家。
③ 菲利普·德·科米纳，15—16世纪的来自佛兰德伯爵领地的法国作家和外交官。
④ 尼古拉·吉勒，15—16世纪的法国历史学家。

皇帝拥有一种无限的权力，那么这一权力实际上是由人民永久授予所有国王的。因为普遍之原则不应从一个特殊案例中得出，在很长一段时间内，一个迥然不同的规则却适用于波兰、丹麦、瑞典和西班牙的国王，对此无人不知，除非他完全不谙世事。塔西佗写道："日耳曼国王不拥有无限制或不受约束的权力。"[1]科米纳则指出："除非获得各等级的同意，否则英格兰的国王无权征税。"(《回忆录》第 4 卷)这一作者在其著作的其他部分中也确认了这一原则(《回忆录》第 5 卷第 18 章)。

最后，显而易见的是，高卢没有任何一个地区或(如民众所说的)省份接受国王的奴役或臣服于他，并容许他掌握一切有关自己的权力(就像罗马人民曾经对皇帝所做的那般)，除非某一个地区自己并不拥有某些权力。相反，他对任何东西皆无权利或所有权，而是受到了那些契约和条款的限制，基于这些契约和条款，他被赋予了属于国王的忠诚和权力。这方面的一个显著证据是，当对公众有利时，每个地区都会召集议事会，共商整个省份的利益。因此，当为整个王国和整个地区宣布召开总议事会时，就会从地方议事会中选出一名代表，带着本省份的指示前往参加总议事会，并在其中发表意见。我们将为这一做法提供一个实例，该实例援引自图卢兹的著名博士纪尧姆·贝内迪克蒂(Willelmi Benedicti)[2]，他在一篇关于教令集的文章中做出了相关评论(此番评论得到了贵族法学家和波尔多高等法院

---

① 参见塔西佗《阿古利可拉传　日耳曼尼亚志》，第 59 页："国王的权力并不是无限的，他不能一意孤行；将军们也不是以命令来驾驭士兵，而是以身作则地统率着士兵，他们借作战的勇敢和身先士卒的精神来博取战士们的拥戴。"

② 15—16 世纪的法国法学家。

主审法官尼古拉·波耶（Nicolas Boerius）①的赞扬，《波尔多判令集》[*Decis. Burdegal.*]第 126 条）："关于图卢兹伯爵领和朗格多克地区（patriae Occitanae）与法兰西王国合并的问题在上述省份各等级宪章所载之文件中得到了充分阐述。关于这一合并，有三件事是以国王和该省份之间的契约形式予以规定的：第一，该省份的所有特权和地方法律都将予以保留，并不受侵犯；第二，国王将不得任命非王室血统的总督；第三，未经该省份内各等级同意，国王不得向该省份派驻军队或向王国其他地区征调资源，此亦国王此前不可为之事。每隔五年，国王都会派一名专员前往各方，向各省份解释整个王国的需要，以便为王国的事务提供支持，为当时的这个新兴王国提供支持。该省份已承诺在国王保留其特权的前提下臣服于他，并对合并中的其他事项感到满意，作为回报，它将不会因为合并而受到盘剥。"（《复述集》第 499 节）

但是，由于对每一个案例都进行追踪将过于费力，而且这样的案例不胜枚举，因此我们将从现有的众多案例中选出几个较为著名的作为范例。第一个案例发生于 1328 年，彼时（如前所述）国王"美男子"查理驾崩而没有男性继承人，仅留下了一个遗腹子。英格兰国王爱德华，也就是查理之妹伊莎贝拉的儿子，以拥有继承权为由要求将高卢王国的王位归还他。这是可以交予公共议事会处理的最为重要和知名的争端了。该争端被提交给公共议事会的事实可以被视为证明议事会的权威大于国王的权威的确凿证据，因为两位牵涉其中的国王都服从于议事会的

---

① 15—16 世纪的法国法学家。

裁断与决定。不仅是我们自己的历史学家支持这一点，而且波利多尔·弗吉尔也支持了这一点（《英格兰史》第19卷）。此外，法学家帕蓬也阐述了这一观点（《法令集》第4卷第1章），它似乎是基于可靠的权威典籍。此亦托马斯·沃尔辛厄姆在其《英格兰编年史》中所表述的观点。加甘则指出："在爱德华和腓力争夺继承权之时，法兰克人召集了一次会议，即通常所谓的三级会议。会上对权利主张者的法律权利进行了长期而复杂的辩论，在诸多论据被呈交之后，会议将王国授予了腓力。若干年后，当国王爱德华为阿基坦之封地向腓力行效忠礼时，他也没有否认这一裁定。"此外，马赛大主教克劳德·德·塞瑟尔在《法兰西君主制度》一书所收录的信件确认两位国王均亲自出席了该会议。当此事几乎引发冲突之时，各等级大会根据贵族之建议得以召开。会议中的大多数人认为，应该优先考虑父系的权利主张者，而怀有身孕的王后的监护权应该交予瓦卢瓦家族。会议还决定，若王后诞下女儿，王位应传给瓦卢瓦家族。弗鲁瓦萨尔（《编年史》第1卷第22章）、帕蓬（《法令集》第4卷第1章第2节）以及加甘在其关于瓦卢瓦的腓力之描述中皆提及了此事，塞瑟尔则在前文提及的那本书中做出了最为详尽的阐述。

　　第二个案例发生于1356年，彼时国王约翰在普瓦提埃附近与英国人交战，遭俘虏后被带至英格兰。在遭受这样的灾难之后，余下的唯一希望便是议事会的权威了。因此，一次议事会立即在巴黎召开了，尽管国王有三个儿子——查理①、路易②和

168

---

① 指查理五世。
② 指1360—1384年在位的安茹公爵路易一世。

约翰①，其中长子已至秉政之年，但议事会还是选择他人，即来自诸等级的各 12 名深孚众望者，并委以治理王国之要务。议事会决定派遣一个使团前往英格兰，与英国人展开和平谈判。弗鲁瓦萨尔（《编年史》第 1 卷第 170 章）、让·布歇（Iohannes Buchetus）②（《阿基坦编年史》第 4 卷第 118 页）和尼古拉·吉勒（《约翰王编年史》[*Chronicae Regis Iohannis*]）均有关于此事的记载。

第三个案例发生于 1375 年，彼时被称为"智者"的查理五世的遗嘱为世人所知。根据这份遗嘱，其妻兄波旁公爵菲利普③被任命为其子的监护人，而他的弟弟安茹公爵路易则成为王国的摄政，直至王储查理④成年。尽管如此，在巴黎召开的一次议事会上，该遗嘱还是被认定无效，该议事会同时下令将王国的治理权委托给男孩的叔叔路易。根据这项法令，路易应根据议事会认可的某些人的意见实施治理，而男孩的监护权和教育权则交给了波旁⑤。同时，该议事会还制定了一项王权法，规定王位继承人在年满 14 岁时应加冕，众人则应向他宣誓效忠。弗鲁瓦萨尔（《编年史》第 2 卷第 60 章）、布歇（《阿基坦编年史》第 4 卷第 124 页）和《英格兰与布列塔尼编年史》均提及了此事。

第四个案例发生于 1392 年，彼时国王查理六世被精神错乱

---

① 指 1360—1416 年在位的贝里公爵约翰，他曾在其侄子查理六世未成年时担任法国摄政。
② 15—16 世纪的法国历史学家。
③ 应指 1356—1410 年在位的波旁公爵路易二世。
④ 指 1380—1422 年在位的法兰西王国瓦卢瓦王朝国王查理六世。
⑤ 指波旁公爵路易二世。

所困扰，他先是被带到勒芒（Cenomanum）①，然后又被带到巴黎，并在那里召集了一次议事会，并以后者的名义决定将王国的治理权交给贝里公爵②和勃艮第公爵③。弗鲁瓦萨尔对此事进行了描述（《编年史》第 4 卷第 44 章）。

事实上，我们还应提及我们记忆中发生于巴黎高等法院的事件，帕蓬对此事亦有记载：当国王弗朗索瓦一世④希望让与其部分领地时，高等法院宣布，诸先王以这种方式进行的所有让与在仅有国王之名义的情况下皆属无效，因为它们是在没有议事会授权（如帕蓬所言，没有三级会议授权）的情况下进行的（《法令集》第 5 卷第 10 章第 4 节）。

第六个案例则发生于 1426 年，彼时勃艮第公爵菲利普⑤和格洛斯特公爵汉弗莱（Hanfredus Dux Clocestrae）⑥争执不休，对国家造成了极大的伤害。最后，他们同意通过决斗来结束其争执。议事会随后介入了这场争执，并裁定他们应放下武器，将分歧诉诸法律而非刀剑。帕拉丁（Paradinus）⑦详尽描述了这一事件（《勃艮第编年史》第 3 卷第 1426 年）。

———————————

① 位于现今法国西北部卢瓦尔河地区大区萨尔特省的一座市镇。

② 应指 1360—1416 年在位的贝里公爵约翰，他是法国国王约翰二世的第三子，曾在其侄子查理六世在位期间担任摄政。

③ 应指 1363—1404 年在位的勃艮第公爵"大胆"腓力，他是法国国王约翰二世的幼子，曾在其侄子查理六世在位期间担任摄政。

④ 1515—1547 年在位的法兰西王国瓦卢瓦王朝国王，他于 1525 年的帕维亚战役中惨败并被神圣罗马帝国皇帝查理五世俘虏，后通过签署割地赔款的《马德里条约》而获得自由。

⑤ 指 1419—1467 年在位的勃艮第公爵菲利普三世。

⑥ 指 1414—1447 年在位的格洛斯特公爵汉弗莱，他是英格兰国王亨利四世的第五子。

⑦ 纪尧姆·帕拉丁，16 世纪的法国历史学家。

170 　　第七个案例发生于 1468 年，彼时国王路易十一①与其兄弟查理②发生了争执，他于 12 月 1 日在图尔召集了一次公共议事会。议事会裁定，国王应允许其（可谓）享有合法地位的兄弟拥有一个岁入不少于 1.2 万利弗尔的公国，此外，国王应每年从自己的财库中拨付 6 万利弗尔的特定款项给其兄弟。布沙尔对这一情况进行了详细描述（《英格兰与布列塔尼编年史》第 4 卷第 200 页）。

　　第八个案例发生于 1484 年，彼时路易十一去世，其子查理③只有 13 岁。一次在图尔召开的议事会决定将国王的教育交给其长姐安妮④。尽管奥尔良公爵路易⑤要求其本人作为血缘关系最近的堂兄执掌王国，但议事会还是决定将王国委托给其批准和选择的某些人治理。有关此事件的证据载于在巴黎刊行的议事会记录、菲利普·德·科米纳的回忆录（《回忆录》第 5 卷第 18 章）、布沙尔的编年史（《英格兰与布列塔尼编年史》第 4 卷）以及让·布歇的著作（《阿基坦编年史》第 4 卷第 167 页）当中。

---

　　①　指 1461—1483 年在位的法兰西国瓦卢瓦王朝国王。
　　②　指 1461—1472 年在位的贝里公爵查理，他是法国国王查理七世之子，兼领诺曼底公爵和阿基坦公爵。
　　③　指 1483—1498 年在位的法兰西国瓦卢瓦王朝国王查理八世。
　　④　指法兰西的安妮，她是路易十一世的长女，曾于 1483—1491 年担任其幼弟——法国国王查理八世的摄政。
　　⑤　指 1465—1498 年在位的奥尔良公爵路易二世，后于 1498—1515 成为法兰西国王瓦卢瓦王朝国王，即路易十二世。

第二十二章
论公共议事会在重大宗教
事务中的权力

迄今为止，我们已经阐述了公共议事会之权力于多个世纪里在与我们国家有关的最重大事务中是至高无上的。接下来，让我们看看它在宗教事务方面有何权力。各类编年史为我们提供了有关这一事实的证据：1300 年，彼时的罗马教皇卜尼法斯八世①遣使至国王"美男子"腓力那里，告知后者他乃基督教世界众王国和领地在世俗和精神方面的主宰（此皆历史学家惯用的字眼）。他要求国王腓力承认他是其领主和至高主宰，并将其所获得的王国献与他。此外，教皇还要求国王承认他是借由教皇之恩典和慷慨而获得其王国的。如若国王拒绝这样做，教皇将宣布他为异端，并禁止其礼拜诸圣徒。

在听取了使团的意见后，国王在巴黎召集了一次公共议事会，教皇的信件在那里被复述了一遍，其内容如下："主教卜尼法斯，天主众仆之仆，致敬畏天主并遵从其诚命的法兰克人之国王腓力。吾等希望您知晓，既然您在精神和世俗事务上皆顺从于吾等，那么占据圣职和圣俸绝非您的权力可为之事；若您

---

① 1295—1303 年在位的教皇。

占有了任何闲置的圣职，您应为那些将要继承它们之人保留用
益权。若您已征用任何此类收入，吾等将裁定此项征收无效，
而且，就可能发生的情况而言，吾等在此废除这一做法。吾等
认为所有不以为意者都犯下了愚蠢的错误。此乃教皇于其在位
第 6 年 12 月 2 日于吾等宫殿发布之内容。"当人们宣读了这些信
件的内容，听取了贵族们的意见，并对此事进行讨论之后，便
决定：首先，教皇的信件应在巴黎的宫殿广场上予以焚烧，而
他的特使们都将在场；其次，这些大使们将接受所有的嘲弄和
辱骂；最后，人们将以国王的名义致信教皇，内容如下："以上
帝之名而成为法兰克人国王的腓力，致莅任教皇却出言无状之
卜尼法斯。容尔等这些愚不可及之人知晓，我们在世俗事务上
不屈从于任何人。圣职空缺期间从教堂和圣俸众征用收入皆属
吾等王权之范畴。吾等注意到，其果实应被妥善保护，以防所
有者窃据，不赞同此观点者可谓愚妄。"描述此事的包括《布列塔
尼编年史》的作者(《英格兰与布列塔尼编年史》第 4 卷第 14 章)
和《法国编年史》的作者尼古拉·吉勒，此外还有法学家帕蓬
(《法令集》第 1 卷第 5 章第 27 节)。

关于此事，巴黎高等法院的书吏让·迪蒂耶(Iohannes Tilia-
nus)①提供了更多信息，此君在其他方面是最不喜这种历史叙述
之人。他写道："一位红衣主教(Cardinalis)宣布了教皇卜尼法斯
八世下令在罗马人之国王'美男子'腓力和英格兰国王之间达成
休战。1297 年，当教皇威胁要对其进行惩罚时，'美男子'腓力
听取了其贵族和法律顾问的建议，并答复称他准备在涉及其灵

① 16 世纪的法国历史学家。

魂和精神福祉之事上服从使徒的意见，但在其王国的世俗事务上，他不承认上帝以外的任何人高于他，亦不愿服从于任何凡人。卜尼法斯闻后，给国王腓力发出了一份敕书，宣布国王在世俗和精神方面皆要服从于他。同时，他宣布所有持相反观点的人皆为异端。这一声明遭到了强烈抗议，在巴黎，敕书在国王、诸侯和法官们都在场的情形下遭到了焚烧。"（《回忆录与研究》第 172 页）此即今日我可以谓为"教皇狂热"（Papimania）之物，它流传于那些君主和最高行政长官之中，虽然他们目睹了那个暴君十恶不赦的骄横与傲慢，但还是走向了这样的极端，其止仿若喝了喀耳刻①的药水一样，跪下来就要亲吻他的脚掌，就像在崇拜某位天降之神。

然而对于这些事件的描述，无人做得比英格兰历史学家托马斯·沃尔辛厄姆更好了，这位修士一生最为崇尚教皇的迷信，并且致力于维护教皇高于一切的权威。据我所知，这本书未曾在我们法国兜售，所以我认为用那位修士的话来阐述这段历史是值得的。本笃·卡埃塔尼（Benedictus Caietanus）②曾以诡计说服过着隐修生活的教皇策肋定（Celestinus Papa）③将教皇职位让与他，并颁布了一项法律，规定任何教皇皆可以将教皇职位让与他人。然而，本笃在成为教皇卜尼法斯之后便废除了这项法律。事实上，策肋定曾预言了这一行为："你像狐狸一样攀上了高位，你将像狮子一样统治，最终你将像狗一样丧命。"当卜尼法斯被任命为教皇后，法兰人的国王腓力在诸事上予以了抵制。 174

---

① 希腊神话中的一位女神，善用魔药把人变为怪物。
② 即 1295—1303 年在位的教皇卜尼法斯八世。
③ 指 1294 年仅在位 106 天的教皇策肋定五世。

法国帕米耶的主教（Gallus Appamensis Episcopus）支持教皇："为此他被指控阴谋反对法国国王，在被召唤至王宫之后，他遭到了拘禁。而后在二月因教皇之命被释放后，他被要求与教皇的传教士一道撤离这个王国。教皇被这一消息激怒了，他撤销了自己及其前任赋予法兰克人的国王的所有特许权，并在不久之后以雷霆万钧之势宣布将这位国王逐出教会。但没有人敢将此消息告诉国王，亦无人敢在法兰西王国公布它。教皇还传唤了法兰西王国的所有教士于 11 月 1 日前来罗马觐见他，同时出席的还有神学、教会法和民法方面的博士。法兰西国王随后发布了一份诏书，禁止任何人从他的王国中带走任何金银或货物，他还对所有出入王国之人进行了非常严密的监视。法国的主教们派出了他们中的三个人前往觐见教皇，通过他们为自己未在指定的觐见日期出现寻找借口。当法国主教们未能现身时，教皇派已被任命为枢机主教的修士约翰前往法国，在巴黎召集高级教士进行秘密商议。后来，在施洗者约翰节①前后，一些骑士聚集于巴黎，他们当着神职人员和民众的面，指控教皇卜尼法斯犯了诸多可怕的罪行，包括异端嫌疑、买卖圣职和谋杀，根据这些罪名，为此，法国国王展开了对他的诉讼；直至召集了一次会议，教皇才洗脱了对他的指控。在临近圣母诞辰日（festum nativitatis beatae Virginis）②之时，也即圣母诞辰日前一天，一支由法兰西国王派出的武装大军在黎明时分突然兵临阿纳尼（Anaguina）③城下，当时教皇正在此处避祸，因为这座城市正是其出生

---

① 即 6 月 24 日，原为庆祝夏至来临的仲夏节。
② 该节日一般在每年的 9 月 8 日庆祝。
③ 位于现今意大利弗罗西诺内省的一座市镇。

地。发现城门洞开的士兵们冲入了城市，旋即对教皇行宫发动了攻击。但是当城里的人得知法兰西国王的军事统帅纪尧姆·德·诺加雷（Willelmus de Longaretto）①前来此处废除或杀死教皇时，他们立即敲响了城里的钟声，并举行了一次会议，市民们选举了一个叫阿诺尔菲（Adnulphum）的人作为他们的指挥官，却不知此人乃教皇之死敌。"所有这些共同立下誓言之人火速前往护卫教皇、他的侄子和三位枢机主教（他们从房子后面的厕所逃了出来），但人们认为仍难以抵挡士兵的攻击。出于这个原因，担心自己安全的教皇寻求停战。

"当停战生效之后，法国人强行闯入了教皇所在之所，其中多人出言讥讽羞辱了他。但是当有人要求他放弃教皇职位时，他严词拒绝，表示宁可丢掉脑袋亦在所不惜，并用意大利语说道：此乃吾之颈项，此乃吾之头颅。他当即在所有在场的人面前抗议说，只要一息尚存，他永远不会辞去教皇之职位。于是，士兵们冲进了宫殿，洗劫了教皇的居室与库房，掠走各类珍宝，带走了衣服与饰品，还有金银以及其他能够找到的东西。事实上，人们相信世界上没有任何一位国王能在不到一年时间里从其财库中拿像从教皇行宫中抢走的如此巨量财富。教皇一直被士兵和守卫看管着，直至第三日。然而，阿纳尼的民众秘密聚会，召集了多达一万人，并凭此解救了教皇。在这之前，我们应该明白，当士兵们抓住教皇时，他们用缰绳捆着他，迫使他随马奔跑，直到他几乎喘不过气来，最后近乎死于饥饿。据称，这种情况一直持续到阿纳尼的民众（如前所述）将他救出为

① 13—14 世纪的法国政治家，曾担任法国国王腓力四世的掌玺官。

止。然后人们将教皇带到了一个空旷的广场上，他在那里流着泪向人们布道。在布道的最后，他说道：善良的人们，你们皆知我的敌人是如何前来夺走我的所有财产，以及教会的财产，从而让我变得身贫如洗，就像约伯①曾经历过的。我实实在在地告诉你们，结果是我没吃没喝，一直到现在还在忍饥挨饿。如果有哪位好心的妇人出于仁慈之心用面包或酒水来帮助我，或者如果没有酒，就拿少量的水来帮助我，那么我将把上帝的祝福和我自己的祝福赐给她，凡是带了东西的，无论多少，我都将赦免他们所有的罪孽。然后所有听到教皇话语的人都高喊：圣父万岁。妇人们急切地跑到宫殿里，为他送去面包和酒水，数量多到让教皇的房室一下子都被东西塞满了。当找不到足够数量的罐子来盛酒时，她们便把大量的酒水倒在了教皇居所的院子里。任何愿意这样做的人都可以进去与教皇交谈，就像他们与贫民交谈一般。在经历了这些事件之后，教皇突然出人意料地离开了阿纳尼，带着大量武装人员向罗马进发。当他到达圣彼得的这座城市后，由于被俘时的骇惧和对所失去的巨量财富的怆痛，他立马就去世了。其前任的预言就这样应验了，他曾言："你像狐狸一样攀上了高位，你将像狮子一样统治，最终你将像狗一样丧命。"此即沃尔辛厄姆在有关爱德华一世时期的史籍中对此事做出的完整描述，而他还在编年史中写道："此时的法兰西国王遣使到教皇本笃②那里，寻求将其前任卜尼法斯的骸骨作为异端烧掉。"(《英格兰编年史》第 1307 年)

----

① 《圣经·约伯记》中的一位先知。据载，曾经富有的约伯历经数次灾难，失去了子女、财产和健康等最重要的财富。
② 指 1303—1304 年在位的教皇本笃十一世。

第二十三章
论公共议事会对路易十一的卓著影响

前面的引文揭示了议事会和被征召之各等级的力量和权力是多么巨大和神圣。但是，既然涉及了这个主题，我们就不能忽略一种情况，即在我们祖先的记忆中，这个议事会的权威被用来对付我们所提及的所有国王中被认为最精明狡猾的一位——路易十一。我们从这个案例中很容易理解（正如我们已经在诸多场合说过的）：我们的祖先并没有强加给自己一些凶残的暴君或屠夫，使公民沦为牲口，而是接受一个会成为其权利和自由之监护人和正义之保护者的国王的统治。

1460年，这个王国正被路易统治，他在许多事情上的做法并非明君和爱国者所为。因此，人们开始需要议事会的权威，以便它能虑及公共利益。由于人们认为国王根本不可能屈从于它，王国的显贵们在民众频繁的抱怨和争论的煽动下，纠集了当地的力量，开始筹建一支军队，以确保公众的利益。用菲利普·德·科米纳的话来说就是："他们向国王宣示其对国家的治理已告失败。他们还希望让敌人严阵以待，秣马厉兵，这样，如果国王拒绝与公众利益协商，拒绝遵从善意的劝谏，他们就可以用武力逼迫其就范，出于这一原因，这场战争被认为因公众利益而起，故而被称为公益战争（Bellum boni publici）。"（《回忆录》第 1 卷第 2 章)科米纳、吉勒和拉马尔什(Lamarcius)①都记录了这些显贵的名字,他们是波旁公爵②和王弟贝里公爵③、迪努瓦伯爵④、内韦尔伯爵⑤、阿马尼亚克伯爵⑥和阿尔布雷特伯爵⑦,以及被授予了最高指挥权的夏洛莱公爵⑧。无论进军至何处,他们都下令宣告彼等是为了公众利益而发动战争。他们宣布蠲免债务与税赋(以上皆为吉勒所述[《法国编年史》第 4 卷第152 页]),并遣使致信高等法院、神职人员和大学(正如吉勒在[《法国编年史》第 4 卷第 152 页]同一段中所指),以防止这些人认为这支军队是为了消灭国王而组建的,他们所希望的乃是让国王重新克尽厥职,以明君之姿秉政,此即公众利益之所求。

此外,由加利奥(Galliotus)⑨在巴黎刊印的《路易十一编年史》(*Chronica Ludovici XI*)指出:他们的第一项主要诉求便是立即召开三个等级的会议,因为就历代而言,它是所有罪孽的唯一补救措施,并拥有解决顽疾的能力(《路易十一编年史》第27 页)。后文还有这样一段话:"24 日,元老院的代表们在巴黎市政厅举行了一次会议,大学、高等法院和行政长官的代表都出席了这一会议。他们给出的答复是:上述诸人的要求似乎非常

180

---

① 奥利维耶·德·拉马尔什,15 世纪的法国编年史家。
② 指 1456—1488 年在位的奥弗涅和波旁公爵约翰二世。
③ 指 1461—1472 年在位的贝里公爵瓦卢瓦的查理。
④ 指 1439—1468 年在位的迪努瓦伯爵让·迪努瓦,他也被称为"奥尔良的约翰"和"奥尔良的私生子"。
⑤ 指 1462—1477 年在位的内韦尔公爵雅克·德·阿马尼亚克。
⑥ 指 1450—1473 年在位的阿马尼亚克伯爵约翰五世。
⑦ 指 1415—1471 年在位的阿尔布雷特伯爵查理二世。
⑧ 指 1433—1477 年在位的夏洛莱伯爵和 1467—1477 年在位的勃艮第公爵查理一世,他也被称为"大胆"查理。
⑨ 加利奥·迪普雷,16 世纪的法国印刷商与书商。

正当，遂召集了三个等级的会议。"（《路易十一编年史》第
28 页）以上皆是史家的原话，它们似乎证实了马克·安东尼①的
那句老话："虽然骚乱皆为麻烦，但有些骚乱却公正且必
要。"②然而，当一个国家受到暴君的野蛮压迫，恳求一个合法的
公民集会的帮助时，它似乎就是最为公正和最为必要的。什么！
公民之境况应比过去的奴隶更糟糕吗？（正如乌尔比安所言）后
者被其主人的野蛮行径压迫得喘不过气来，于是逃到了城市行
政官那里卑微地抱怨其主人。

因此，加甘在关于这位路易的传记中记录了勃艮第公爵查
理③给国王使节们的答复，他写道："查理听取了使节们的发言，
并答复称，没有什么比召开三个等级的会议更能促进和平之事
业了，无论是武力冲突还是和平争端，都应该在那里得到解决。
当使节们通过信使向路易报告了这一情况后，国王寄希望于推
迟会议的召开，但最终还是于 1467 年 4 月 1 日在图尔召集了议
事会。在确定的会议时间，整个王国的代表都出席了会议……"
（《法兰克诸王传》第 265 页）。我们所援引的《路易十一编年史》
和《大编年史》也有同样的记载，其中还补充了一些特别值得注
意和铭记的内容，即在那次议事会上，人们同意，应从每个等 181
级中选出一些经过考验之人来重建国家，并为法律和正义提供

---

①　公元前 1 世纪的罗马政治家和军事家，曾与屋大维和雷必达组成了后三头同盟
统治罗马。

②　参见西塞罗《论演说家》，王焕生译，中国政法大学出版社 2003 年版，第
355 页："我收集了各种骚动、暴力和造成的危险的事例，使自己的演说从我们共和国的
各种动荡的时刻开始，最后得出这样的结论：尽管所有的骚动永远是令人烦恼的，但
是其中有一些是合理的，并且差不多是必须的。"

③　指 1467—1477 年在位的勃艮第公爵查理一世，他也被称为"大胆"查理。

支持——根据作者的原话《路易十一编年史》第 64 页、《大编年史》第 4 卷第 242 页）。此外，尼古拉·吉勒在前文援引的那段话中指出：“蒙莱里之战①后，基于国王与显贵之间的协议，人们挑选了一些特别聪明和谨慎之人称为公众利益的监护人。其中位列首位者为迪努瓦伯爵②，他是这次起义的最初发起者。”（《法国编年史》第 4 卷第 152 页）

如前所述，按照古老的习俗，在教士的财富剧增之后，民众被分成了三个等级，其中一个等级被教士所占据。当国家监护人（Reipublicae curatores）一职设立之后，每个等级中都选出了12 人。因此，那次议事会决定设立 36 位国家监护人，通过共同协商解决公众的问题。蒙斯特勒莱③在其著作中就此事写道：首先，议事会决定，应以国王的名义选出 36 人，以改革国家，减轻民众的税负。其中 12 人为教士，12 人为贵族，还有 12 名法律专家。他们将被赋予权力，找出王国现有的弊病和困难，并就这些不足之处提出补救措施。国王以金口玉言保证他将接受这 36 人的决定（《昂盖朗·德·蒙斯特勒莱编年史》第 4 卷第150 页）。

此乃蒙斯特勒莱之言，它得到了比利时人奥利维耶·德·拉马尔什在其史书中近乎相同说辞的证实（《回忆录》第 35 章）。他还记录称国家监护人的数量为 36 人，并补充道，由于国王未能信守承诺，违反了其公开誓言，一场持续了近 13 年的最为惨烈的战争在法兰克高卢爆发了。因此，国王自己的声名狼藉和

---

① 1465 年 7 月 16 日，路易十一与公益联盟在奥尔热河畔隆邦进行的一场战役。
② 指让·德·迪努瓦，曾领导公益联盟对抗国王路易十一。
③ 昂盖朗·德·蒙斯特勒莱，15 世纪的法国编年史家。

民众的毁灭成为其背信弃义的代价。

尽管如此，显而易见的是，法兰克高卢自由且庄严之议事会的权威在不到一个世纪之前得到了蓬勃发展，而议事会之力量所针对的是一个既不年轻也无精神错乱的国王，他已年过四十，且比其他任何国王都更具才干。因此不言而喻的是，我们这个建立在自由基础上的国家，即便通过武力抵抗暴君的权力，在一千一百多年时间里也始终保持着其自由和神圣的状态。

而最为声名卓著和最为优秀的史家菲利普·德·科米纳在这一问题上的颂扬之词亦不应被忽视："让我们继续此前的讨论，全世界是否有任何一位国王或君主有权在未基于其臣民的同意和自由意愿的情况下向他们征收一分钱的税赋？除非他想实施暴力和暴政。但是，（有人会说）可能有时候，我们不应该等待民众公共议事会的召开，而且此类事务也不容此般拖延。然而，战争的准备工作不得如此匆忙，必须有足够的时间来秣马厉兵。我还想说，当国王和君主在征得臣民同意的情况下发动战争时，他们对敌人而言会变得更加强大和可怕。"（《回忆录》第5卷第18章）

他在后文中写道："法国国王最不应该说的是'我有权力向臣民索取我所好之物。'因为他和其他任何人皆无此种权力。那些说出这番话的人并未给其国王增加任何荣誉，也未能增加后者在外国的权威和声誉。相反，他们让邻国感到恐惧，它们在任何情况下皆不会愿意服从其统治。但是，如若我们的国王，或者那些宣扬其权力的人说：'我有如此温和顺从的臣民，没有什么能阻止他们依我之命从事，也没有任何一个君主拥有如此顺从，或者如此轻易地忘记其灾难和不幸的臣民。'那么这样的说辞将是对国王的最大赞美和褒奖。一位国王自然不会说出'我索要我所好之物。我有这么做的权力，而且我打算保留它'这样的话。国王查理五世未曾这么说。事实上，我也没有听闻任何184 其他国王这样说过，只有某些自认为是为国王利益考量的官员和大臣说过此番言辞。在我看来，他们的说辞对国王而言是一种伤害，他们这样说只是为了溜须拍马，而未曾充分考虑其所说的内容。为了更确切地论证法国人的温顺性格，容我们提及1484 年国王路易十一去世后在图尔召开的三个等级之议事会。在当时，人们可能认为召开这种各等级之议事会是一件危险的事情，一些无名之辈彼时就曾宣称召开三个等级之议事会实属大逆不道之举，因为它有可能削弱国王的权威——此番言论后来亦经常被提及。但事实上，正是这些人对上帝、国王和国家犯下了罪行。除了那些无功受禄者，此番言论对任何人皆无益处。这些人也不可能获得这样的地位，除非他们学会了阿谀奉承与高谈阔论。他们惧怕大型集会，以防遭人认出其真面目并谴责其行为。"(《回忆录》第 5 卷第 18 章)

从科米纳以及前文提到的其他作者关于公共议事会所留存的对路易十一的权威的论述中，我们可以清楚地了解到，那则与土耳其之暴政格格不入的崇高戒律——人民之福祉乃其最高185 律法，直到那时仍然有效。但是，(正如科米纳所言)宫廷佞臣、逢迎君主者和那些通过种种恶行得攀高位者竭尽所能地阻碍公众集会的自由。比代在其关于货币制度的著作中就此事写道："如若按照我们的习俗，那些今日或将来担任高官者间或被传唤到诸等级之议事会的聆讯现场，其中往往有些人意图装模作样，毫无疑问，所有人都会看清他们的真实面目。"(《论货币及其功能》[*De Asse*]第 4 卷)

比代写下这些内容之时，大约正值被俘虏的国王弗朗索瓦一世从西班牙返归之际。为了缴纳讲定的赎金，国王要求从其王国财产中获得补贴。然而，他并未基于自己的权利令王国各等级缴纳贡赋，而是如所有作者所确证的，无礼地从诸等级那里获取钱款。关于这个问题，尼古拉·波耶在其文集中写道："1527 年 12 月，我们的国王召集了教士、贵族和王国中的其他人等，以及高等法院的一位主审法官和两名律师。这些人皆同意国王可以筹集和征收高达 200 万利弗尔的税款作为赎金(REGI ANNUERUNT TALLIAM, USQUE AD SUMMAN DUORUM MILLIONUM)"(《波尔多判令集》第 126 条)。

第二十四章
公共议事会另一值得注意的事迹
——对教皇本笃十三世的谴责与驳斥

到目前为止，我们相信已充分阐释了法兰克高卢的公共议
事会在谴责教皇卜尼法斯八世①疯狂行径时的权威程度。现在我
们可以提供另一佐证，说明这种权威在谴责和驳斥教皇本笃十
三世②时的作用。在国王查理六世治理高卢时，一些对立教皇之
间发生了冲突。这种党同伐异的情况持续了三十多年，生活中
的各个领域都出现了普遍的混乱，虔诚的信徒陷入了焦虑、悲叹
和近乎绝望的状态。基督教世界的任何一位君主，无论是国王
还是皇帝，都曾为解决那场致命的、灾难性的敌对教皇之争殚精
竭虑。普拉蒂纳（Platina）③、克兰茨和加甘都有这方面的记录，
但最完整的记载则是来自狄德里希·冯·尼海姆关于教会大分
裂之著作（《论教会分裂》第 3 卷），他是这些悲剧性事件的积极
观察者。然而，由于更乐意将这部作品献给我们的同胞，我们
认为只采用作品被几乎所有法国人都征引过的昂盖朗·德·蒙
斯特勒莱的叙述更为合宜，并简述他对此事的全部描述。

186

---

① 1295—1303 年在位的教皇。
② 1328—1423 年在位的敌对教皇，他被罗马天主教会视为"伪教皇"。
③ 巴蒂斯塔·普拉蒂纳，15 世纪的意大利历史学家。

　　下文几乎一字不差地复述了蒙斯特勒莱在其史书中所撰之内容：在教皇选举机构提名卜尼法斯十三世（Bonifacio XIII）①之后，国王查理六世通过其大使告知佩得罗·德·卢纳（Petrus de Luna）②，除非他在基督教君主一致规定的时间内结束这场灾难性的冲突，并结束对教皇职位的争夺，否则国王和所有高卢人民将共同商议，不向任何一位敌对教皇表示效忠。教皇本笃对这一声明极为愤慨，但他用其表情和话语掩盖了内心的愤怒，温言细语地打发走了大使们，声称他将尽早通过一位可靠的使节给国王送去答复。几日之后，他遣使到国王那里，宣布将国王和所有臣服于其统治之人逐出教会，并禁止这些不虔诚和不敬神之人从事所有宗教活动。当这份敕书被宣读之后，有关此事的消息在整个高卢流传开来了，国王遂在巴黎召集了一次公共议事会。他在那里颁布了以下得到各等级普遍赞同的法令："首先，教皇本笃从此被视为分裂分子、异端和基督教会的破坏者。其次，亦不会以任何形式服从于他，他的所有声明都将毫无例外地被视为无效。他发给国王的敕书将被宣布为不虔诚的、充满罪恶的和意在贬低国王权威之物，它将在民众面前被公开撕毁。最后，由于对国王和王国极尽羞辱，教皇、敕书之作者及其所有同党都将遭到报复。"（《昂盖朗·德·蒙斯特勒莱编年史》第40卷）

　　当这些法令在议事会上被公开宣布后，巴黎大学的校长立即从其座位上站起来，拿起敕书，在国王的注视下，当着贵族

---

① 指本笃十三世，1295—1303年在位的教皇。
② 即教皇本笃十三世。

和其他代表的面，亲手将它撕碎了。此外，带来敕书的教皇信使和教皇的另一位使者都身着长至脚踝、倒画着教皇徽章的长袍，头上戴着头巾，上面用大字写着以下内容：彼等乃教会和国王的叛徒。他们被从监狱里抬到巴黎王宫前的空地上，置身于一个匆忙搭建的木制平台上接受鞭打，以示对教皇的羞辱。他们遭到了所有人的嘲弄和讥讽，成为巴黎市民的笑柄。最后，又过了一天，他们被关入一辆马车中游街示众。

第二十五章
法兰克高卢国王在王国中并无无限的统治权，而是受到某些法律的限制

因此，我们认为已经充分表明法兰克高卢国王的臣民不允许他们拥有无限的权力，以至于可谓不受任何法律的约束；相反，他们受到了明确的法律和契约的约束，我们已经表明，其中居于首位且最重要的是，他们应维护公共议事会神圣和不可侵犯的权威。而且，每当国家利益需要时，他们就会出席该议事会。诚然，约束国王的法律非常之多，但我们将只列举我们自己的相关法律，一个人只要不是完全疯了，或者自认是国家、父母和子女的敌人，皆不会认为这些法律不足挂齿。

这些特定法律中的第一条可以定义如下：在没有公共议事会授权的情况下，国王所做出的任何影响整个国家状况的决定皆为非法。在这方面，我们此前已经提供了最为确凿的证据，也是遗留于我们这个时代的最明确和明显的痕迹，即巴黎元老院[①]，它在很大程度上将古代议事会的权力归于自己，除非经过元老院的审查和审议，并由其法官批准，否则国王的法律或法令不得颁布。因此，认为议事会的权威与古代护民官的权力相

---

① 即巴黎高等法院。

仿似乎并不为过，正如瓦莱里乌斯·马克西姆斯所描述的，他们习惯于在元老院的前庭等待，而元老院的法令则被带到他们面前。他们代表议事会审查这些法令，检视它们是否对老百姓有价值，并在上面签押字母 T，作为他们同意的标志。但若是不同意，他们便会禁止并反对这一法令。

　　另外，饱学之士比代则从一个不同角度考察了这种相似性。他写道："正如罗马人民有必要了解元老院的权威所做的事情——我们如今用希腊语词'确认'来描述这一过程，今天我们也有必要通过这种方式让我们国王的法律具备效力，让法庭认可那些与国家有关的法律并予以颁布。"比代在后文中指出："在这个法庭上，我们称之为司法执行官、司法总管等等的各地区行政官和法官都习惯于对法律进行宣誓。在这个法庭上，公共契约、文件和国王授予的权力通常都要进行登记，以便它们能够永久留存而不至作废。在法庭的授权下，如果国王自己不反对，其法令要么被确认有效，要么被宣布无效。正是通过这个法庭，（免于法律约束的）国王为自己制定法律，仿若是民意授权、圣化和颁布了他们的法令一般。他们不欲其法律与敕令免于该议事会的批判性判断，而是希望通过该议事会的判决让其法令被永远视若神圣。"此即比代的说法。因此，要么是元老院专横地将这一权力据为己有，以便反对国王的敕令和诏命（这当然是不可信的）；要么我们必须承认，过去的国王并未被授予对一切事物的自由且无限的权力，这也是奥弗里耶（Auffrerius）①、波耶、蒙田（Montanius）②、夏塞

---

① 16 世纪的法国法学家。
② 让·蒙田，15—16 世纪的法国法学家与哲学家。

纳兹（Chassanaeus）①以及高卢其他务实的最高权威所一致证明的。

现在，让我们看看其他与国王相关的法律，其中的第一条法律是：国王无权收养子嗣，也无权通过在活人中分配或立遗嘱的方式处置其王国。相反，在王国的继承问题上，祖先既定 191的古老习俗被保留了下来。因为让·德·特雷·鲁热（Ioannes de Terra Rubea）②写道："法兰西的国王们（包括现今的国王）从未通过遗嘱把王国留给别人，或让他们的长子或次子成为其继承人。此外，由于法兰西王国的继承权如此繁多，而且皆依靠习俗的力量予以确立，因此无法通过国王的处置或遗嘱将其授予继承人；同样，它们亦无法基于非正式的决定来处置，如未立遗嘱之死者的暗示。唯有既定的习俗才能将王国授予继承人。"（《短文集》第1篇第9部分）此即特雷·鲁热所述之内容。尽管所有的古代籍册都可以证明这一观点，但没有比我现在要讲述的这段历史更令人难忘的例子了。

1420年，当国王查理六世③承诺在死后将其王国交给英格兰国王亨利④，并指定后者为其继承人时，民众突然召集了国家的公共议事会。在议事会上，所有出席者一致认为此项捐赠在法律上是完全无效的，而且法兰西国王无权在未经人民公开同意的情况下转让其王国的任何部分。这方面的权威文献包括昂盖朗·德·蒙斯特勒莱的史书（《昂盖朗·德·蒙斯特勒莱编年

---

① 巴泰勒米·德·夏塞纳兹，15—16世纪的法国法学家。
② 亦名让·德·特雷韦尔梅耶，15世纪的法国法学家。
③ 1380—1422年在位的法兰西王国瓦卢瓦王朝国王。
④ 指1413—1422年在位的英格兰国王亨利五世。

史》第 225 章）和纪尧姆·贝内迪克蒂针对教会法中某项法令的评论，后者写道：“由于查理六世拥有一个理应继承王国的合法婚生子，所以他不能收养英格兰国王作为其子嗣，从而损害其本人合法且有血缘关系的子嗣。因此，该收养是无效的，不具备任何效力，王国被传给了查理七世。”（《复述集》第 188 节）他在另一评论中提及那份遗嘱时指出：“从这一点来看，他大错特错且昏蒙不已，因为根据法律，英国人声称在法兰西国王查理六世和英格兰国王亨利五世之间达成的和平条约不具备任何效力，据此，查理将其女儿卡特琳①嫁给了亨利，并收养后者作为其子嗣。在没有贵族在场的情况下，他自行宣布法国的王位属于亨利，并且在他死后，整个法兰西王国都将归亨利所有。但王国的贵族们拒绝接受上述条约，他们让其子查理受膏并加冕为国王。”（《复述集》第 151 节）此即贝内迪克蒂所述之内容。因此，这应是法兰西王国的第二条法律。

接下来，让我们看看第三条法律，其内容如下：当一位国王去世之后，王国的继承权就转移给了他的长子，国王既不能用幼子替代长子继承，也不可指定其他继承人。如此做法有着非常明确的缘由，概因父母虽然可以从子女那里拿走他们给予的任何东西，但他们对属于其子女的任何东西皆无权利，无论是天生拥有的还是其祖先之法律和习俗所赋予的。为了证明这一点，我们可以引用《学说汇纂》中关于收养的第 22 条之内容②，

---

① 指瓦卢瓦的卡特琳，法兰西国王查理六世之女，后成为英格兰国王亨利五世之妻。

② 参见 *Digesten*，1，7，22。

以及关于流放的第 3 条之内容①。此外，长子基于出生获得其个人权利主张和可继承世袭财产，它们并非父母给予的恩惠，而是通过习惯法而被授予的。子嗣也不应该把这种权利视为从其父亲那里获得之物，而应视之为从其祖先之法律和习俗中获得之物。所有学识渊博的法学博士皆正确无误地一致肯定，法兰克人的国王不能从其长子那里收回长子继承权，并把它交给次子或他人。我们援引了约翰内斯·安德烈埃（Ioannes Andreae）②、帕诺米塔努斯（Panormitanus）③、亚松（Iason）④等人的观点以及巴尔杜斯关于封建习俗的集注和关于马尔凯公国（March. Ducat.）封建习俗的论述，尤其是让·德·特雷·鲁热写道："法兰西的国王们素不习惯于立下处置王国的遗嘱，但由于习俗的力量，继承权只传给直系长子，当这一世系绝嗣时，关系最密切的同族分支的男性则拥有继承权。"（《短文集》第 1 篇第 9 部分）特雷·鲁热在后文中得出结论："法兰西王国没有遗嘱继承，而是直接继承，也就是说，指定长子或血缘关系最近的亲属为继承人，根据王国的法律或习俗，该王国仅归属于他。他的权利仅来自此，而非来自其父亲或先王。"（《短文集》第 1 篇第 9、10、11、12 部分）

因此，就这样的王国而言，长子继承权非由父亲掌握，而是由王国的法律掌握，因为它不是遗产，而是仅属于权利主张者的父子关系或血缘关系的权利。故此，国王无法通过遗嘱来处置王国，即使是将王国传给本应继承王国的长子或血缘关系

193

---

① 参见 *Digesten*, 48, 22, 3。
② 亦名乔万尼·当德烈，13—14 世纪的意大利教会法学家。
③ 即"日耳曼人"尼可洛，14—15 世纪的意大利教会法学家。
④ 亚松·德·马伊诺，亦名贾索内·德尔马伊诺，15—16 世纪的意大利法学家。

最近的亲属，因为被授权者无论如何都无法通过遗嘱的权力或任何其他父系规范来持有王国，概因这种安排是无效的。他只能凭借王国的那条不可移易之法来持有王国，而他正是根据这条法律被召来任职的。纪尧姆·贝内迪克蒂在其关于相关法令的阐释中也持同样的观点，他在其中对遗嘱法的描述如下：法兰西王国的性质要求"不得对其进行任何遗嘱、遗赠或其他方式的处置。因此，让·德·特雷·鲁热指出：由于法兰西王国必须归长子所有——这完全是基于王国的习俗，国王们从不习惯于就王国本身立下遗嘱，因为王国是通过强制和习俗的方式传给长子的(《教会的葡萄园》[*Vinea Ecclesiae*]第1篇第9问)。因为法兰西的国王们从未就王国立过遗嘱，我们今日之国王查理八世①亦不能这么做，甚至在任命他的长子和继承人为王储时亦复如此。这是因为法兰西王国不是通过遗嘱继承或通过死前未立遗嘱之国王的要求而归于长子的，而仅仅是基于王国的(法律和)习俗。因此，国王无法将王国交给其长子，亦无法将王国的一部分转让给在世者，更不能通过遗嘱或自愿之承诺或涉及剥夺继承权之遗赠达成此结果。概因长子不是从其父亲那里获得王国，而是基于王国的(法律和)习俗而获得王国。因此，父亲不具备干涉继承的权力，亦不得干预这种安排，或行任何有损于长子权利之事。这种权利并不取决于父亲的判断，而是由法律赋予，儿子不能被一个他未曾从其身上获得特权和恩惠之人剥夺这种权利"(《复述集》第148节)。此即贝内迪克蒂的原话。

接下来是我们在前文第10章已经讨论过的王国的第四条法

---

① 指1483—1498年在位的法兰西王国瓦卢瓦王朝国王。

律。这条法律规定，任何女性都不应被允许继承王国，在国王
去世时，其最亲近的男性亲属皆优先于女性，即使后者可能就
亲缘关系而言更为名正言顺。贵族律师皮埃尔·雅各比（Iacob.
Petr.）①就这一条法律写道："法兰西和纳瓦拉的国王查理②驾崩
后，其兄长路易③的女儿④继承了纳瓦拉的王位，因为这个王国
是通过女性血统来继承的。但她未能继承法国的王位，因为在
该家族有任何男性存在的情况下，女性不被允许继承王国。因
此，查理⑤之子腓力⑥继承了王位，而腓力与先王是四等之亲
（而后者兄长之女则是三等之亲）。"（《黄金惯例》第 63 章）在这
方面，我们可以援引纪尧姆·贝内迪克蒂的话："因此，根据法
兰西王国的法律和习俗，无论是女儿还是女儿的男性子嗣，都
无法继承法兰西王国，事实上，如无在世的男性子嗣，其他亲
属和家族成员即会根据关系远近程度继承王位。"（《复述集》第
78 节）贝内迪克蒂在后文的两份材料（《复述集》第 119 节和第
120 节）中更为翔实地证实了这些观点。

科斯马·吉米耶（Cosm. Guim.）⑦在《实务律令》的前言中指
出："法兰西王国之所以如此高贵且享誉于世，概因妇人从未承
继其位，尽管这种做法在纳瓦拉王国是被允许的。法兰西国王

①　14 世纪的法国法学家。
②　指法兰西王国卡佩王朝国王查理四世。
③　指路易十世。
④　指 1328—1349 年在位的纳瓦拉女王胡安娜二世，为法兰西国王路易十世（同时
也是纳瓦拉国王路易一世）之女。
⑤　指 1284—1325 年在位的瓦卢瓦伯爵和 1291—1325 年在位的安茹伯爵瓦卢瓦的
查理，为法兰西国王腓力三世的第三子。
⑥　指瓦卢瓦王朝国王腓力六世。
⑦　15 世纪的法国法学家。

'美男子'腓力驾崩后，出现了这样一个问题，他有一个女儿伊莎贝拉①和三个儿子。英格兰国王爱德华②娶了伊莎贝拉为妻，并诞下一子，也名为爱德华，他继承了英格兰国王，而此时腓力已经去世。腓力的三个儿子相继成为法兰西国王，但由于他们皆无嗣而终，瓦卢瓦的查理之子腓力——'美男子'腓力的兄弟，在法兰西12位贵族的同意和认可下继承了法兰西王国的王位，他们不愿将王国交给英格兰王后伊莎贝拉或其子爱德华。英格兰和法兰西的国王因为这一事件爆发了多场不义之战，因为正如国王的女儿无法继承法兰西王位，其子亦不能继承该王位。此处可参见《封建法法典》的相关部分，以及同一部分中关于女儿和按家庭关系继承的第1章内容。因为当一个权利主张者被排除在外时，其后代也将被排除在外。这在《查士丁尼法典》中的两处皆有说明。③ 因此，伊莎贝拉之子爱德华无法主张获得法兰西国王的任何权利，正如巴尔杜斯在其关于《查士丁尼法典》的注释中所指出的。"但都灵大主教克劳德·德·塞瑟尔在其关于萨利克法的著作中就这一事件所做的全面阐释却无人能出其右，他在书中详细阐述了英格兰和法兰西国王的主张，并最终将其置于公共议事会或三个等级的最终裁断之下。

第五条法律与王室领地有关，我们已经在前文提及了这一内容。此即，没有公共议事会的授权，国王皆无权转让其领地的任何部分，概因将领地交给国王并由其保有只是为了维护他的尊位，他对领地拥有的权力就像丈夫对妻子嫁妆所拥有的权

① 即法兰西的伊莎贝拉，后为英格兰国王爱德华二世的王后，爱德华三世之母。
② 指1307—1327年在位的英格兰国王爱德华二世。
③ 参见 *Codex Iustinianus*，5，27，12；6，60，3。

力一样。因此，当国王查理六世于 1399 年将其领地的某一部分授予圣波尔伯爵①，并在没有充分理由的情况下将其他东西让与他时，巴黎元老院或高等法院作为过去议会古老权利的代言人进行了调解，并宣布除非巴黎元老院授权，否则王室领地的转让是无效的。帕蓬提及了这项法令，并列举了其他诸多类似的公告，它们皆有助于阐明这条法律，即如未被高等法院所知晓和批准，则国王对领地的任何转让基于法律自身皆属无效（《法令集》第 5 卷第 10 章）。以下事项在确认的过程中需要接受问询：资金能否通过其他来源获得？是否有任何真正迫切的需要？资金的数量是否真的足够？它是否代表了公开拍卖中最高的和最后的出价？

在财政问题上，克劳德·德·塞瑟尔提供了最好的阐释："制约法国国王的第三条缰绳是治理，也就是王国的制度和惯例，这些制度和惯例在许多时代都得到了认可，并被长期的习俗所确认。国王们并未试图废除它们，而且如若他们试图这么做，亦是枉费心机。由于这些问题不由政府处理，而且有关领地和王室财产的问题可以合法地进行审查，因此若无重大且必要的原因，国王不得转让这些财产。这些原因应该在议事会、高等法院法庭和审计庭中得到审查和批准。在这方面，他们十分谨慎，勤勉地进行了大量调查，以至于很少有人会寻求这种转让方式。此外，尽管国王有权自行处置王国的岁入，只要他们获得了王国的统治权，但普通和特殊支出的账目也要交给法院和审计庭的调查委员会审查。如果王室官员未经协商就采取行

①　指 1371—1415 年在位的圣波尔伯爵和利尼伯爵卢森堡-利尼的瓦莱朗。

动的话，这些官员在支出问题上可以约束他们。这一明智非常的国家法律在保护王室领地方面是极为有用的，因为若是王室领地最终耗尽，人民所负担的非常规税赋通常会作为一种支持手段而被使用。故而我将不讨论以下这一点：在王国的这一条著名法律中，国王的过度自由导致的奢靡行为必然受到了限制。"(《法兰西君主制度》第1卷第10章)

塞瑟尔在后文中补充了相关意见："容我重申，遵守王国的那些法律是一位国王表现出对上帝的顺从、悯恤其臣民或顾及他自己的尊严与声誉的最好方式。因为如此他将获得良善之笃信王和国家之父的雅号，以及一个伟大且荣耀的国王所能获得的所有其他名声。但反之，如果他逾越了这些规定的界限和限度，开始以武断专横代替理性，则会被视为邪恶、暴虐、残酷和不宽容之人，由此招致上帝和臣民的憎恶。"(《法兰西君主制度》第2卷第11章)此乃国王路易十二[1]的亲密顾问、都灵的大主教塞瑟尔的观点。提出类似观点(即法兰西国王割让自己王国的市镇乃不合法之举)的还有奥斯蒂安西斯(Hostiensis)[2]、约翰内斯·安德烈埃(见其对教令集的评注)和马蒂纳斯·劳登西斯(Martinus Laudensis)[3](《论结盟、和平与公约》第13节)。

可列为王国第六条法律的是：若无议事会的授权，国王无权取消或免除对死罪的惩罚，而且，正如波耶所指出的，"在该王国，被定谳之罪犯应被监禁，其减刑、大赦或赦免文书应提交至议事会"(《波尔多判令集》第65条)。

---

① 1498—1515年在位的法兰西王国瓦卢瓦王朝国王。
② 即苏萨的亨利，13世纪的意大利法学家。
③ 15世纪的意大利法学家。

第七条法律是不允许国王在未经同等者议事会审查和批准的情况下将法兰西王国或国家的行政官解职。这条法律在整个法兰西都是众所周知的，而且经常被援引，因此不需要加以证明。

可被列为王国第八条法律的是国王无权在未经公共议事会授权的情况下改动货币制度。因为纪尧姆·比代已从各位古代作家那里找出例证，证明关乎货币事务的权利——也就是增减币值的权力——始终掌握在人民手中（《论货币及其功能》第 3 卷和第 5 卷）。事实上，最孜孜不倦的货币研究者夏尔·迪穆兰在其关于契约与高利贷的文章之结论中宣称，在高等法院和货币部门的档案中，他发现了许多法兰克人的法律，而根据这些法律，未经民众之同意，禁止对货币价值做出任何变动。他还发现，这种变动在过去始终得到了民众的同意（概因民众确为受影响最大者）。如法学家通常所言：利益受威胁者有权处理此事；或云：涉及所有人之事应得所有人认可。事实上，在同时代人中威望素著的著名教会法学家奥斯蒂安西斯曾在其关于币值估定的著作中写道："有人问，法国国王是否有权废除币值标准或引入新的货币。我的回答是，就像教皇对类似问题所做的回应，在一些人看来，尊奉之事当为合法。但在我看来却非如此，正如《学说汇纂》所言，除非人民赋予了他皇帝之权①。"

①　参见 Digesten，1，2，2，6。

第二十六章

根据法兰克高卢的法律，女性是否被排除在王国的治理之外，就如她们无法继承王国一般

但是，由于我们的主题涉及王国的治理和治理国家的最重要习俗，我们似乎不应忽略以下这个问题，即女性是否被排除在王国的治理之外，就像她们也无法继承王国一般。我们首先要明确证明的是，我们不是在讨论罗马人或其他任何民族的法律，而只是讨论我们自己的法兰克高卢的制度。因为，众所周知，在罗马人的制度中，因为女性的判断力羸弱，她们始终处于其监护人的控制之下，不仅被禁止参与所有公共事务，而且亦不得插手民事事务。然而，在其他一些国家，女性却通过古老的习俗掌握了最高权力。塔西佗在《阿古利可拉传》中指出："布立吞人不曾区分统治者的性别。"①

既然这一点已经明确，而且我们自身的立场也已清楚明了，接下来就让我们继续讨论这个问题。因为在这方面，一些早期

---

① 参见塔西佗《阿古利可拉传　日耳曼尼亚志》，第 24 页："他们在交谈诸如此类的话时彼此激励鼓动，于是在一个出身王家的妇人鲍蒂赤雅（Boudicea）的领导下（他们在王位上是不分男女的）全体武装起来。"

的例证似乎表明，法兰克高卢王国曾是由太后(特别是由那些寡妇，或由男孩或身处王国之外的国王的母亲)来治理的。在她们之中，我不知道有哪位女性的胆量比圣路易的母亲布兰卡①太后更引人瞩目，当她的儿子——国王出发前往非洲打仗时，她就为自己争取到了统治国家政府以及神职人员和主教的最高权力。我们从最近出版的某些古代记录中可以了解到实现她这一目标的方式。这些记录指出："我们希望并授予我们最亲爱的女士和母亲，即太后，在我们因朝圣而离开的这段时间里，受理和处置我们王国之事务的完全权力，她可按其喜好选任人才，并有权解雇她认为应予罢职之人。她还可以任命执法官，安置和撤换为我们效劳的城堡主、林务官和其他官员，以及我们王国的大臣。她还可以授予官职和空缺的圣职；她可以接受主教和修道院院长的忠诚宣誓，并重新授予他们王室权利；她可代表我们将选举许可授予修道院修士大会和教士大会。"

　　然而，另外通常的论证理由却是：如果一位女性没有成为女主的个人权利，她也就没有统治的权利和权柄。现在，一位女性不可能凭借自己的权利成为女主，她以及她的后代无法对王国提出世袭主张。如果她们被称为女主，那也只是偶然，因为她们嫁给了国王，我们已经从一千二百年前的古老记录中证明了这一点。我们在前文阐释过的一点可以在此补充，即正如任命和罢免国王的所有权力属于公共议事会，选择摄政或国家统治者的最高权利也属于该议事会。即使在国王被任命后，政

①　即卡斯蒂利亚的布兰卡，乃卡斯蒂利亚国王阿方索八世之女，后成为法兰西国王路易八世的王后。在其子路易九世未成年之前的1226—1236年担任王国摄政。

府的最高权力仍由议事会所保留，一个世纪以来，同一议事会共任命了36名如同"五人行政长官"一般的国家监护人，这样的事情甚至发生在路易十一这位狡猾诡诈的国王在位之时。如果我们在这个问题上寻求我们祖先的权威文献，那么艾穆安的编年史中就有一个著名的例证，他在其中提及了国王希尔德贝尔特①的母后布伦希尔德②，"同时，因为大家都知道布伦希尔德希望将王国的最高统治权掌握在自己手中，法兰克的贵族们长期以来一直受制于女性的统治"，云云（《法兰克人史》第4卷第1章）。高等法院的一名法官弗朗索瓦·科南指出："帕诺米塔努斯认为，依照我们的习俗，女主在高卢人中拥有统治权利，此言谬矣。因为其他民族皆比我们更易受到女主政府的影响，这要归功于萨利安人的律法——高卢人的律法——将她们排除在王国的继承权之外。因此，我们看到，在她们的丈夫去世后，女主的地位近乎降级，以至于连王室尊位的影子都无法保留。"（《〈民法大全〉注疏》第1卷第8章）此即科南所言。

事实上，在我们先祖的时代，如果女性获得了王国的统治权，她们总是会引发非同寻常的灾难，随后给我们的国家带来大量麻烦。就此事提供一些例证也许是合适的。曾经有一段时间，国王希尔德贝尔特和克洛泰尔的母亲克洛蒂尔德③大权在握。她疯狂地宠爱另一个名为克罗多米尔的儿子，在他死后，她甚至尝试摒除自己在世的儿子，给予他们的子侄以国王的尊

---

① 指希尔德贝尔特二世。

② 奥斯特拉西亚的布伦希尔德，法兰克王国墨洛温王朝奥斯特拉西亚国王西吉贝尔特一世的王后，曾先后成为三位国王的摄政。

③ 法兰克王国墨洛温王朝王后，国王克洛维一世之妻。

203

位，从而引起了非常大的争端。因此，为了前文所说的目的，他们的头发得到了最为精心和孜孜不倦的养护。当国王的两个兄弟得知她的意图时，立即派出了一个叫阿卡狄乌斯的人去找她，亮出了一把无鞘之剑和一把剪刀，让她选择一把加诸其孙子的头上。图尔的格雷戈里写道："她极度愤恨，特别是当看到无鞘之剑和剪刀时，她痛苦地回答说：'如果他们不被扶上王位，我宁愿看着他们死去，也不愿目睹他们的头发被剪掉。'"就这样，她的每个孙子皆在其眼前被杀死了。这位作者还在别处指出，这位王后因施与修道院的慷慨捐赠而赢得了平民的喜爱（《历史十书》第 3 卷第 18 章）。 204

正如加图①常说的："如若对女人松开缰绳，就如同对不羁的天性和未驯服的野兽这么做，你必然会遭遇不可控之举。"国王提乌德里克的女儿就是这样一头无拘无束的野兽，出生于意大利的她竟然疯狂地爱上了自己的奴仆！在发现后者是个骗子时，她的心都碎了。而当她发现此人被自己母亲下令诛杀后，便假装与母亲和解，并伴装希望与她一起参加圣餐礼。她在圣餐杯中掺入了一些毒药，把它献给了自己的母亲，此举可谓既不敬神又可恶残忍。以下为图尔的格雷戈里所言："他们崇拜阿里乌派（Ariana）②，由于其习俗是王室成员在接近祭坛时用一个圣餐杯领受圣餐，而低人一等者则用另一个杯子领受圣餐（此处值得注意的是将圣餐杯与人分享的做法），她在母亲要领受的那

---

① 指老加图。

② 4 世纪由亚历山大港长老阿里乌及其支持者所创之基督教派别，其反三位一体的教义被多次大公会议斥为异端，但进入西罗马帝国并开始建立自己王国的日耳曼人中的大多数却都是阿里乌派基督徒。

个圣餐杯里下了毒，后者喝下后就一命呜呼了。"(《历史十书》
第 3 卷第 33 章)

接下来让我们看看其他案例。希尔佩里克一世的王后和遗
孀芙蕾德贡德①曾一度掌握大权。在丈夫在世之时，她曾与一个
名为兰德里乌斯(Landerius)②的人私通。当发现希尔佩里克已经
知晓此事之后，她就行了弑君之事，作为王后，她迅速以其子
国王克洛泰尔的名义接掌王国，统治了十三年之久。她先毒死
了其子的叔叔希尔德贝尔特③及其妻子。然后，她又煽动匈人反
对自己的儿子，在国家内部引发了一场内战。最后，她是那些
多年来肆虐法兰克高卢的烈火的煽动者。艾穆安曾在两处地方
提到了这一点(《法兰克人史》第 3 卷第 36 章和第 8 卷第 29 章)，
而第戎的编年史家也提及了此事。

王后布伦希尔德④，即希尔德贝尔特的母亲和国王西吉贝尔
特的遗孀，也曾统治这个国家。她曾私通一个名叫普罗塔迪乌
斯(Protadius)的意大利人，并授予了他一切可能的荣誉。同样
是这个女人，在其子⑤提乌德贝尔特⑥和提乌德里克⑦的青年时

① 希尔佩里克一世的王后，曾在其子克洛泰尔二世未成年前的 584—597 年担任摄政。
② 此人曾担任纽斯特里亚王国的宫相，是芙蕾德贡德的支持者。
③ 此处应指西吉贝尔特一世，他被芙蕾德贡德派出的刺客刺杀身亡。
④ 奥斯特拉西亚的布伦希尔德，法兰克王国墨洛温王朝奥斯特拉西亚国王西吉贝尔特一世的王后，曾先后成为三位国王的摄政。
⑤ 应为她的孙子。
⑥ 应指 595—612 年在位的法兰克王国墨洛温王朝奥斯特拉西亚国王提乌德贝尔特二世，但他并非布伦希尔德之子，而是其子奥斯特拉西亚及勃艮第国王希尔德贝尔特二世与妻子法伊洛贝之子。
⑦ 应指 595—613 年在位的法兰克王国墨洛温王朝勃艮第国王和 612—613 年在位的奥斯特拉西亚国王提乌德里克二世，但他并非布伦希尔德之子，而是其子奥斯特拉西亚及勃艮第国王希尔德贝尔特二世与妻子法伊洛贝之子。

期给他们养成了极其堕落的生活方式，以至于两者成为死敌，最终在一场旷日持久的战争中发生了可怕的冲突。她亲手杀死了提乌德贝尔特的儿子，也就是她的孙子①墨洛维。她还毒死了提乌德里克。我们还要继续罗列其罪行吗？正如加图所言："如若对女人松开缰绳，就像对不羁的天性和未驯服的野兽这么做一般，你必然会遭遇不可控之举。"她造成了十位国王的死亡。当被某位主教②责备并要求其更加节制时，她命令把这位主教扔进了河里。最后，法兰克人召开了一次议事会，传唤她接受审判，在定罪之后，她被烈马分尸。这一点得到了图尔的格雷戈里（《历史十书》第5卷第39章和第8卷第29章）、阿多（《编年史》第6篇）、弗莱辛的奥托（《双城编年史》第5卷第7章）、维泰博的戈弗雷（《编年史》第16部）和艾穆安（《法兰克人史》第4卷第1章）的证实。以下内容摘自图尔的格雷戈里著作的附录： 206 "她被认为对法兰克人十位国王之死负有责任，即西吉贝尔特、墨洛维③及其父希尔德佩里克、提乌德贝尔特及其子克洛泰尔、克洛泰尔之子墨洛维④、提乌德里克及其三个最近才被处死的孩子⑤。按照命令，她在三天内受到了各种方式的折磨。她先被放在一峰骆驼（我认为应该是驮马）上，在整支军队面前游行，然后她的头发、一只脚和一只胳膊被绑在了烈马的尾巴上，命丧马蹄之下。"（《历史十书》第11卷）第戎修道院的编年史手稿中也

---

① 应为她的曾孙。
② 应指维埃纳主教和编年史家迪西德里乌斯。
③ 希尔佩里克一世与其第一任妻子奥多薇拉之子，因迎娶孀居的布伦希尔德而成为其父的敌人。
④ 应指法兰克王国墨洛温王朝国王克洛泰尔二世之子墨洛维。
⑤ 分别为墨洛维、卡尔伯和希尔德贝尔特。

用类似的措辞描述了同一事件：她被放在一峰骆驼上，于军队中转了一圈。所有人都被她的喊叫声吓坏了，仿佛她下令将身体和灵魂再次带往了地狱。她被绑在四匹烈马上，在烈马奔跑的过程中被撕成了碎片。然后，人们点燃了一把火，把她的尸骸及其从犯投入火中。这位编年史家还在另一段内容中写道："由于布伦希尔德的预谋，法兰克发生了如此之多的罪恶和流血事件，以至于女先知的预言一语成谶，此即'布鲁纳（Bruna）将从西班牙远道而来，人们将在她的注视下灭亡，而她将被马蹄撕碎'。"

那么，让我们看看其他一些案例。一度掌权的普雷科特鲁德（Plectrudis）①不是国王的遗孀，而是大臣丕平的遗孀，丕平在空有国王头衔的达戈贝尔特二世②时期获得了王权。在她的丈夫死后，因为其私通行为和淫乱生活而被丕平抛弃的普雷科特鲁德在高卢地区制造了诸多叛乱。她强迫宫相查理·马特③这个勇猛之人辞去职务，并让一个奸邪之人取而代之，此即特奥德巴尔德（Theobaldus）④。最后，她在法兰克人中挑起了一场贻患无穷的内战，正如艾穆安所言，他们在一系列的战斗中"野蛮地自相残杀"（《法兰克人史》第4卷第50章和第51章）。此外，《达戈贝尔特二世时期的法兰克王国》（*Status regni Franciae, sub Dagoberto II*）一书的作者在谈及这件事时指出：由于法兰克人无

---

① 普雷科特鲁德，卒于718年，是丕平二世（即埃斯塔勒的丕平）的妻子。714—718年，在其孙子狄奥多尔德未成年期间，她成为纽斯特里亚王国的摄政。
② 676—679年在位的法兰克王国墨洛温王朝奥斯特拉西亚国王，他于679年的一次狩猎中被谋杀。
③ 丕平二世的长子，法兰克公爵。
④ 丕平二世之孙，即其子格里莫二世之子。

法忍受普雷科特鲁德的暴虐和疯狂行为，在国王达戈贝尔特身上也看不到任何希望，他们选择了一个曾当过僧侣的人德尼埃尔作为他们的国王，并称之为希尔佩里克①。此乃我们在前文提到过的一起事件。

让我们再一览其他例子。"秃头"查理的王母茱蒂丝②也曾掌权，她是被称为"虔诚者"的路易的妻子，而后者则是法兰克高卢的国王，同时也是意大利和德意志的皇帝。她在路易及其继子之间挑起了一场灾难性的战争，后者由此酝酿出了一个针对国王的巨大阴谋，他们迫使国王退位，将尊位让予他们，这几乎给整个欧洲造成了巨大的损害。所有的历史学家都把这些纷扰的大部分责任归咎于王后茱蒂丝，例如乌尔斯贝格修道院院长、米歇尔·里乔（Michael Ritius）③和弗莱辛的奥托。弗莱辛的奥托写道："路易因其妻子茱蒂丝的恶行而被逐出王国。"（《双城编年史》第5卷第34章）这也是雷吉诺的观点，他指出："路易被他自己的人民剥夺了统治权，并如战俘一般遭到了囚禁，而王位则通过法兰克人的选举授予了他的儿子洛泰尔。此外，这次废黜主要是由于他的妻子茱蒂丝的诸多通奸行为造成的。"（《编年史》第838年）

几个世纪之后，行使统治权的太后布兰卡——圣路易之母，是西班牙人。当她第一次掌权时，法国的贵族们就开始在王

---

　　①　指希尔佩里克二世。
　　②　指巴伐利亚的茱蒂丝，法兰克王国加洛林王朝的王后，是"虔诚者"路易的第二任妻子。
　　③　15—16世纪的法国律师、官员和历史学家，出生于意大利那不勒斯。

叔——身为博洛涅伯爵和公爵的腓力①手下纠集军队。正如最伟大的作家让·德·茹安维尔所描绘的，贵族们抗议称，如此庞大的王国由一个女人（而且还是个外邦人）来统治是不可忍受的（《圣路易传》第 4 章）。因此，贵族们拒绝了布兰卡，选择伯爵腓力作为王国的摄政者。但布兰卡还是坚持其计划，并向各方求援，最后与西班牙国王费尔南多②签订条约并结成同盟。布列塔尼公爵③及其兄弟埃夫勒伯爵与公爵腓力结盟，突然占领了多座市镇，并派军队前往驻防。茹安维尔描述了这一情况，并解释称，由于王国的政府被太后接管，法国爆发了一场最为激烈的冲突。（《圣路易传》第 5 章）。恰好此时国王出发前往埃唐普（Stampas）④，他的母亲出于军事原因将他送到那里。贵族们立刻从法国各地涌向那里，并将国王围困于城中，此举并非为了伤害他，而是如茹安维尔所言，要让他摆脱其母亲权力的影响。尚在巴黎的布兰卡获悉这个消息，便迅速命令巴黎市民武装起来，向埃唐普进军。这支部队刚刚抵达蒙莱里，已经摆脱了控制的国王就加入了他们的行列，与其一同返回了巴黎。腓力认为自己兵微将寡，遂向在王国里存有争议的塞浦路斯王国王后⑤寻求帮助。后者率领大军入侵了香槟，并大肆劫掠了该省。

---

① 指 1214—1234 年在位的布洛涅、欧马勒和达马尔坦伯爵以及 1218—1234 年在位的克莱蒙伯爵腓力·德·克莱蒙，他是法兰西王国卡佩王朝国王腓力二世之子。

② 应指 1217—1252 年在位的卡斯蒂利亚王国国王费尔南多三世。

③ 指 1213—1221 年在位的布列塔尼公爵，并于 1221—1237 年担任布列塔尼公爵领摄政的皮埃尔一世。

④ 位于现今法国中北部法兰西岛大区埃松省的一座市镇。

⑤ 应指香槟的阿莉克丝，她是耶路撒冷王国女王伊萨贝拉一世与香槟伯爵亨利二世的长女，于 1210 年嫁给了塞浦路斯国王于格一世，后分别于 1218—1223 年和 1243—1246 年担任塞浦路斯王国摄政和耶路撒冷王国摄政。

尽管如此，布兰卡仍然固执己见。作为回应，贵族们最终引英
国人进入王国的边境行省。他们又在阿基坦和其他滨海省份造
成了巨大的破坏，正如茹安维尔所详细记录的，所有这些麻烦
皆是由这位王母的无能和野心引发的（《圣路易传》第6—10章）。

　　由于对布兰卡的智慧和举止存在着一种迥然不同的看
法——人们可以相信，这种观点是由当时的文人曲意奉承造成
的（概因他们往往对批评王母犹豫不决，无论是因为害怕遭到惩
处，还是出于对其儿子的尊重）——我们似乎不应该忽略茹安维
尔的评论：她一直将其子掌控在自己手中，让他变得十分胆小 210
和封闭，而由于他嫌恶自己的妻子，也就是布兰卡的儿媳玛格
丽特（Margareta）①，她甚至很少允许国王与其妻子共处。因此，
当国王出行时，布兰卡便命令廷臣将王后与国王的房间分开。
事实上，若是国王晚上偷偷地去找他的妻子，他就会派仆人在
四周警戒。如果得知布兰卡正在靠近此处，他们就会奉命痛打
几条狗，因为狗的号叫声可以提醒国王将自己藏匿起来。我们
还需多言吗？茹安维尔写道："一日，当王后玛格丽特因分娩而
生病时，国王出于情谊前来探望她，此时布兰卡意外现身了。"
国王被狗的号叫声所警告，他将自己藏在床边的一个角落里，
用窗帘把自己包裹起来。"然而，太后发现了他，在大家的注视
下，抓住他，并把他拖出了房间。她说道：'你在此处无事可
做。滚出去。'但是当分娩中的王后接受了如此羞辱，以至于在
痛苦中晕厥过去之后，仆人们不得不唤回国王。当国王返回后，
王后恢复了活力与知觉。"此即茹安维尔的描述（《圣路易传》第

---

①　指普罗旺斯的玛格丽特，为普罗旺斯伯爵雷蒙-贝伦格四世之女。

76 章）。

　　另一个例子发生在若干年后，当时查理六世的遗孀伊萨博（Isabella）①掌握着大权。在议事会将王国的统治权交给经过考验和挑选之人前，野心家们就已经挑起了诸多争端。当时爆发了六次争端，皆通过协商而得到了解决。最后，伊萨博被赶出了巴黎，来到了沙特尔②。她在那里遇见了一个名为菲利普·德·莫尔维利耶（Philippus Morvillerius）③的政治老手，并自行组建了一个议会，由莫尔维利耶担任掌玺大臣。在此人的建议下，她下令刻制了一枚御印（通常称为掌玺大臣印章），并在上面刻上了她本人双手合十祈祷的形象。她在官方文件上使用了如下抬头："承蒙上帝恩典贵为法兰西之太后、由于国王身体欠佳遂行王国统治权之伊萨博。"然而，当这个国家被众多麻烦所困扰，几近于毁灭之时，公众议事会将她赶到了图尔，并任命了四名监护人将这头野兽关押在其住处，确保她什么都不能做，甚至在没有他们许可的情况下，连写信皆被禁止。蒙斯特勒莱对此事有非常详备的描述（《昂盖朗·德·蒙斯特勒莱编年史》第 161章和 168 章）。

　　还有一个更古老的例子，那就是国王希尔德贝尔特④的母亲普拉西迪娜（Placidina）⑤，由于在迫害主教金蒂安（episcopus

211

---

　　①　即巴伐利亚的伊萨博，来自德意志地区的维特尔斯巴赫家族，为法兰西王国国王查理六世的王后，查理七世之母。
　　②　位于现今法国中北部中央-卢瓦尔河谷大区厄尔-卢瓦省的一座市镇。
　　③　14—15 世纪的法国政治家，曾担任巴黎高等法院的首任主审法官。
　　④　指希尔德贝尔特一世。
　　⑤　应指 6 世纪高卢地区的罗马政治家阿卡狄乌斯·普拉契图斯·马格努斯·菲力克斯之母普拉西迪娜，但她并非希尔德贝尔特一世之母。

Quintianus）①时的极端亵渎行为以及在扰乱教会安宁时的疯狂行为，她被关在了卡奥尔（Cadurcum）②镇上。正如图尔的格雷戈里所述，基于所有这些罪行，法兰克人做出了剥光她的衣服、剥夺其财产并将其流放的判决（《历史十书》第 3 卷第 12 章）。

---

① 应指罗德兹的金蒂安，他曾于 6 世纪担任罗德兹和克莱蒙费朗的主教，后被封为圣徒。

② 位于现今法国西南部奥克西塔尼大区洛特省的一座市镇。

第二十七章
论作为法庭的高等法院

在卡佩王朝时期，法兰克高卢出现了一个司法王国，鉴于这一机构的创造者们令人难以置信的勤勉及其亘古亘今、史无前例的精明，我们必须对它有所交代。在这一时期的法兰西，有一群人占据了特权地位。有人称之为法学家，有人称之为律师，还有人称之为讼棍。在三百多年前，这些人的技艺是如此高超，以至于他们不仅推翻了公共议事会（如前文所述）的权威，而且还推翻了王国的各类诸侯，甚至连国王本人都屈从于他们的力量。因此，在所有建立了这个法律王国分支机构的市镇中，几乎有三分之一的公民和居民都被该行业所能带来的经济收益打动，投身于研究和修习这一敲诈勒索之职业的行列。甚至在巴黎这个被视为所有城市之佼佼者的地方，任何人都可以发现这一点。谁人能在那里住上三天而未曾注意到有三分之一的市民沉迷于诉讼的技艺与实践呢？

巴黎的律师最高会议（即所谓的"着紫袍之元老院"）拥有巨额的财富和至上的尊严，以至于据说朱古达①在谈及罗马元老院

---

① 公元前2世纪的努米底亚国王。前111年，罗马元老院对朱古达宣战，史称"朱古达战争"。至前105年，朱古达被马略击败，后被俘，最终于前104年被判处死刑。

时曾指出，它似乎不再是议员的集会，而是国王和大臣的集会，　213
因为那些被诱惑加入其中者，无论其出身多么卑微，皆会在寥
寥数年内获得大量的财富。因此，其他诸多城市都在拼命争取
成为这种司法会议的驻地，我们现在可以列出以下几个最为知
名的高等法院：巴黎、图卢兹、鲁昂、格勒诺布尔（Gratianopolita-
num）、波尔多、艾克斯（Aquense）和第戎，所有这些城市都已建
立了高等法院。第八个高等法院是不固定的和巡回的，被称为
大咨议会，第九个高等法院则是国王亨利①在 1553 年的诏书中
授予布列塔尼的。在这些司法王国的范围内，还有其他法院，
或可谓之总督管辖区法院，它们都尽可能地模仿高级法院的宏
伟架构，通常被称为初等法院。这种病疾的烈度和传染力非常
之大，正如很大一部分埃及人曾经在暴君的命令下忙于建造金
字塔和其他类似建筑，法兰西民族的大部分人也把所有的精力
都用在了诉讼、诽谤和法律文书的起草上。

　　马赛大主教克劳德·德·塞瑟尔用法语撰写的《法兰西君主
制度》一书中有以下一段话："依我观之，若将其他所有地方之
人皆齐聚一地的话，仅法兰西的书记员、检察官、辩护人和类似
的法律从业者就比整个基督教世界的人还要多。"（《法兰西君主
制度》第 15 章）菲利普·德·科米纳的回忆录中亦有类似的抱　214
怨，他在书中就国王路易十一写道："他打算将有关公法和私法
的律法集于一处，以法语汇编成册，从而能够更为轻易地避免
律师的欺诈和诓骗行为。法兰西这个王国里的律师数量多到寰
宇之内皆无法与之匹敌。长久以来，法国的贵族们都知道这一

---

① 指 1547—1559 年在位的法兰西王国瓦卢瓦王朝国王亨利二世。

点，并备受其害。"（《回忆录》第6卷第6章）此皆科米纳的原话。

此外，在我们民族的古老语言中，"咨询议会"①一词意指众人从不同的地方来到某个固定的地方开会，讨论共同关心的问题。因此，在古老的编年史，每当国王或其特使会聚一处，就和平或战争事宜进行谈判时，该会议总是被冠以"咨询议会"之名。出于同样的原因，各等级的公共议事会在我们的古语中总是被称为"咨询议会"。这个词在英格兰沿用至今。托马斯·沃尔辛厄姆写道："是年，英格兰国王途经高卢，抵达昂布瓦兹②，为他在法兰西王国所领有的土地向法兰西国王行效忠礼，并出席了法兰西国王召开的咨询议会。"（《英格兰编年史》第1287年）

菲利普·德·科米纳写道："英格兰国王无权在未经咨询议会同意和授权的情况下令其人民纳税，而咨询议会在我们这里被称为三等级议事会。"（《回忆录》第4卷第1章）在布列塔尼人③还拥有自己的国王时，他们的咨询议会就一直被称为阿摩里卡布列塔尼诸等级议事会，这一点可以从他们的诸多编年史段落中得到证实，特别是关于无能的莫克莱尔公爵④和法兰西国王于1230年签订条约的记载："在签署上述条约时，公爵为了表示臣服，希望在两种情况下自他自己的咨询议会向法兰西咨询

---

① 即前文所指的"高等法院"（parlamentum），在此后若干段落中结合语境译为"咨询议会"。

② 位于现今法国中西部中央-卢瓦尔河谷大区安德尔-卢瓦尔省的一座市镇，其名源自中世纪该地区的昂布瓦兹家族。

③ 3世纪之后迁居于法国西北部布列塔尼半岛的凯尔特民族。

④ 即布列塔尼公爵皮埃尔一世，后于1221—1237年担任其未成年儿子约翰一世的公国摄政。

议会提起上诉。"(《英格兰与布列塔尼编年史》第 3 卷)后文又指出:"旋即,随着布列塔尼咨询议会错误且不正当的判决,人们呼吁所有情况下皆可向法兰西咨询议会提起上诉。"(《英格兰与布列塔尼编年史》第 3 卷)

正如波尔多高等法院院长艾蒂安·奥弗里耶在其关于咨询议会法庭程序的评论中所指出的,它也被称为三个等级的咨询议会法庭。事实上,我注意到巴托鲁斯和其他意大利法学博士普遍使用这个词来指称一些地区的公共议事会或集会。概因巴托鲁斯在关于遣使驻节的文章中写道:"一省之总督应召开该省的咨询议会,并在那里提出有关公共福祉的任何建议。"(《三法典集注》第 10 卷)巴托鲁斯后又写道:"应注意,各省总督召集一省之全体咨询议会并不意味着该省的所有人都必须前往参加,而是由各地区委派使节作为代表。"(《三法典集注》第 10 卷)约翰内斯·德·普拉泰(Ioan. de Platea)①则写道:"如有必要为全省之利益做出规划,就必须召集全体议事会或咨询议会,这并不意味着一省的所有人都前往参加,而是各座城市的代表或代表团代表整座城市出席。该议事会或咨询议会的目的乃是提出明智且有益的建议。"卢卡斯·德·彭纳也指出:全体议事会或咨询议会的程序办法乃是要求提出明智且有益的建议。

然而,比代在《法令全书》中写道:"巴黎法院源自这些国王曾经出席并担任主持者的法律会议,我认为这无疑是一种臆测,因为它们的召开既没有地点也没有时间。显而易见,咨询议会的事务是在没有确切中心的情况下进行的,就好似国王的行政

216

---

① 15 世纪的意大利法学家。

议事会一般。"

由于议事会的权威至高无上，卡佩王朝的君主试图削弱它，并用一些经其批准的议员来代替该议事会。之后，他们将咨询议会这一庄严的名号转移到元老院，并赋予其如下权力：第一，除非经这些议员授权和批准，否则不得制定任何国王法律或法令；第二，法兰西任何地方的行政长官，无论是市政官员还是军事官员，如未在该咨询议会面前宣誓维护法律，皆不得上任；第三，经其判决之结果无上诉之权利，其法令将是确定的和不可更改的。科南在其文章中指出：当元老院颁示法律之时，它就是国王，除了国王本人之外，它无须屈居他人之下（《〈民法大全〉注疏》第 1 卷）。然而，科南在这段话中忽略了掌玺大臣，咨询议会亦须屈居此人之下，（比代写道）就仿若他是所有行政长官之首。最后，在这么多年的时间里，公共议事会和诸等级咨询议会所拥有的权力、治理手段和权威都已被那个元老院完全据为己有，国王们则小心翼翼地将那些他们认为适合达成自己目的之人纳入其中。而后，该机构被命名为咨询议会法庭，正如一部名为《一位精通法律者对英格兰政治律法的颂扬》的英格兰著作所述："事实上，在法兰西王国的最高法院，也就是所谓的咨询议会法庭当中，有一些诉讼案已在那里审议了三十多年。我知道这样一个上诉案件，现已耗时十年之久，而且很可能还需要再过十年才能做出裁决。"（《一位精通法律者对英格兰政治律法的颂扬》第 52 章）这位作者在前文中还指出："在法兰西，咨询议会法庭上的所有律师都习惯于用法语为他们的案件进行辩护。"（《一位精通法律者对英格兰政治律法的颂扬》第 48 章）

　　基于这些原因，我们必须考虑它发展到如此巨大规模的起源和根源。首先，规模宏大的国王司法宫（Basilica Regia）是在巴黎建造的，正如许多人所确认指出的，其建造是出于国王"爱争吵的"路易的命令，其名字在我们早期的语言中含有动荡之意。其次，它是在 1294 年前后由国王"美男子"腓力下令建造的，而隆格维尔伯爵昂盖朗·德·马里尼（Enguerrantii Marignii, Comitis Longuevillii）①的热忱和辛劳亦居功至伟，但他几年后因挪用公款被吊死在巴黎的绞架之上。尽管如此，法兰克高卢的国王们可谓在向后世传承诉讼技艺方面苦心竭力，就如同传说中埃及法老们在劳役其臣民建造金字塔时的所作所为一般。在这些法老当中，国王山尼斯（Rex Chemnis）②因役使 36 万人建造一座金字塔而被人们特别铭记。加甘在其关于国王"爱争吵的"路易的传记中这样写道："路易规定，高等法院的法庭须常驻巴黎，不应离开此地，以免给诉讼当事人带来旅途上的诸多麻烦。"

　　有些人认为丕平或查理大帝设立了该法院，但从我们即将讲到的内容中不难看出，这一观点是非常荒谬的。事实上，查理大帝的许多律法和法令当中都未曾提及咨询议会或那个更为宏大的元老院。他只是规定，在特定的地方，法官应进行巡回审判，并应安排一个会议，他根据其惯常做法称之为"公共司法会议"。法兰克人的法律中有如下规定："他应责成在任何一年内举行不超过三次的全体公共司法会议，除非有人被指控犯有严重的罪行，或扣押他人的财产，或被要求提供司法证据。"

---

①　13—14 世纪的法国大臣，曾在腓力四世统治时期担任首席大臣等职。
②　指公元前 2589—前 2566 年在位的埃及法老胡夫，他修建了胡夫金字塔。

（《法兰克诸王律目》第 4 卷第 35 章）还有许多经这位国王授权并具有相同效果的法律留存下来，从这些法律中我们可以发现当时诉讼的数量非常之少。我注意到了我们中的一些人所述之情况——我认为它们是非常清楚的，即这么多的诉讼、诽谤和谗言的种子首先是由教皇克莱孟五世（Papa Clemente V）[①]播下的，他在"美男子"腓力的时代将教廷迁移到了阿维尼翁[②]。他的廷臣和讼师让我们的人民卷入到了其无所不在的实践当中，罗马法律讼师技艺的种子就此被播撒在了我们的习俗之中。

219

言归正传，艾因哈德在《查理大帝传》中写道："他在更衣时不仅会见朋友；如果宫廷伯爵前来汇报任何没有他的命令就无法解决的纠纷，他就会当即命令将诉讼当事人带进来，而他就像坐在法庭上一样，在听取了诉讼之后做出判决。"[③]查理大帝的诏书中还有这样一条法律："让我们的信使向贵族和人民宣布，我们希望每周有一天能开庭审理案件。"

让我们再看看其他的例证。1230 年前后在位的国王被称为圣路易，我们曾多次提及让·德·茹安维尔为他撰写的传记。从他的论述中可以看出，当时的诉讼和诽谤十分鲜见，因为国王路易要么自己做出裁断，要么把它们交给他的伯爵们来裁定。茹安维尔写道："他通常会指派内勒的领主、索瓦松的领主或我

220

来处理提交予他的案件。然后他就会将我们召至身侧，向我们

---

① 1305 年 6—11 月在位的教皇。

② 位于现今法国东南部普罗旺斯-阿尔卑斯-蓝色海岸大区沃克吕兹省的一座市镇。

③ 参见艾因哈德、圣高尔修道院僧侣《查理大帝传》，第 27 页："当他正在穿靴子和衣服的时候，他不仅会见朋友，而且，如果官伯前来报告发生了什么非他做出决断就无法解决的争端时，他就会让人把当事人立刻带进来，对案件进行审问和宣判，犹如他坐在法庭上一般。"

询问案件的情况，以及是否只能由他本人来处理此案。如果我们把案件移交给他，他就会将诉讼人召于御前，对问题做出公正和公平的判决，这种情况经常发生。每隔一段时间，他就前往万塞讷①的森林，端坐于橡树下的绿色草地上，并命吾等坐于其身侧。如若某人有事，他就会召其前来觐见。事实上，他曾大声宣布，如果有人与他人发生诉讼，应上前阐述其理由的公正性。当他上前时，国王会认真倾听，当案件陈述完毕后，他就会做出公正和公平的判决。有时他会让皮埃尔·方丹（Petrus Fontanius）②和若弗鲁瓦·维莱特（Godefridus Vilettius）负责听取诉讼人的意见，并对案件做出裁决。此外，当这位良善的国王来到巴黎郊外的某座花园时，我经常看到他身着朴素的服装，令人在那里给一张桌子铺上毯子。然后，当众人皆寂，他就会令人将诉讼当事人召至御前，当这些人各自做出辩护后，他就会快速做出公正的判决。"（《圣路易传》第94章）此皆茹安维尔所言，人们可以从这段话中判断出，在那个时代，诉讼和诉讼人的数量非常之少，而国王们又是何等小心翼翼地避免法律纠纷带来的困扰。

但是，我们不要忽略那位被称为"沉思者"③的作者在《节日》之标题下所撰写的内容。在他的时代，也即1270年前后，最严重的案件和纠纷往往在公共议事会（如前所述，它也被称为咨询议会）中得到处理，它受理来自王国任何地方的上诉。为了照顾那些远道而来之人，它甚至在节庆日也会举行会议，这已

---

① 位于现今法国中北部法兰西岛大区马恩河谷省的一座市镇。
② 指皮埃尔·德·方丹，13世纪法国的法学家和法官。
③ 指继尧姆·迪朗，13世纪的法国教会法学家和芒德教区主教。

成为一种惯例。"沉思者"写道："在咨询议会召集期间，法兰西国王之法庭为伸张正义而每日升庭是有可能的，概因如此的话，那些远道而来之人可以更快地处理其事务。"但随着时间的推移，因为如同坏疽一般不知不觉地渗入的这一敲诈勒索之技艺，司法管辖权逐渐在更多地方得到了更为频繁的行使。

下述法令摘自 1302 年"美男子"腓力四世①的一份诏书："为了吾等臣民的利益和诉讼的进行，我们建议在巴黎设置两个咨询议会，在鲁昂设置两个财务大臣法庭，其每年的司法受理期限应延长一倍，如若该地区的民众同意，图卢兹的咨询议会应照旧举行。另外，因为咨询议会要处理许多重要案件，我们命令并希望根据我们的建议，两名教士和另外两名足以胜任的世俗人士，或至少一名教士和一名世俗人士，应经常现身咨询议会，听取和审议上述案件。"从这段话中可以看出，首先，在那个时代，司法会议甚少举行；其次，很少有法官坐镇于咨询议会之中。此言在多大程度上适用于王国的其他行省政府，可以从"美男子"腓力留存至今的法令中进行判断，这份出于 1302 年的法令公布了如下条款："我们还要求我们的司法总管和司法执行官至少每两个月在其辖区全境内以简易之形式举行一次巡回审判。"

此外，比代在前文引用的那段话中写道：1293 年，国王"美男子"腓力颁布法令，规定教士、贵族与平民应共同出席咨询议会。比代指出：概因平信徒部分从贵族中选出，部分从平民中选出。他还下令，教士和贵族应在第三等级中任命适合行使诸

---

① 1268—1314 年在位的法兰西王国卡佩王朝国王。

般管辖权之人，同时，他们应择三人遣往那些使用成文法之行省，在那里执法断案，如若遇到任何重要的法律问题，他们应雇用在法律方面有渊博学识之人。

比代在此对这个时代的做法——王国中充斥讼师之现象感到痛惜，同时他也谴责了那些最为卑鄙的强盗头子和举止文雅却乘他人之危谋利之人（正如阿普列尤斯［Apuleius］①所言）。他借用尤维纳利斯（Iuvenalis）②的诗句感叹道："曾几何时，原始人仅依习俗过活。"他还如是说道："我们由此想到，在古代，当这个王国正在蓬勃发展之际（这一点从硬币是用标准黄金铸造的事实就可看出），它使用的是一套简易的司法系统，而且诉讼很少，用时很短，不像如今这般无休无止。当时那帮法律的阐释者还未曾入侵这个国家，法律的技艺也被认为不可无限延展。相反，人们认为一个公平、诚实、善良且被证明正直和清白的法官，堪与六百卷法律书籍匹敌。如今，无人不知事情已经到了哪般田地，但每个人皆沉默不言。"迄今为止，比代在各方面而言都是最激烈反对讼师行业之人。

现在让我们言归正传，看看这个诉讼王国是由何以及在什么基础上形成的。正如西塞罗所指："由于祭品众多，古代的祭司们任命了三人为'司宴'③，尽管自努马（Numa）④时期开始，

223

---

① 鲁齐乌斯·阿普列尤斯，2世纪的罗马作家与哲学家，著有《辩护状》（*Apologia*）与《金驴记》（*Metamorphoses*）。

② 1—2世纪的罗马讽刺诗人。

③ 在古罗马的节日和游戏中组织宴席和公共宴会的祭司，他们构成了古罗马四大宗教祭司团体之一。

④ 努马·庞皮里乌斯，罗马王政时期的第二任国王，被普鲁塔赫视为创立罗马宗教制度和祭典礼仪之人。

他们也被要求在宗教宴会上献祭";① 同样，咨询议会中极少数的法官群体中产生了后世数量多到令人难以置信的法官和陪审法官，以满足日益增长的诉讼需求。首先，国王建造了一座巨大、奢华且富丽堂皇的宫殿，然后，"爱争吵的"路易或"美男子"腓力挑选适当数量的法官设立了三个法庭，即"大法庭"（Magna Camera）、"调查庭"（Inquisitio）和"诉状审理庭"（Postulatum）。尽管比代在前文所引段落中曾有所提及，但加甘在其关于国王"爱争吵的"路易的传记中则更为详细地讨论了这个部门。

224 然而，我看到艾蒂安·奥弗里耶在其提及了相同数量咨询议会法庭的文章中补充了这样一句话："起初确实只有两个法庭，因为诉状审理庭（Camera Requestrarum）乃是一个下级法庭。后又增加了第三个被称为'调查庭'（Camera Inquestarum）的法庭。但在1522年，国王弗朗索瓦②为了筹集六万金币，便通过创立一个由20名新陪审法官组成的第四法庭，从上述三庭中各收取了三千金币。这一举措令宫廷的信誉大打折扣。后来，法庭主审法官的数量也因金钱利益而增加。1543年，这位国王又设立了20名法官，并从中获益。"

我们在此不应遗漏比代和加甘在各自文章中提到的如下事实，即法官之集会并非（如今日一般）是永久和恒常的，而是依诏而设，除非有国王的具体委托，否则通常而言不会举行，也就是说需要在每年的11月初发布一份国王敕令，该集会才会重

① 参见西塞罗《论演说家》，第557页："有如古时候的大祭司由于献祭名目烦多，便特别分出三人委员会主持安排赛会期间的圣宴，虽然努马曾经规定由他们自己亲自主持赛会期间的那一盛祭。"
② 指1515—1547年在位的法兰西国王瓦卢瓦王朝国王弗朗索瓦一世。

新举行。加甘指出：可以肯定的是，国王是这一神圣集会的发起人，因为每年他都会发布敕令，赋予法官在圣玛尔定节①举行集会开幕式的国王权力。这个诉讼王国非同一般的快速扩张也可以从如下事实中得到证实：大约一个世纪后，即1453年查理七世②统治时期，这位国王颁布了以下法令："从复活节到咨询议会结束，主审法官们和陪审法官们应于早上六点在他们的法庭中一同开会，而在圣玛尔定日之后，他们应在这一时间点之后召集会议。"该条例后又规定："法庭主审法官和陪审法官们须 225 在晚餐后出席咨询议会以通报和安排各项事务。"

此即查理七世的法令。但在统治着一个比查理七世时期的法兰西大三倍之王国的查理大帝的时代，他采取了一种迥然不同的方法来维护司法正义。这表现在了他所制定的法兰克法条款之中：除非先禁食，否则任何伯爵皆不得做出判决（《法兰克诸王律目》第4卷第74章）。

现在，关于"咨询议会"一词以及这个名称的权威性，我们认为，当古老的元老院在法国东南部被称为多菲内（Delphinatus）的地方建立起来时，它拥有着最高的权威，被称为多菲内议事会。然而，不遗余力地为多菲内人民谋求福祉——他们受之无愧——的路易十一③却将议事会改名为咨询议会，尽管他未曾给其增加任何特权或权力。居伊·帕普的著作是我们了解这一事实的重要来源（《格勒诺布尔判决书》[Decisiones Gratianopolitanae]第43节和第554节）。

---

① 在每年11月11日为天主教圣徒玛尔定举办的宗教节日。
② 1422—1461年在位的法兰西王国瓦卢瓦王朝国王。
③ 1461—1483年在位的法兰西王国瓦卢瓦王朝国王。

此外，在咨询议会的法庭上以及讼棍王国之中，还有许多优秀和精明之人在一本正经地做着一些可悲之事。其中尤其可以列举出以下四类弊端：公开售卖司法管辖权，法官公开作伪证，高等法院成为诉讼的温床，法国近三分之一的人口从事讼棍之职业。关于第一类弊端，今时有多少人不是用金钱购得法官地职位，抑或将其出售以求渔利？因此皇帝亚历山大①似乎所言非虚：买到官职者必然会卖掉它，而卖掉其所购之物者不可不受惩罚。② 塞涅卡③指出："审判席被待价而沽，卖给出价最高者，所以并不奇怪，因为万民法规定，你可以出卖任何你所购入的东西。"(《论恩惠》[*De Beneficio*]第 1 卷)④法兰西司法界的佼佼者称之为贩官鬻爵、卑鄙的生意和公共抢劫，因为公职本应是人类最神圣的事务，却变成了可以金钱购买和出售的商品。同样，当一个行政机构被统一打包出售，随后其管辖权被分割给各个索求者时，它就损及了其他国家对法兰西的尊重，就如一头健壮的公牛被买走，随后经屠夫屠宰后遭分割出售一般。

我吁求全能的上帝、昭昭天日以及今世后辈之人见证这一不义之举，我自忖有权抱怨我们国家这一可憎的弊病，并谴责它

---

① 指亚历山大·塞维鲁，原名马库斯·尤利乌斯·格西乌斯·巴西亚努斯·亚历克斯，222—235 年在位的罗马帝国皇帝。

② 参见埃利乌斯·斯巴提亚努斯等著《罗马君王传》，第 345 页："亚历山大从不允许贩售拥有用剑权的显赫官职，同时说道：'买下[官职]的人不可避免地会[把它]卖掉。我不能容忍贩卖权力的商人，还有那些在实施抢掠后我却不能对他们处以惩罚的人。因为要对一位进行买卖的人施加惩处，这么做让我感到蒙羞。'"

③ 1 世纪的罗马哲学家、政治家，曾任尼禄皇帝的导师和顾问。

④ 参见塞涅卡：《强者的温柔：塞涅卡伦理文选》，包利民等译，中国社会科学出版社 2005 年版，第 208 页。

的可耻、不光彩和卑劣。我亦不会被诸如马塔雷尔①、马松②之类的讼棍和阿谀奉承者色厉内荏的无礼言行吓倒。而且，若此即为上帝之旨意，我不会因为任何听命于人者或宫廷谄臣的诡计而放弃这项施助吾国之要务。当想到罗马教皇的扈从和受俸神职人员（那些受其誓言约束的神职人员，以及那些被授予丰厚家资之人）获得了如此众多的职位，并思及那些希望通过这位教皇的暴政将这类受俸神职授予子嗣的世俗人士出卖了他们的信仰和宗教，难道有人能不垂涕？

227

但是今时我们该如何看待法兰西各地普遍存在的伪证现象呢？皇帝狄奥多西有一条我相信已得到诸国之惯例和风俗认可的古老律法，即那些承担某项职务之人应公开宣誓不以该职务之名义给予或承诺任何东西，无论是通过他本人还是他人。③ 法兰西所有在巴黎或任何其他地区高等法院中任职者也被要求进行这种宣誓。但我所说的是否得到了执行？事实上，以这种形式接受和担任职务是可耻的。因为在整个法兰西，很少有人——我甚至可以说几乎没有人——未向财务官员购买他们的职位和管辖权。但在法兰西，接受圣谕是获得这一权利的首要途径。

接下来让我们来看看其余的问题。因为谁人不知，为处理诉讼并使公民免受法律困扰而设立的若干法官审议大会只不过是工场和监狱？在法国，谁人不知，一旦诉讼开始，它不仅会

---

① 指安托万·马塔雷尔，16世纪的法国作家，曾撰文批驳弗朗索瓦·奥特芒的《法兰克高卢》。
② 指帕皮尔·马松，16—17世纪的法国人文主义者、作家和律师。
③ 参见 *Codex Iustinianus*，9，27，6。

因为这些人的诡计而变得无休无止，而且还会扩展到其他诸多
228 诉讼？最后，再容我提出一个问题，谁人不知法国人民（他们擅
长普天之下的所有艺术，特别是文学得到了蓬勃发展，而且他
们也精于对宗教的研究）将他们的精力浪费在了诉讼的诡计上，
浪费在了欺诈的做法上，浪费在了肮脏的事务上——总而言之，
浪费在琐事上——就好像他们在下水道和厕所里耗尽他们的力
量一般，这岂非一种痛苦和耻辱？难道这个直到三百年前还几
乎不存在诉讼的国家，这个通过其年度集会关注公共福祉的国
家，能允许自己被这些泥淖的污秽所占据，并将国家的全部事
务统统交给国王的少数佞臣和谀臣？

　　我越是探寻这种被我们称为高卢疥疮的诡辩病的起源，就
越是确信我早先提出的观点，即正如迷信的瘟疫和其他诸多疫
病皆是从罗马教皇的工场里流出来的一样，法律诡辩术的实践
也是从罗马教廷传到我们这里的，因为据了解，它在法令颁布
后的几年之内就已扩展到了全国范围。因为《格拉提安教令集》
（*Gratiani Decretum*）①中提到了（被封为圣徒的）教皇利奥（Leon
Papa）②给既是法兰克国王又是皇帝的路易二世③的一封书信，
信中写道：教皇服从皇帝之诏书和法令以及他们制定的法律。
信中还指出，教皇恳求这位皇帝的宽恕，并希望罗马法的章程
在各地得到遵守。事实上，还有一份教皇和诺理三世（Papa

---

　　①　据称是由意大利的格拉提安在 12 世纪编撰的教会法汇编，后被编入《教会法
大全》。
　　②　指 847—855 年在位的教皇利奥四世。
　　③　应指 844—875 年在位的意大利国王路易二世，他是洛泰尔一世之子，曾使用
"罗马人的皇帝"之头衔，并在东罗马帝国被称为"法兰克国王"。

Honorius III)①的教令清楚地表明，直到此时，教皇一直都遵守　229
着罗马法的规定和《查士丁尼法典》中所载的基督教皇帝的律法，
而且法学争论中也援引了这些法律。

有人可能会问，对于这一弊病，我们是否可以提出补救措
施。很明显，所有这些麻烦的原因部分是不虔诚，部分是我们
国家令人难以置信的迷信，在这一时期，这些出自同一源头的
迷信扑向了我们，就仿佛无边无际的雾气一般笼罩着整个基督
教世界，而且，当基督教的唯一光芒随着《圣经》被碾为齑粉，被
埋葬并熄灭时，一切都继续被迷信的厚重黑暗所拖累。因此，
如果我们中那些幻想自己扮演复仇者(Alastor)角色的人允许的
话，并且在内战的疯狂煽动者中广布(或者更确切地说，通过上
帝的恩典赐予我们)《圣经》的权威，让吾国之青年将精力投入到
《圣经》的研习中去，那么毫无疑问，黑暗将被升起的太阳祛除，
法律的诡计将与同源之迷信被驱散。既然全能的上帝可以为其
子及吾等救主之荣耀而赐福吾辈，我们将不得不在祈祷中不断
地向祂祈求。

---

① 1216—1227 年在位的教皇。

附录

奥特芒创作《法兰克高卢》的
时间与原因[*]

拉尔夫·吉西

弗朗索瓦·奥特芒（François Hotman）在《法兰克高卢》（*Francogallia*）致王权伯爵弗雷德里克（Frederick）之题献信上所署的日期是 1573 年 8 月 21 日——此时距圣巴托罗缪大屠杀（St. Bartholomew's Day Massacre）周年纪念日仅三天。当时，关于大屠杀本身的文本论战已经度过了第一个也是最为尖锐的阶段。在历史学家的眼中，屠杀后首年出现的大多数小册子都已退居次席，他们现在将该事件发生后一年或更长时间才出现的作品视为真正重要的"圣巴托罗缪文本"。首先是 1573 年的《法兰克高卢》，接着是 1574 年法文版的《论行政长官的权力》（*De Iure Magistratuum*）和《晨钟》（*Reveille Matin*），然后是 1575 年和随后几年的一些其他作品——其巅峰之作是 1579 年的《保卫自由，反抗暴君》（*Vindiciae Contra Tyrannos*）。这些作品之所以经久不衰，乃是因为它们比早期的论战文本更为深刻。这些作品的作者忽略了其中涉及

---

[*] Ralph E. Giesey, "When and Why Hotman Wrote the 'Francogallia'," *Bibliothèque d' Humanisme et Renaissance*, T. 29, No. 3 (1967), pp. 581–611.

的人物，转而深入探讨了作为时代危机基础的更深层次的历史或哲学问题。这些作品更能打动时人，因此经常被重印和翻译。[①]

　　由于这些书籍皆为深思熟虑且条理清晰之作，人们有理由认为，其撰写必定旷日累时。就《法兰克高卢》而言，奥特芒在大屠杀后的活动日程与我们所预期的写作时间相差无几。1572年10月初，他作为难民抵达日内瓦。次年7月初，日内瓦政务委员会（Geneva Council）便批准了《法兰克高卢》的出版。对于奥特芒这样一位才智过人且多产的作家来说，花费八个月时间足以写出这样一部论著。[②] 我们认为在同一时间贝扎（Beza）[*]也在

---

　　① 在20世纪初前后的几十年里，至少有九部作品涉及了作为一个整体的圣巴托罗缪文本：E. Armstrong, "The Political Theory of the Huguenots," *English Historical Review*, IV (1889), pp. 13–40; Georges Weill, *Les théories sur le pouvoir royal en France pendant les guerres de religion*, Paris, 1891; Rudolf Treumann, *Die Monarchomachen: Eine Darstellung der revolutionären Staatslehren des XVI. Jahrhunderts (1573–1599)*, Leipzig, 1895; Paul Moussiegt, *François Hotman et Du Plessis-Mornay: Théories politiques des réformés au XVIe siècle*, Cahors, 1899; Henri Lureau, *Les doctrines démocratiques chez les écrivains protestants français de la seconde moitié du seizième siècle*, Bordeaux, 1900; Paul F.-M. Méaly, *Les publicistes de la réforme sous François II et Charles IX*, Dijon, 1903; Ludwig Cardauns, *Die Lehre vom Widerstandsrecht des Volks gegen die rechtmässige Obrigkeit im Luthertum und im Calvinismus des 16. Jahrhunderts*, Bonn, 1903; Albert Elkan, *Die Publizistik der Bartholomäusnacht und Mornays "Vindiciae contra Tyrannos"*, Heidelberger Abhandlungen zur mittleren und neueren Geschichte 9, Heidelberg, 1905; Herbert D. Foster, "Political Theories of Calvinists before the Puritan Exodus to America," *American Historical Review*, XXI (1915/6), pp. 481–503. 此后，夏尔·梅西耶（Charles Mercier, "Les théories politiques des calvinistes en France au cours des guerres de religion," *Bulletin de la Société de l'Histoire du Protestantisme*, LXXXIII [1934], pp. 225–260, 381–415）和皮埃尔·梅纳尔（Pierre Mesnard, *L'essor de la philosophie politique au XVIe siècle*, Paris, 1936–2nd ed., with added bibliography, 1951）对这一主题进行了更加深入的探讨。非常遗憾的是，我们无法得见已故的维托里奥·德·卡普拉里斯（Vittorio de Caparis）所著作品（*Propaganda e pensiero politico in Francia durante le guerre di religione: I [1559–1572]*, Naples, 1959）的续作；这部作品对本研究非常重要，在其中我们将主要关注圣巴托罗缪屠杀发生之前的情况。

　　② 关于《法兰克高卢》的出版，见下文第257页注释。关于这些年间奥特芒的生平细节，见下文第254页注释提及的鲁道夫·达雷斯特（Rodolphe Dareste）的作品，尤见"François Hotman, sa vie et sa correspondance," *Revue Historique*, II (1876), pp. 54–59。

　　＊ 指泰奥多尔·贝扎，继加尔文之后日内瓦的第二任新教领袖。

撰写《论行政长官的权力》，因为日内瓦政务委员会在批准出版奥特芒的著作三周后，就是否允许出版这本书展开了辩论。然而，《论行政长官的权力》并没有获得政务委员会的出版许可，因此没有与《法兰克高卢》同时付梓。直至翌年，该书才以匿名形式出版了其法文译本。①

我们现在知道，奥特芒和贝扎在1573年夏就已熟知对方的作品，而其著作之间明显的借用关系让我们可以推测，两位作者在前一年冬天和当年春天撰写这些著作时进行了密切交流。② 我们甚至可以推测，他们之间达成了创作两本书的共识，以此作为针对法国王室腐败的双重抨击：奥特芒通过历史事例

---

① 泰奥多尔·贝扎(Theodore Beza)作为《论行政长官的权力》(*De Iure Magistratuum*)作者的身份早在18世纪晚期就已为学界所知，当时塞内比耶(Senebier, *Histoire littéraire de Genève*, Geneva, 1786, I, p. 286)提到了日内瓦政务委员会有关该书的记录；托马斯·麦克里(Thomas McCrie, *Life of Andrew Melville*, 2nd ed., London, 1824, I, pp. 427-430)引用了同一记录；H. 法齐(H. Fazy, "La Saint-Barthélemy et Genève," *Mémoires de l'Institut national Genevois*, XIV [1878/79], pp. 77ff.)对于这一文献的援引则更为完备。阿尔弗雷德·卡蒂埃(Alfred Cartier)的文章("Les idées politiques de Théodore de Bèze d'après le traité: 'Du Droit des magistrats sur leurs sujets'," *Bull. de la Soc. d'hist. et d'Arch, de Genève*, II [1898-1904 (1900)], pp. 187-206)相比之下并不出彩，但该文章第192—193页同样引用了相关文件。尽管近年来，亨利-路易·戈南(Henri-Louis Gonin)出色地完成了对拉丁文版《论行政长官的权力》的英文翻译(Theodore Beza, *Concerning the Rights of Rulers Over Their Subjects and the Duty of Subjects Towards Their Rulers* [Cape Town-Pretoria, 1956], ed. by A. H. Murray)，克劳斯·施图尔姆(Klaus Sturm)亦对该拉丁文本进行了令人满意的编辑(Theodor Beza, *De Iure Magistratuum* [=Texte zur Geschichte der Evangelischen Theologie, 1, Neukirchen, 1965])，但治学严谨的学者仍应参阅其法文版(法文版出现得最早，因其收录于 Simon Goulart. *Mémoires de l'estat de France*, Vol. II, pp. 735-790 of the Meidelbourg, 1576-1577 edition; Vol. II, fols. 350-377ᵛ or 483ᵛ-522 of the two differently paginated editions dated Meidelbourg, 1578)，概因在涉及敏感的政治概念时，它与贝扎的拉丁文原文有很大出入。

② 上一注释和下文第584—585页提到的政务委员会记录显示，贝扎和奥特芒皆知道对方的著作；两人在创作这些作品时交换信息的确凿证据在于，他们完全一致地引用了伪造的阿拉贡人誓言，其开头是"吾等与汝一般有价值"：他们是我们所知的首批将这一誓言付梓的作者。我即将由普林斯顿大学出版社出版的新书(*If Not, Not: The Oath of the Aragonese and the False Fueros of Sobrarbe*)将对整个问题予以探讨。

说明，法国关于议事会控制君主之权力的基本法律遭到了践踏；贝扎则通过政治哲学论证，说明可以通过低等级地方行政长官的权力来反抗暴君的统治。至少我们可以假定，诸多时人一定是以此种方式将这两本书相提并论，因此，大多数近代历史学家从这两本截然不同但又相辅相成的著作开始讲述圣巴托罗缪文本的故事，这是非常正确的做法。①

虽然不可否认《法兰克高卢》在对读者的影响方面属于圣巴托罗缪文本，但每一位稔熟该书的学者都曾苦心孤诣地指出，该书的论点是否适用于当代必须由读者自己推断。且不说书中不曾隐晦地提到圣巴托罗缪之日（撇开序言书信不谈），作者也没有论及 16 世纪的其他事件。但是，当他在作品结尾处指出，路易十一（Louis XI）摧毁议事会的传统权威仅仅是一个世纪之前的事情，在对自路易十一以来所有统治者的暴政的隐晦控诉中显然包括了当今的法国统治者。从更为普遍和全面的角度来看，对"法兰克高卢人"不复存在的习俗的每一次赞颂都会让当时的读者——他们普遍认为传统习俗就是好习俗——认为现任统治者未能克尽厥职。事实上，《法兰克高卢》的非凡之处就在于作者避免了对当代事务进行任何明确的论证。他之所以能达到最

---

① 福斯特的评论（Herbert D. Foster, "Political Theories of Calvinists before the Puritan Exodus to America," p. 491）颇具代表性："1573 年，流亡日内瓦的奥特芒和贝扎两人讨论了圣巴托罗缪屠杀之后的形势，并撰写了两本书，提出了比加尔文更为激进的理论。"阿姆斯特朗的评论（E. Armstrong, "The Political Theory of the Huguenots," pp. 18-19）也很有代表性：《法兰克高卢》……直接受到了圣巴托罗缪屠杀事件的启发"；乔治·德·拉加德（Georges de Lagarde, *Recherches sur l'esprit politique de la réforme*, Paris, 1926, pp. 250-251）则认为奥特芒以旁征博引的形式将自己的政治思想写入《法兰克高卢》，是为了避开日内瓦政务委员会的敏感神经，因为该政务委员会不允许其论战作品《论法国人的怒火》（*De Furoribus Gallicis*）的法文译本付梓。

佳效果，乃是因为他采用了最好的说教手段，即让读者自己进行推论，从而为自己的聪明才智沾沾自喜。至此，我们就可以解释、证明甚至赞扬弗朗索瓦·奥特芒在出版其最著名的著作《法兰克高卢》时所展现出的洞察力了。①

———————————

① 关于《法兰克高卢》的概述非常之多。当然，上文第 251 页注释中提到的作品均有所论及，本注释中提到的作者也都给出了相当详尽的述要；但迄今为止，还没有一位作者将其研究建立在对《法兰克高卢》三个版本之间差异的充分了解之上（见下文第 257 页注释 2）。在关于奥特芒的研究中，鲁道夫·达雷斯特（Rodolphe Dareste）的名字仍占据榜首。他的《论弗朗索瓦·奥特芒》（*Essai sur François Hotman*, Paris, 1850）基于一项对奥特芒印刷文本的研究（关于《法兰克高卢》的分析见第 54—63 页）以及《弗朗索瓦与让·奥特芒书信集》（*Francisci et Joannis Hotomanorum…Epistolae*, Amsterdam, 1700），而他的另一篇论文（"François Hotman, sa vie et sa correspondance," pp. 1-59, 367-435）则主要源自他对奥特芒未公开书信的研究。达雷斯特还撰写了其他五篇关于奥特芒的文章（分别见于 *Bibliothèque de l'Ecole des Chartes*. ser. 3. t. V [1854]; *Revue d'histoire du droit français et étranger*, I [1855]; *Séances et travaux de l'Académie des Sciences Morales et Politiques*, CIV [1875]; *Bulletin de la Société d'Histoire du Protestantisme Français*, XXV [1876]; and *Revue Historique*, XCVII [1908]），每篇文章都涉及其未发表的信件。在涉及《法兰克高卢》的较早期作品中，可能会被提及的包括 Pierre Savous, *Etudes littéraires sur les écrivains français de la réformation*, Paris, 1854; 2nd ed., 1881, pp. 1-57（该文提到了它的价值所在）; Ariste Viguié, *Les théories politiques libérales au seizième siècle: Etudes sur la "Francogallia"*, Paris, 1873（一篇平庸的纯文学尝试之作）; Edme Cougny, "Etudes sur le XVIe siècle. Théories Politiques. François Hotman, La France-Gaule," *Mémoires de la Société des sciences morales, lettres et arts de Seine-et-Oise*, X (1875), pp. 241-322（该文对《法兰克高卢》第三版和最完整版本[1586 年版]的分析直接、透彻而合理）; Henry M. Baird, "Hotman and the Franco-Gallia," *American Historical Review*, I (1895/6), pp. 609-630（该文原创性不强，但相当完善）; L. Ehinger, *Franz Hotmann, ein französischer Gelehrter, Staatsmann und Publizist des XVI. Jahrhunderts*(= Beiträge zur vaterländischen Geschichte, XIV, 1896)（该书提供了与达雷斯特关于奥特芒传记作品相对应的德文版本——尽管没有用太多篇幅介绍《法兰克高卢》，并收录了奥特芒的一些书信）; E. Blocaille, *Etude sur François Hotman* (Dijon, 1902)（其中有奥特芒的传记，但主要侧重于《法兰克高卢》，先是逐章概述了其内容[第 79—178 页]，然后分析了其"政治体系"[第 179—248 页]）。绝对不容忽视的是勒迈尔文章（André Lemaire, *Les lois fondamentales de la monarchie française d'après les théoriciens de l'ancien régime*, Paris, 1907, pp. 92-102）中有关《法兰克高卢》的十页内容，其中充分体现了奥特芒著作的宪制意义。赫尔策尔的文章（Erwin Hölzle, *Die Idee einer Altgermanischen Freiheit vor Montesquieu* [= Historische Zeitschrift, Beiheft 5, Munich-Berlin, 1925]）中有几页（第 47—52 页）论述了作为自由观念日耳曼起源说支持者的奥特芒。哈尔辛（Paul Harsin, "Le parrain d'une école germaniste. Fr. Hotman et sa Franco-Gallia," *Revue des sciences politiques*, XLIX [1926], pp. 607-622）（转下页）

然而，并非所有人都被这种观点说服。有些人认为，此书并非一部精心策划的"时局之作"（livre de circonstance），而是本质上枯燥乏味（尽管可谓旁征博引）的崇古之作，它之所以成为畅销书，概因大屠杀之后的胡格诺派公众渴望从其领袖那里获得任何可以强化自身抵抗精神的讯息。换言之，大屠杀营造了一种将《法兰克高卢》转变为一类始料未及的书籍的公众情绪。为了证明这一点，我们或许应该关注日内瓦政务委员会是如何看待它的。在1573年7月的登记簿中，该书被称为"一部关于法国沦为罗马人行省之前状况的书籍"①。事实上，此即该书第1章的标题，也许审查员将其视为了整部作品的标题。不过，我们不能假定审查员未曾仔细阅读过这本书。1573年7月，日内瓦人受到了来自其瑞士盟友的巨大压力，不再允许印刷或出售煽动性的反法小册子。1573年6月，贝扎现身政务委员会，就反法小册子活动接受质询，尽管他主张信仰自由胜过政治上的

（接上页）对这一论点进行了更好的阐释。我发现雷诺兹（Beatrice Reynolds, *Proponents of Limited Monarchy in Sixteenth Century France: Francis Hotman and Jean Bodin*, New York, 1931）与其他任何关于《法兰克高卢》的法文或德文著作一样出色。默拉里（A. H. Murray, "The Franco-Gallia of François Hotman: A Study in Political Pluralism," *Butterworths South African Law Review*, 1956 [In Memoriam of H. F. Jolowicz], pp. 100-118）提出了一些新颖观点，但并未推动奥特芒学术研究的前沿发展。奥特芒的作品约有六十部，对其展开新的著作目录学研究已成为当务之急。哈格（E. Haag, *La France Protestante*, V, Paris, 1855）的书中列出的书目大有裨益，但有几处仍不准确，书目亦不完整。

① Geneva, Archives d'Etat. Registres du Conseil pour les particuliers, VIII（1373），p. 145；文本另见于 H. Fazy, "La Saint-Barthélemy et Genève," p. 78。奇怪的是，1574年在科隆第二次印刷的《法兰克高卢》的副标题中出现了对该书的这一描述，其拉丁文内容如下："一本描述当时被法兰克人占领的旧国家状况的小册子。"但在奥特芒曾于印刷行中过目的其他版本中均未使用这一措辞（关于《法兰克高卢》的版本，见下文第257页注释2）。

权宜之计,但政务委员会还是投票通过了禁令。① 因此,令人惊讶的是(至少事后看来如此),在一个月内,该政务委员会竟然批准出版了一部当即被法国驻瑞士大使视为大肆诽谤法国王室的小册子。②

同样令人费解的是,若将该书视为对法国统治者的蓄意攻击,那么奥特芒为何具名其上。他早年曾撰写过反吉斯家族(anti-Guise)的若干著名小册子,如 1560 年的《法兰西之虎》(*Tigre*)和 1573 年年初的《论法国人的怒火》(*De Furoribus Gallicis*),但皆为匿名之作。《法兰克高卢》在刊行后的一年半里声名狼藉,一位友人写信问奥特芒,既然他的名字如此令人憎恶,为何还如此愚蠢地指认自己是作者。③ 而奥特芒给朋友的回信则在此后经常为人所引用:

① 法齐(H. Fazy, "La Saint-Barthélemy et Genève," pp. 76-79)提供了所有文献资料。事件顺序如下:6 月 20 日,伯尔尼要求停止出版和销售小册子;6 月 25 日,日内瓦政务委员会质询贝扎,但表决通过了禁令;7 月 6 日,法国大使对日内瓦政务委员会的行动表示感谢;7 月 7 日,《法兰克高卢》的出版获得批准;7 月 30 日,贝扎请求允许出版《论行政长官的权力》;8 月 10 日,这一请求被拒绝;8 月 13 日,该书已经出版的传言遭到了调查,但贝扎坚称只有缮写员和奥特芒看过该书。(后三份文件也见于 Cartier, "Les idées politiques de Théodore de Bèze d'après le traité:'Du Droit des magistrats sur leurs sujets'," pp. 192-193。)

② 接上一注释的时间顺序:9 月 21 日(距离《法兰克高卢》的题献词日期还有一个月时间),法国驻伯尔尼大使让·贝利埃夫尔(Jean Bellièvre)就《法兰克高卢》提出抗议;10 月 22 日,日内瓦收到了他关于查禁该书的请求;10 月 23 日,政务委员会就这一问题展开辩论,权衡得罪法国国王和王太后的危险,并就此事询问贝扎的意见——但记录中没有进一步的叙述。参见 Geneva, Archives d'Etat. Registres du Conseil pour les particuliers, VIII (1373), pp. 185, 208^v, 209^v;摘录内容另见 H. Fazy, "La Saint-Barthélemy et Genève," pp. 78-80。

③ 这位友人是雅各布·卡佩尔(Jacob Cappel),他在 1575 年 2 月 13 日写给奥特芒的信中说:"但如果对法官来说亦是如此,那您就知道您的名字有多可恨了,或者说《法兰克高卢》作者的名字有多可恨了,据我所知,甚至连萨瓦家族都被他所激怒。我不明白您为什么要把自己的名字和他联系在一起;许多人都认为您这样做是有欠考虑的。"见 *Francisci et Joannis Hotomanorum…Epistolae*, p. 48。

此乃一部史书，一段信史。整场争论都涉及一个事实。他们否认了这一事实。既然这三个命题皆是在具备最确凿的证据和材料的情况下提出的，我们何错之有？如若彼等抱怨我口出妄言，或者凭空捏造，或者以假乱真，那就让他们明文指出吧。即使冒着断命之危，我亦愿迎接论战。①

奥特芒很快就如愿以偿了：1575 年，在卡特琳·德·美第奇（Catherine de' Medici）*的煽动下，两篇反对《法兰克高卢》的文章在短短数月内就问世了。奥特芒立即对这两篇论文做出了讽刺性的、几乎是充满辱骂的回应。翌年，他又印行了新版的《法兰克高卢》，其篇幅增加了三分之一。他将更多的事实堆砌于论点之上。全书几乎有四分之三的篇幅都是参考资料和引文。这本书的确是拼凑历史的典范之作。②

---

① 参见 *Francisci et Joannis Hotomanorum…Epistolae*，p. 49，dated 2 March 1575。

* 法兰西王国瓦卢瓦王朝国王亨利二世的妻子，以及此后三位法国国王弗朗索瓦二世、查理九世和亨利三世的母亲，出身意大利佛罗伦萨美第奇家族。

② 为了准备《法兰克高卢》的拉丁文集注版，我对欧洲和美国图书馆中现存的该作品进行了非常彻底的调查。因此，我可以非常自信地断言以下即已经出现的六种拉丁文印刷版本——不管在各种有关奥特芒的书目和著作中可能存在着什么不同的说法。(1) 1573：Geneva, Ex off. I. Stoerii。(2) 1574：Cologne, Ex. off. H. Bertulphi。(3) 1576：*idem*。(4) 1586：Frankfort. Apud heredes A. Wecheli。(5) 1600：Geneva. Haeredes E. Vignon and I. Stoer., 见 Hotman, *Opera*, III. pp. 1–96（该书在他去世后由其子让和皮埃尔·内韦莱[Jean, and Pierre Nevelet]编辑成册，此内容构成了该三卷作品的第一卷，书名为 *De Antiquo Iure Regni Galliae*）。(6) 1665：Frankfort, apud G. Fickwirt。奥特芒称 1574 年的印刷版为第二版，但它只是第一版的重印本；我称之为第二版的 1576 年版，其内容得到了大大扩充；1586 年版亦如此，我称之为第三版：1600 年版以 1586 年版为基础，但重要部分遭到了删减；1665 年版忠实于 1586 年版。该书最后版本的大约 60% 是在 1573 年写成的，20% 是在 1576 年添加的，剩下的 20% 是在 1586 年添加的。在制作新版本时，作者很少删减内容，但除了插入的新段落外，还修改了数十个单词和短语。总之，作品引用了约 875 处原始资料，其中大部分皆有长篇引文；这些引文约占作品篇幅的 75%。标题为"La Gaule Francoise"（或类似名称）的法文版本有三个或四个，这取决于如何计算它们的数量。(1) 1574：Cologne, H. Bertulphe；(2) 1577：Meidelbourg，（转下页）

以上诸论的目的是想表明，奥特芒似未将《法兰克高卢》视为一本论战小册子。该书出版后，它成了一本"时局之作"，因为公众正是如此看待它的。但是，如若奥特芒认为《法兰克高卢》具有煽动性，他就不可能仅在日内瓦政务委员会发布禁止出版或销售引发法国统治者敌意之作品的禁令两星期后就将其呈交给该委员会；当然，如若该委员会认为此书有煽风点火之嫌，他们亦不会批准该书出版。这部作品在出版时的诸多蹊跷之处，外加它对过去若干世纪历史近乎冷静的叙述，不禁让人怀疑此书是否在另一时期为另一目的而创作，然后在 1573 年夏（也许

（接上页）in Simon Goulart, *Mémoires de l'estat de France*, II, pp. 577–733; (3) (& [4]) 1578: *idem.*, II, pp. 271–349ᵛ, 375ᵛ–482ᵛ（收录于这一年西蒙·古拉尔[Simon Goulart]作品的两个印刷版本）。关于西蒙·古拉尔亲自创作了法文译本的说法，似乎只能追溯到 *Opuscules françoises des Hotman*, Paris, 1616 目录中的一句话（见 Edme Cougny, "Etudes sur le XVIᵉ siècle. Théories Politiques. François Hotoman, La France-Gaule," p. 250, n. 1），而且有充分的证据可以对其表示怀疑。1574 年的法文版源自 1573 年的拉丁文原版；1577 年和 1578 年的古拉尔印刷版则是基于 1576 年的拉丁文第二版扩充版。最后，由罗伯特·莫尔斯沃思（Robert Molesworth）制作并在伦敦为爱德华·瓦伦丁（Edward Valentine）印刷的英译本有三种版本：1711 年的版本源自 1573 年的拉丁文原版；1721 年和 1738 年的版本与 1711 年的版本完全相同，只是增加了一个篇幅为三页的新章节（第 19 章），使该书从 20 章变为了 21 章。这一章与 1576 年拉丁文版的第 18 章相对应，是该版本中唯一新增的一章。因此，1721 年版的英译者可能以为他向读者提供的是 1576 年版本的全文：事实上，1576 年新增的章节只是奥特芒当时所做增补总数的一小部分。只有像我这样对版本进行过全面的整理，才能发现 1576 年版《法兰克高卢》的扩充程度。1586 年版的扩充内容更容易被辨别出来，许多作家也注意到了这一点——因为扩充的主要形式是全新的章节（其中的六章）：但 1586 年版亦有许多长段落被插进了旧章节当中，其中大部分皆未引起评论家的注意。抨击《法兰克高卢》的文章均于 1575 年在巴黎出版，分别是：Jean-Papire Masson, *Papirii Massonii responsio ad maledicta Hotomani cognomento Matagonis*; Antoine Matharel, *Ad Franc. Hotomani Franco-Galliam Antonii Matharelli responsio.* 奥特芒所做出的回应分别是 *Strigilis Papirii Massoni, sive Remediale charitativum contra rabiosam frenesim Papirii Massoni*; *Matayonis de Matagonibus…Monitoriale adversus Italogalliam sive Antifranco-galliam Antonii Matharelli.* 两者均于 1575 年出版，但未标明出版地点。关于马松和奥特芒之间的论争——所谓的"意大利主义与法兰克高卢主义的论战"的优秀总结见 Pierre Ronzy, *Un humaniste italianizant: Papire Masson (1544–1611)*, Paris, 1924, pp. 164–213。

经过了一些修改）付梓。

　　一代人之前，一位曾留学美国的中国历史学家敏锐地注意到，《法兰克高卢》中的宪制观点最符合 1567—1572 年流行的思想，他甚至评论称，"《法兰克高卢》不同寻常的平静似乎表明其创作时间早于圣巴托罗缪屠杀"。[1] 多年来，许多评论家都指出了《法兰克高卢》与奥特芒早期作品的关系。维托里奥·德·卡普拉里斯（Vittorio de Caprariis）在其有关宗教战争时期的政治思想史中即将《法兰克高卢》置于奥特芒政治思想某一阶段的尾端，这一阶段大致始于 1560 年。他首先将《法兰克高卢》与奥特芒于 1567 年创作（但未出版）的《驳特里波尼亚努斯》（*Antitribonian*）联系起来。[2] 可以说，奥特芒在《驳特里波尼亚努斯》中提出的反对在法国适用罗马法的论点，与他后来阐明法兰西（或法兰克高卢）的基本法如何自发发展的努力相得益彰。[3]

---

　　[1]　Yung Chi Hoe, *The Origin of Parliamentary Sovereignty or "Mixed" Monarchy*, Shanghai, 1935, p. 71，见正文和注释 5。

　　何永佶（1902—1979），美国哈佛大学政治学博士，后于北京大学任教，从事法律史研究。——译者

　　[2]　卡普拉里斯的著作（见上文第 251 页注释 1）未涉及 1572 年之后的事件发展，但在其对《驳特里波尼亚努斯》的长篇分析的结尾（见第 224—244 页），他得出结论认为，《法兰克高卢》在精神上属于奥特芒于 1572 年圣巴托罗缪之日前创作的著作。显然，我完全赞同这一观点。

　　[3]　达雷斯特用几页篇幅讨论了《驳特里波尼亚努斯》（见 *Essai sur François Hotman*, pp. 21-25），但现代学者对这部作品的关注似乎源于巴伦的论文（J. Baron, "Franz Hotmann's Antitribonian. Ein Beitrag zu den Codificationsbestrebungen von XVI. bis zum XVIII. Jahrhunderts," in *Litterarum Universitati Bononiensi*, Berne, 1888），不过，该作品与奥特芒的思想发展本身并无太大关系。接下来是富诺尔的文章（E. Fournol, "Sur quelques traités de droit public au XVIe siècle," *Nouvelle revue historique de droit français et étranger*, 3e ser., XXI [1897], pp. 298-325），与下一注释中提到的文章一样，这篇文章几乎完全被后来的历史学家所忽视，但在我看来，其中包含了一些对奥特芒著作最为精辟的看法；实际上，这篇文章除了论述奥特芒之外，还论述了博杜安（Baudoin）和博丹，并将他们对民族历史的看法与其对法哲学的信念联系起来。几年后，E. 阿姆斯特朗（E. Armstrong, "The Political Theory of the Huguenots," pp. 22ff.）指出了《驳特里波尼亚努斯》（转下页）

一代人之前的另一位作家大卫·贝尔德·史密斯(David Baird Smith)(他是我所遇到的研究奥特芒的最优秀学者之一，当然也是最遭忽视的学者)发现了《法兰克高卢》与奥特芒的封建法著作(即《关于采邑的三部评论》[*De Feudis Commentatio Tripartita*])之间的密切关系，后者于1572年年初完稿，但直到1573年3月才付印。[①] 该

(接上页)与《法兰克高卢》之间的若干种关系，即使他认为后者是圣巴托罗缪文本的组成部分；但这整篇文章必须因其无条理的文献资料而受到指摘。荷兰法律学者约瑟夫·范卡恩(Joseph van Kan, "François Hotman en de codificatiepolitiek van zijn tijd," *Tijdschrift voor Rechtsgeschiedenis*, III [1921], pp. 1-11)对《驳特里波尼亚努斯》一书做出了论述，该论述效仿了 J. 巴伦，这篇文章后来被翻译为法文，见 *Les efforts de codification en France. Etude historique et psychologique*, Paris, 1929, pp. 42-50。梅西耶在("Les théories politiques des calvinistes en France au cours des guerres de religion," pp. 239-243)摘录了阿姆斯特朗关于《法兰克高卢》与《驳特里波尼亚努斯》关系的一些睿智之言，雷诺兹(*Proponents of Limited Monarchy in Sixteenth Century France: Francis Hotman and Jean Bodin*, pp. 52-60)对《驳特里波尼亚努斯》做出了出色的总结。然而，在所有这些涉及《驳特里波尼亚努斯》的旧作中，只有富诺尔和史密斯的作品(David Baird Smith, "François Hotman," *Scottish Historical Review*, XIII [1916], pp. 328-365)仍未被近期的研究成果所取代，具体如下：(1)菲内蒂(L. Palazzini Finetti, *Storia della ricerca delle interpolazioni nel Corpus Iuris giustinianeo*, Milan, 1953, pp. 108-117)说明了《驳特里波尼亚努斯》在近代早期罗马法研究史学中的地位；(2)梅纳尔(Pierre Mesnard, "François Hotman (1524-1590) et le complexe de Tribonien," *Bull. de la Soc. de l'Hist. du Prot. Fran.*, CI [1955], pp. 117-137)对《驳特里波尼亚努斯》做了完整的概述，并发现了它与早先曾做过分析(见 *L'essor de la philosophie politique au XVIe siècle*)的《法兰克高卢》之间的一些联系；(3)马费伊(Domenico Maffei, *Gli inizi dell'Umanesimo giuridico*, Milan, 1956, pp. 60-65)则将《驳特里波尼亚努斯》归入人文主义对罗马法的批判潮流中，这种批判可追溯到 15 世纪初；(4)波考克的观点(J. G. A. Pocock, *The Ancient Constitution and the Feudal Law*, Cambridge, 1957, pp. 8-29)很有启发性，但我发现其论点存在着一个重大缺陷(见下文第 277 页注释 1)；(5)卡普拉里斯的著作；(6)福格尔非常详细地介绍了《驳特里波尼亚努斯》，但仅认真关注了它就奥特芒对罗马私法的看法所揭示的内容(Werner Vogel, *Franz Hotmann und die Privatrechtswissenschaft seiner Zeit*, Inaug. Diss., Univ. Freiburg i. Br. [1960])；(7)富兰克林对富诺尔和波考克的哲学概念贡献良多，但在分析《驳特里波尼亚努斯》作为对传统权威的一种攻击时，他比他们走得更远(Julian H. Franklin, *Jean Bodin and the Sixteenth-Century Revolution in the Methodology of Law and History*, New York, 1963, pp. 46-58)。

① David Baird Smith, "François Hotman," pp. 328-365. 史密斯对奥特芒的评价不高，但若读者能够容忍史密斯的令人不快之处，就会发现其文章是对奥特芒生平和思想的最好简介；史密斯所读过的奥特芒作品以及与之相关著作的数量并不亚于除达雷斯特之外的其他任何历史学家。

书两封序言书信中的第一封是写给卡斯珀·赛德利茨（Casper Seydlitz）的，日期为 1572 年 6 月 13 日，史密斯注意到其中使用了"法兰克高卢"（Francogallia）一词。他认为其所指乃是奥特芒以该名称为标题的论著，因此奥特芒将该作品与其封建著作联系了起来。此外，史密斯认为，《法兰克高卢》和《关于采邑的三部评论》皆与《驳特里波尼亚努斯》相关。[1] 史密斯此言不谬，但他所提出的原因却是错误的。奥特芒在 1572 年 6 月写给赛德利茨的信中使用的"法兰克高卢"一词并非指向此书，而只是"法兰西"（France）的同义词。[2] 不过，他在 1572 年圣巴托罗缪屠杀之前使用该词确实具有煽动性。谨慎起见，我们至少要仔细阅读长篇累牍的《关于采邑的三部评论》，试看其中是否还有其他的"法兰克高卢"症候。

除了刚刚提及的致赛德利茨的书信之外，我还发现《关于采邑的三部评论》文本中有 13 处使用了"法兰克高卢"一词。[3] 其中有 12 处仅是用来代替"法兰西"，就像在致赛德利茨的信中一样，但第 13 处无疑是指向了一部名为《法兰克高卢》的手稿作品。奥特芒一度引用了一份材料，其中提到了"法兰克的权利"

---

① David Baird Smith, "François Hotman," p. 349. 根据托马斯·克雷格爵士（Sir Thomas Craig）极具影响力的著作（*Jus feudale*）中的观点，史密斯之所以对奥特芒感兴趣，概因后者（尤其是他关于封建法的著作）对苏格兰和英格兰思想家的影响。

② 有关段落引自 Werner Vogel, *Franz Hotmann und die Privatrechtswissenschaft seiner Zeit*, p. 115。

③ 在 1573 年版中（除了赛德利茨的书信，见 Werner Vogel, *Franz Hotmann und die Privatrechtswissenschaft seiner Zeit*, p. 115），它们分别出现在第 23、28、100、128、147、160、197、212（见下一注释）、213、312、393、711 和 735 页。奥特芒在 1572 年版中使用"法兰克高卢"一词的这一证据削弱了 Jos. Barrère, "Observations sur quelques ouvrages politiques anonymes du XVIᵉ siècle," *Revue d'histoire littéraire de la France*, XXI (1914), pp. 383-386 中关于奥特芒是《晨钟》作者的观点。

（Ius Francorum），但指向了日耳曼人，他解释说，在古老的日耳曼历史学家中，最常见的做法莫过于用法兰克人之名指代日耳曼人，"就像我们在《法兰克高卢》中所描述的"。[①]《法兰克高卢》第4章和第5章确实载有众多明确且巧合的证据，证明了古代著作经常将日耳曼人称为法兰克人。因此，除非有人认为奥特芒有着一种将头脑中的构想说成是已经完成的作品的一厢情愿的想法（这种想法在学者中并不鲜见），否则我们不得不认定奥特芒在把《关于采邑的三部评论》的手稿寄给印刷行时（不迟于1572年6月）就已经创作了《法兰克高卢》的某个版本。

这证明了《法兰克高卢》在圣巴托罗缪屠杀发生之前就已存在，从而颠覆了关于该作品创作时间的传统观点。它甚至似乎与奥特芒本人在1573年8月21日致弗雷德里克伯爵的题献信中关于作品创作的说法相矛盾。我援引了18世纪初莫尔斯沃斯的译文：

> 在过去的几个月里，我一直想起这些异乎寻常的灾难，我寻遍过去所有论及我们法兰克高卢的法国和德意志史家，并从其作品中收集了关于我们国家的真实情况；（他们一致认为）我们国家在此状况下已经繁荣了上千年。事实上，我们的祖先在最初制定宪法时所展现出的伟大智慧几乎令人难以置信；因此，我不再怀疑，从他们的铭言中一定可以

---

① "……正如我们在法国所教导的那般，对于古代历史中的日耳曼人而言，没有什么比他们被普遍视为法兰克人更司空见惯的了。"见 *Disputatio de Feudis*（first of the three parts of the *Commentatio Tripartita*），cap. xlv, ed. 1573, p. 212。

推导出解决如此巨大灾难的最可靠补救办法。①

如果从这些话中推导出《法兰克高卢》"何时"及"为何"而作，似乎就证实了这一传统观点。在日内瓦避祸的数个月时间里，奥特芒研究了法国历史，以期找出当时的灾难是否是由于偏离了传统的法令习俗。他发现确实如此，而补救的办法就是依从古人的智慧。虽然说得轻描淡写，但其传达的信息似乎非常明确：这本书是对当时法国统治者的抨击。

虽然在我们看来事实已经很清楚了，但奥特芒本人后来似乎觉得，其信中的措辞让人怀疑他究竟是在何时完成了与《法兰克高卢》相关的研究。前文翻译为"过去几个月"的短语的拉丁文原文为 superioribus mensibus。如果它所指为撰写题献信之前的几个月，更明确的表述应是 proximis mensibus。无论如何，当奥特芒在 1586 年出版第三版《法兰克高卢》时，他给 superioribus mensibus 添加了一个旁注，以明确这几个月的时间：1572 年和 1573 年。② 它可能是指 1572 年的最后几个月——10 月至 12 月，以及 1573 年的最初数月，如此一来，人们就不会认为此书是在

① 拉丁文原文如下：Superioribus quidem mensibus in tantarum calamitatum cogitatione defixus, veteres Francogalliae nostrae historicos omnes［omnes 在 1586 年版中被省去］et Gallos et Germanos evolvi, summamque ex eorum scriptis confeci eius status, quem annos amplius mille in Rep. nostra viguisse testantur, ex qua incredibile dictu est quantam maiorum nostrorum in constituenda Republica nostra sapientiam cognoscere liceat, ut mihi quidem nequaquam dubium esse videatur, quin ab illa certissimum tantorum malorum remedium petendum sit.

② 在 1586 年版的整个版本中，只有第 12 章（早期版本为第 10 章）中的另一个旁注：该旁注特别指出了《箴言》中的一个典故，即第一版文本中已经出现的关于所罗门的内容。由于 1586 年版有增补和改动，我们应假设"1572 年和 1573 年"以及关于《箴言》的旁注是在最后一刻加上去的，否则它们就会被纳入送往印刷行的第一版文本中。在 1665 年的印刷版中，"1572 年和 1573 年"被放在文本的括号中，置于"过去几个月"之前，而关于《箴言》的旁注则被放在"所罗门"之前。

1572 年 8 月的圣巴托罗缪屠杀之后成文的。但单单 superioribus mensibus 一词就涵盖了这一时期，而 superioribus mensibus anno 1572 & 1573 被译为"1572 年和 1573 年的前几个月"，可能指 1572 年全年和 1573 年 1 月至 8 月。我确信此即奥特芒所要表述之意，其中的一个充分理由是：有人曾向他指出，他在 1572 年年初的《关于采邑的三部评论》一书中已经提及了《法兰克高卢》。

我接下来要提出的假设是，奥特芒在 1572 年年初的几个月里创作了《法兰克高卢》的初稿，但直到一年后，即 1573 年年初的几个月，他才准备好了出版的定稿。其后章节将对这一系列事件进行论证，从而回答"《法兰克高卢》是何时创作的"这一问题。这将为探讨真正重要的问题——"《法兰克高卢》是在 1572 年圣巴托罗缪之日之前或之后多久成书的"（或者直截了当地说，"为何要撰写《法兰克高卢》一书"）——开辟道路。这将涉及对奥特芒在 1572 年之前数年思想活动的探讨，我的目的是将《法兰克高卢》与他自 12 年前宗教战争爆发以来一直从事的法律史著作的宏伟计划联系起来。如我成功地做到了这一点，那么我们将不得不得出以下结论：圣巴托罗缪文本作品中的第一部重要著作之所以能占有一席之地，与其说是由于作者的意图，不如归于读者的心态。

在 1572 年 8 月的大屠杀中侥幸逃生一事在一生充满磨难的弗朗索瓦·奥特芒所遭受的灾难中只能位居次席。4 年前，当第三次宗教战争爆发时，他正在桑塞尔（Sancerre）的坚固城池里避难，这是对他最大的考验。他在一部名为《慰藉》（Consolatio）的动人作品中讲述了他和家人(一大家子)在该城被围困期间所遭受的苦难。奥特芒在桑塞尔度过了两年零七个月,他的家人在拉沙里泰(La Charité)又度过了七个月,然后回返奥特芒曾经担任法学教授一职的布尔日(Bourges)。奥特芒本人于1571年6月回到布尔日,并在随后的十五个月中在大学授课。这一时期是其创作生涯中最活跃的阶段之一,《法兰克高卢》的初稿就是在此时完成的。①

　　1572年8月,当奥特芒逃离布尔日前往日内瓦时,他丢失了自己的藏书和大部分手稿。不过,有几份手稿已经交付给了印刷商,还有几份手稿被找了回来,并最终在日内瓦物归原主。这些手稿也被迅速出版。因此,从1573年3月到1574年1月的十个月是奥特芒一生中出版作品最多的时期。这只是就"旧"作而言,尚不包括他在这一时期撰写并匿名出版的与圣巴托罗缪屠杀相关的作品:《科利尼传》(Vita Colinii)和《论法国人的怒火》,以及新旧未定之作《法兰克高卢》。除了上述三部作品外,

---

　　① 达雷斯特援引了《慰藉》的内容("François Hotman, sa vie et sa correspondance," pp. 51-52)。根据达雷斯特援引的其他资料,奥特芒在1567年至1571年的行程可以被重现如下:他于1567年9月被逐出了布尔日("François Hotman, sa vie et sa correspondance," p. 49;他于4月抵达布尔日,仅五个月后便又逃离了该地);1568年8月第二次宗教战争爆发后,他退居桑塞尔("François Hotman, sa vie et sa correspondance," p. 50);他的家人在桑塞尔共度过了两年零七个月的时光,这意味着他们可能直到1571年10月才返回布尔日("François Hotman, sa vie et sa correspondance," p. 52, n. 3, 摘自奥特芒的一封书信),奥特芒本人则在1571年6月19日回到了布尔日("François Hotman, sa vie et sa correspondance," p. 52, n. 4, 摘自朗盖[Languet]写给卡梅拉留斯[Camerarius]的书信,信中也提到从布尔日被放逐"将近四年")。可能在1567年8月或1568年9月期间,奥特芒在经历这些磨难的某个时刻丢失了他的藏书。后来他找回了藏书,或者重新收集了新的一批,但在圣巴托罗缪屠杀之后,他又在逃亡途中丢失了藏书。至少通过这种方式,我可以解释奥特芒在1573年(见下文第268页注释3和第269页注释1)两次丢失藏书的原因。

这一时期还有另外四部作品问世：《关于采邑的三部评论》（1573年3月，共746页）、《重要疑难》（*Quaestionum Illustrium Liber*，1573年6月，共304页）、《辩证法第四卷》（*Dialecticae Institutionis Libri IIII*，1573年8月，共363页）和《调查研究第三卷》（*Observationum Liber III*，1574年1月，共95页）。从这些书卷的题献词中，我们可以清楚地看到圣巴托罗缪屠杀对其学术生涯的影响，进而推断出他在此前一年多的时间里所撰之内容。

我们已经引述了献给卡斯珀·赛德利茨的《关于采邑的三部评论》的"序言"，日期是1572年6月。这肯定是手稿刚付印时所署。该书最终付梓时又增加了一封题献信。这封信的日期是1573年3月1日，收信人是后来成为选帝侯顾问的德意志法学家罗伊贝尔（Reuber）。它的开头如下：

> （现在）您终于等到了期待已久的《关于采邑的三部评论》：如果它未能达到我们朋友的期望，您会将部分过失归咎于现今这个时代的疯狂。我希望您也能用同样的借口来解释我履行诺言的速度为何如此之慢。事实上，我很早以前就寄了一份稿件给印刷行，基于某种非凡的奇迹，它碰巧逃过了诸多肆意妄为的小偷之手。我在10个月前将《辩证法》①寄给了印刷行。我认为《创建以来寰宇史》（*Index universae historiae ab orbe condito*）②堪算安妥。事实上，我最

---

① 出版于1573年8月。
② 根据 Haag，*La France Protestante*，V，pp. 532, 11，该作品于1589年与一部旧作的重印本（*Partitiones Iuris Civilis*，ed. prin.，1560）一起出版。

近收到了有关凯撒之《高卢战记》①的评注，我希望它们很快就能面世。你们经常戏称为"克里斯托弗鲁斯·波库斯"（Christopherus Porcus）（克里斯托弗·德·图［Christofle de Thou］——原文作者）的那个人很久以前从我这里抢走了《论吉东·帕皮乌斯和帕皮努斯·阿列斯托格拉弗姆之争及此类实用主义者》（*Disputationes contra Guidonem Papium & Paponium Arrestographum, & aliquot eiusmodi Pragmaticos*）。② 但是，在朋友们的热切恳求下，我编写了全新的文稿，希望能对您的法庭实践有所帮助。我恳求您对《论〈法令全书〉与诸法典》（*Lectures on the Pandects and Codes*）③以及《法律规范

---

① 1574 年在里昂出版，经常得到重印，见法国国家图书馆和大英博物馆的印刷书目录。

② 此书从未出版过，但我认为，这些针对居伊·帕普、让·帕蓬和其他法国高等法院拥护者的著作为《法兰克高卢》的最后一章奠定了基础，在这一章中，奥特芒抨击了高等法院的"司法王国"及其"管辖区"，即初审法庭。阿姆斯特朗指出了《驳特里波尼亚努斯》中对罗马法的抨击与《法兰克高卢》最后一章的相似之处（Armstrong, "The Political Theory of the Huguenots," pp. 22f.)；他还指出，让蒂耶（Gentillet）在其《评论》（*Commentarii*）中将反对高等法院的一章放在了最后。在奥特芒的书信中，我们可以在很多地方看到关于"实用主义者"（Pragmaticos）的恶评，如 Caprariis, *Propaganda e pensiero politico in Francia durante le guerre di religione: I (1559 - 1572)*, pp. 228 - 229 中和 Dareste, "François Hotman, sa vie et sa correspondance," p. 47 中提到的 1564 年版和 1566 年版的例证。唐纳德·R. 克雷教授（Professor Donald R. Kelley）（我感谢他对本文提出的诸多宝贵意见）告诉我，奥特芒在其 1559 年的作品（*Jurisconsultus*, Basel, 1559, pp. 34, et passim）中已经使用了"并非法学家……而是实用主义者"（non jurisconsulti…sed pragmatici）这一对照措辞。

③ 我无法确定这本著作为何，但它可能是 1589 年的 *Observationum in iure civile libri IX*, Harvard Law School Library and the Folger Library, Washington, D. C. 或哈格（Haag, *La France Protestante*, V, p. 539, ≠ 41）和史密斯（David Baird Smith, "François Hotman," p. 359, n. 2）所援引的 *Observationum et emendationem Libri XIII*, Geneva, 1586 and 1589。奥特芒法律著作（共有五十多部）的整理工作极其困难，因为不同的印刷版本所附的名称往往略有不同，有时早期的简短小册子会以新的书名被收录。更让书目编纂者头疼的是奥特芒在后来的版本中更改文本内容的做法。《法兰克高卢》并不是唯一的例子。

注疏》(*Commentarius in Regulis Iuris*)①寄予厚望。由于万能的主的仁慈，这些书被奇迹般地从盗贼手中夺了回来。②

这封致罗伊贝尔的信告诉我们，《辩证法第四卷》完成于1572年5月，但直到1573年8月才付梓。③ 该书的题献信也提到了书籍和手稿丢失的情况。致罗伊贝尔的信中未曾提到另一部作品，即1573年6月出版的《重要疑难》；但我们知道，这也是一部"旧"作，因为它(与《法兰克高卢》一样)在一年前的《关于采邑的三部评论》正文中已被提及。其中一些问题甚至与《法兰克高卢》的章节有关。④ 1573年3月致罗伊贝尔的信中亦未提及奥特

---

① 据我所知，此书仅在奥特芒去世后出版过(奥特芒的几篇文章亦是如此)，它收录在让·奥特芒(Jean Hotman)和皮埃尔·内韦莱于1599年至1600年在日内瓦出版的三卷本《作品集》(*Opera*)中。

② 参见 *De Feudis Commentatio Tripartita* (Cologne, 1573), A 6ʳ。

③ 《辩证法第四卷》的"序言"(日期为1573年8月1日)是献给菲利普·路易(Philip Louis)的。奥特芒解释说，他之所以在此时将这部作品付梓，乃是担心它会遭遇他的其他著作被遗失的命运："……最后我决定……公开发表它……部分是因为我在那些劫掠和动荡的处境中失去了许多著作，因为我的命途多舛，以及我的藏书两次遭劫。我为此痛心疾首，并且担心今后同样的命运也会降临在《辩证法》和我的其他著述身上(仿佛它们是人类一般)。"见 Ed. Geneva, 1573, preface, pp. 2ᵛ–3。

④ *Quaestionum illustrium liber*, Paris exc. H. Stephanus, 1573；1573年版《关于采邑的三部评论》的第550页提到了这部作品。这部作品可能是上文引述之书信中提到的反实用主义者的作品(参见第592页注释1和注释5)，因为人们会在不同的地方发现对他们的抨击，但这并不新奇。Beatrice Reynolds, *Proponents of Limited Monarchy in Sixteenth Century France: Francis Hotman and Jean Bodin*, pp. 66–68 中呼吁注意"疑难一"("国王是否有权自行决定削减其王国和领土的大小")与《法兰克高卢》的关系，但她认为奥特芒在这一"疑难"中"迅速概述了在长篇巨著(即《法兰克高卢》)中得到扩展的理论"的观点显得过于离谱。"疑难一"与《法兰克高卢》第1版第7章有关，它涉及王位继承问题，但较之这些著作1573年对此事的论述，更显有趣的是它们在16世纪80年代中期对此事的阐述。史密斯(Smith, "François Hotman," pp. 352–353)表明在1573年，"疑难三"的第一个版本("如若国王已去世，且其故长子的孙子和该国王的另一个儿子皆在世，则应转让哪些遗产")在后来的版本中(史密斯引用的是1598年版，但我猜测1585年的第4版亦是如此)是如何被修改的，以至于原本可以被理解为排除纳瓦拉的亨利对王位之主张的论据被改成了支持他的主张。同样，我还可以补充一点，在1586年版的《法兰克高卢》中，过去的第七章内容得到了大幅扩充，使继承原则符合纳瓦拉的亨利的 (转下页)

芒在 1574 年元旦题献给米夏埃尔·瓦罗（Michael Varro）的《调查研究第三卷》。不过，我们再次发现，《关于采邑的三部评论》提到了这部作品，这使其成为幸存的遗失手稿的一部分。奥特芒本人似乎一度放弃了寻回《调查研究第三卷》的希望，他在致瓦罗的信中告诉我们：

> 最杰出、最博学的瓦罗，您将拥有我送出的一份礼物，这份礼物不是因您对我的善意、我们的友谊或您的期望而送出的，而是因为在被我们的敌人驱赶多年，我也几近遗忘之后，最近我找到了它，随之一起的还有我的部分藏书（就像海难中的木板一般）。虽然我的藏书曾两次被盗贼洗劫一空（我不知还有什么伤害比之更令我伤心），但这些东西还是从强盗的魔爪下获救了，这首先归功于上帝的仁慈，其次是我那更高贵、更杰出的赞助者的神异恩惠（所提及者可能是黑森伯爵——原文作者）。我最近从中写出了《调查研究第三卷》，不久之后（如果此乃上帝之旨意的话）还会写出另外五本，我想把它们献给您，我的瓦罗。①

（接上页）主张。此外，《重要疑难》和《法兰克高卢》在 16 世纪 80 年代的改动必须与他在 1585 年撰写的重要论述（*Disputatio de controversia successionis regiae inter patruum et fratri premortui filium*）放在一起讨论。我对此有一定的论述（*Juristic Basis of Dynastic Right to the French Throne* [= Transactions of the American Philosophical Society, 51: 5, Philadelphia, 1961], pp. 31–37）。总之，"疑难一至四"涉及的问题与《法兰克高卢》很接近，可能为其中的章节提供了素材，正如（根据我在上文第 267 页注释 2 中的推测）他针对实用主义者所撰之手稿为《法兰克高卢》关于高等法院的最后一章提供了基础。在对这些问题进行真正深入的研究之前，我们至少可以做出一个与本文直接相关的、带有附加条件的判断，即奥特芒严格意义上的法律著作与他在《法兰克高卢》中的历史论证是密切相关的。

　　①　参见 *Observationum Liber III*（Basel, 1574），pp. 3–4。《调查研究》的其他五卷必然被囊括在前文提及的 1586 年版和 1589 年版的书目中。1573 年版《关于采邑的三部评论》有两处（第 89、460 页）提到了《调查研究第三卷》，在后一处中他提到了该书第一次丢失的时间，应该是 1567 年他逃离布尔日之时。

截至 1574 年 1 月"新近找到的"手稿和书籍，似乎是他在十个月前写给罗伊贝尔的信中提到的作品的补充。因此，我们可以假定，奥特芒在布尔日不得不丢弃的文稿被一点点找回了。当它们被重新找回后，他便开始着手出版。我认为，其中一批即包含了《法兰克高卢》的早期草稿。容我们猜测这件事发生在 1573 年 3 月 1 日之后不久（这样就不必解释为何在致罗伊贝尔的信中未曾提到它是丢失的文稿之一），然后他花费了数月时间来完成它——这里必须加上 1572 年年初撰写初稿时的几个月——直至 1573 年 7 月完成这部作品。这一系列事件完全符合奥特芒本人关于《法兰克高卢》创作的最终声明，"1572 年和 1573 年的前几个月"。

现在我们来讨论《法兰克高卢》有多少内容是在 1572 年圣巴托罗缪屠杀之前完成的这个问题，首先要说明的是，奥特芒在给弗雷德里克伯爵的信中所表露的该作品的政治动机（即通过研究法国的旧制度来揭示当前的灾难）在屠杀前后一样真实。他并不需要 1572 年 8 月发生的事件来让他相信法国的统治是腐朽的。在此前的两年半时间里，他与其他在桑塞尔避难的胡格诺派教徒一样生活在悲惨而危险的环境中。事实上，我们应该记得，自宗教战争一开始，他就深深地卷入了政治事务中。1559 年至 1560 年，他在斯特拉斯堡（Strasbourg）担任孔代（Condé）*的属官，参与策划了昂布瓦兹阴谋（Conspiracy of Amboise）。奥特芒甚至可能是主谋之一；当然，他对该阴谋的规模也有所了解。

---

* 　指路易一世·德·波旁，1530—1569 年在位的孔代亲王。

他肯定也是胡格诺派领袖们延请的法学家之一，请他就如何抵消吉斯家族在弗朗索瓦二世（François II）宫廷中的影响出谋划策；胡格诺派当时采取的原则——把年轻的君主交给一个由国家贵族（吉斯家族不在其列，但有若干胡格诺派贵族位列其中）组成的摄政会议——在本质上具备精妙的"法兰克高卢"风格。[①] 此外，《法兰克高卢》中关于"公共议事会"（public council）有权拒绝前任国王之子而选择其他王室成员这一古老权利的段落，主要是针对 1559 年不称职的弗朗索瓦二世即位而阐发的，而反对女性摄政的章节在 1561 年至 1563 年查理九世（Charles IX）未成年期间卡特琳·德·美第奇（胡格诺派口中的"塞弥拉弥斯"［Semiramis］）统治时期则具备了最佳的时代指涉。我想说的是，《法兰克高卢》的"政治"动机远早于 1572 年，以至于我们完全可以相信，整部作品是在圣巴托罗缪屠杀之前写成的；或者换个角度来看，该书从初稿开始就具有很强的政治性，故而屠杀之后的最终版本并未对其进行任何改动。因此，即便是那些只对《法兰克高卢》的政治动机感兴趣之人，也可能会认为它是在圣巴托罗缪屠杀之前创作的。然而，对于那些不认为政治因素的挖掘已经穷尽了阐释可能性的人而言，我们应该更深入地

---

① 无论人们对奥特芒参与昂布瓦兹阴谋有多少怀疑（如见 L. Ehinger, *Franz Hotmann, ein französischer Gelehrter, Staatsmann und Publizist des XVI. Jahrhunderts*, pp. 15 - 19），皆被亨利·内夫（Henri Naef）的研究（"La Conjuration d'Amboise et Genève," *Mémoires et documents publiés par la Société d'Histoire et d'archéologie de Genève*, XXXII [（1912)-1922], pp. 325-730）所消除，该作品有完整的援引文献和索引。另见 Lucien Romier, *La Conjuration d'Amboise*, Paris, 1923, pp. 61f., 73ff.；John Viénor, *Histoire de la Réforme Française*, Paris, 1926, pp. 303f.。除昂布瓦兹事件外，《法兰克高卢》还与 1567 年胡格诺派要求召开三级会议的运动相呼应；Caprariis, *Propaganda e pensiero politico in Francia durante le guerre di religione: I (1559-1572)*, pp. 391ff. 讨论了这一年的文献。

探究弗朗索瓦·奥特芒的思想世界。

从付印次数来看，奥特芒最畅销的作品是他的《驳特里波尼亚努斯》：至少有八个法文版和七个拉丁文版。极为讽刺的是，他生前一直未出版这部作品，以至于它在其去世 13 年后方才首次面世。[①] 他声称自己是应米歇尔·德·洛皮塔尔（Michel de l'Hôpital）之请，于 1567 年写成这部作品的。我们知道，当时奥特芒在卡斯帕·赛德利茨（当时是他的学生）的陪同下前往巴黎，拜访了洛皮塔尔。[②]

作为法国的掌玺大臣（Chancellor），洛皮塔尔坚定地致力于几项旨在加强民族团结的计划。其中最重要的是司法改革，他为此还撰写了一部长篇巨著，并以手稿的形式流传了下来。[③] 在这部论著中，洛皮塔尔以人文主义的方式从哲学角度论述了司法的基础，然后回顾了从查理大帝到他这个时代的法国历史上

---

① 此文由奥特芒用法文撰写，拉丁文译本则由他人翻译，这一点从它与奥特芒的拉丁文风格有异即可看出。许多撰稿人，甚至最近的一些撰稿人，都认为《驳特里波尼亚努斯》出版于 1567 年；他们可能是被哈格的书目列表所说服（Haag, *France Protestante*, V［1855］, 533, ≠15）。约瑟夫·范卡恩提供了令人信服的证据，证明该书仅于 1603 年出版（*Codification*, p. 42, n. 1［上文第 259 页脚注 3］，或见 *Tijdschrift voor Rechtsgeschiedenis* article, p. 1, n. 1）。另见下文第 267 页注释 1。

② 奥特芒在《关于采邑的三部评论》中致卡斯珀·赛德利茨的题献信末尾提到了这次拜访。

③ *Traité de la Reformation de la Justice*, in P. -J. -S. Duféy's edition of *Oeuvres inédites de M. De l'Hôpital*, Paris, 1825, vol. I,（Books 1-4）and vol. II,（Books 5-7）. 洛皮塔尔的手稿因 17 世纪的增补而有所损坏，但与我们有关的部分不太可能出现这种情况。卡普拉里斯对这部作品进行了很好的总结，随后还对受洛皮塔尔启发而撰写的一些重要文章（如奥特芒的）进行了评价（Caprariis, *Propaganda e pensiero politico in Francia durante le guerre di religione: I [1559-1572]*, pp. 197-212）。对洛皮塔尔的司法和行政改革计划的概括总结另见 Albert Buisson, *Michel de L'Hospital (1503-1573)*, Paris, 1950, pp. 105-119。

的司法发展历程。他倾向于将一些伟大统治者简单直接的司法治理(如圣路易[St. Louis]在万塞讷[Vincennes]的橡树法庭)与过去几十年由于诉讼代理人和其他法律官员的大量增加而产生的相反行为对立起来。对于行政长官洛皮塔尔来说,补救的办法就是改革法官制度。与洛皮塔尔一样,法学家奥特芒对法律界的现状感同身受①,并准备通过说明法国法律本身如何需要改革来进一步阐发这个改革计划。

当时,律师、法学家和法学教授就法律和法律教育的几乎所有方面都展开了激烈的辩论。其中一个重要问题当是罗马法的地位。罗马法是否应适用于法国? 如若适用,在何处适用,适用的程度如何? 如若不适用,应以何物替代之? 除了罗马法,尤其是在法国北部盛行的几十种习惯法的地位如何? 在决定继承法等问题上仍有影响力的封建法的地位又如何? 所有这些问题最终都相互关联。当然,它们往往与政治和宗教信仰交织在一起,奥特芒就是其中的一个例子。19世纪的历史学对政治和宗教问题进行了非常细致的研究,让我们清楚地看到了作为内战的宗教战争背后的紧张局势;但当我们研究法学家的作品时,我们会发现这场争吵的另一层面,它是基于他们对于法律和制度问题的专业与智识看法。

---

① 奥特芒对"实用主义者"的抨击在他的著作中比比皆是(见上文第592页注释)。他在《驳特里波尼亚努斯》中提出的对中世纪晚期法国司法状况的看法(见上文第267页注释2),以及他在《法兰克高卢》中关于高等法院的最后一章,都堪与洛皮塔尔在其文(*Traité de la Reformation de la Justice*, I, pp. 221f.)中关于法国司法的简要历史陈述相比拟。

在法学家看来，最主要的问题显然是如何教授罗马法。[①] 每个人都承认罗马法中蕴含着丰富的自然法（natural law）元素，每个法律哲学家都可以从中获益，即便出庭律师是根据本国的习惯法（customary law）进行辩护。但一致意见到此即戛然而止。罗马法的传统教学形式源于 14 世纪萨索费拉托的巴托鲁斯（Bartolus of Sassoferrato），他让学生在阅读法律条文之前就准备好寻找问题在当代的应用。然而，《民法大全》（Corpus Iuris Civilis）被奉为终极权威。人文主义对这一体系的攻击始于 15 世纪的意大利，并于 16 世纪在法国法学家的历史学派中达到巅峰。在早期阶段，人文主义者的批评强调了巴托鲁斯主义者如何歪曲《民法大全》以赋予其当代的价值。通过语言学和历史学分析，人文主义者证明，指导罗马人并编入《民法大全》的法律与巴托鲁斯主义者提出的罗马法相去甚远。在奥特芒的时代，法学历史学派的领袖是雅克·屈雅斯（Jacques Cujas），但许多像屈雅斯一样信奉历史方法之人都谴责他走到了与巴托鲁斯主义者相反的极端。他们声称，屈雅斯过分执着于创立纯正的罗马法，以至于他培养的学生并未做好处理实际法律事务的准备。批评屈雅斯之人有时被冠以"新巴托鲁斯主义者"的称号，因为他们反对巴托鲁斯对于《民法大全》的扭曲，但同时又钦佩巴托鲁斯为自己的时

---

① 上文第 259 页注释 3 中提到的几部作品都涉及这一问题。特别值得一提的有：马费伊，不仅是因为他对问题本身的处理，还因为他所列出的参考文献（Maffei, *Umanismo giuridico*）；富诺尔，因其概念的广度的（Fournol, "Sur quelques traités de droit public au XVIe siècle"）；富兰克林，因为他清晰地总结了罗马法从中世纪到文艺复兴时期的论述的变化，这是他讨论奥特芒和博丹的前奏（Franklin, *Jean Bodin*）。关于奥特芒参与罗马私法争论的情况，见 Werner Vogel, *Franz Hotmann und die Privatrechtswissenschaft seiner Zeit*, passim。

代提供了充满活力的法律实用主义成果。由于罗马法是意大利的习惯法，巴托鲁斯至少正确地遵循了他所知的最佳文献来源——《民法大全》。①

16 世纪中叶，历史学派的批评开始不再关注 14 世纪以来巴托鲁斯就《民法大全》所做的工作，而是关切《民法大全》的编纂者在 6 世纪就罗马法所做的工作。查士丁尼（Justinian）及其大臣特里波尼亚努斯（Tribonian）*成了罪魁祸首，奥特芒在 1567 年撰写的《驳特里波尼亚努斯》中就这一观点做出了极好的阐述。② 然而，奥特芒在《驳特里波尼亚努斯》中对罗马法的论述极易被误解。书名表明该书的主旨是否定性的，而特里波尼亚努斯编纂的《民法大全》将是其主要的抨击目标。事实上，整部作品有三分之二的篇幅皆与抨击罗马法有关。（这可能是该书在

———————

① 关于作为新巴托鲁斯主义代表人物的奥特芒，见 Pocock, *The Ancient Constitution and the Feudal Law*, pp. 23-25, 28；关于对屈雅斯学派的不同反应，另见 Fournol, "Sur quelques traités de droit public au XVIe siècle," passim. 我们在使用这一称谓时必须谨慎小心。它仅限于认为法律研究必须服务于公共利益的观点，可以说巴托鲁斯在他的时代为他的国家做到了这一点，但它并不认可某些巴托鲁斯主义者甚至在 16 世纪仍在继续撰写的那种不符合历史的注释——当然这并非指那些将罗马法置于法国法律之前的法国巴托鲁斯主义者。瑞士的问题则有些不同，巴托鲁斯的声誉在 16 世纪 20 年代即已在瑞士重新建立了起来；见 Myron Gilmore, *Humanists and Jurists: Six Studies in the Renaissance*, Cambridge, Mass., 1963, pp. 146-177 中关于博尼法斯·阿默巴赫（Boniface Amerbach）的文章，此文借鉴了吉多·基施（Guido Kisch）在 1952 年至 1960 年撰写的大量有关宗教改革时期瑞士法律的研究。

* 5—6 世纪的东罗马帝国法学家，负责编纂了《民法大全》。

② 关于《驳特里波尼亚努斯》的创作时间，见上文第 272 页注释 1。上文第 259 页注释 3 中提到的几部著作对《驳特里波尼亚努斯》做了详尽的概述，每部著作都用它来阐明不同的论点：比如巴伦和范卡恩等人关注的是法律编纂本身；卡普拉里斯则强调该文章在政治和宗教意义上的反罗马主义；波考克则从敌视成文法的角度强调其反罗马主义；最后，富兰克林将其视为对传统权威的控诉，从而引发了历史方法论的革命。

17 世纪和 18 世纪大受欢迎的原因。)①但事实是，奥特芒的批判性观点最终以积极的形式向他的时代提出了建议，而罗马法本身并未被贬低。这一点可在《驳特里波尼亚努斯》最后一章的数句话中得到证明。奥特芒建议"我们法国的梭伦"——掌玺大臣米歇尔·德·洛皮塔尔——召集法学家和其他有识之士，共商编纂一部法兰西的法典。在商讨过程中，这些专家应从查士丁尼的著作（他们可以从其中收集到所有最为优秀、最令人钦佩的东西，因此它确实是一个无价的宝库）以及哲学家的著作中，甚至从他们所获得的实践知识中汲取有用的东西。②

奥特芒不仅不反对，反而敦促法国人像特里波尼亚努斯那般制定一部国家法典。此外，他还称赞《民法大全》的内容是起草法兰西法典的源泉。因此，我们可以实事求是地说，无论是在编纂法律的理念方面，还是在罗马法本身的价值方面，《驳特里波尼亚努斯》皆"赞成特里波尼亚努斯"。

从表面上来看，该问题可以通过这样一种说法而得到解决：奥特芒抨击特里波尼亚努斯（也包括他的君主查士丁尼）在这项工作中犯下了错误，但他认为这种观念本身是正确的，聪明的法国人应该将这种观念应用到自己国家的法律中。这种解释就其本身而言固然不错，却留下了一个未能得到回答但在经历思考之后显得非常重要的问题：法国现有的法律中哪些将构成法

---

① 帕拉齐尼·菲内蒂（Palazzini Finetti, *Storia della ricerca delle interpolazioni nel Corpus Iuris giustinianeo*）引用了 17 世纪和 18 世纪许多谈及《驳特里波尼亚努斯》的作者的文章，参见其关于奥特芒的索引。在我整理的 15 个版本的清单中，有 5 个版本是 1704 年至 1726 年在莱比锡印刷的，这是一个引人注目的事实。

② 参见 Ed. Pisa, 1765, pp. 86−87。

典的基础？

波考克最近研究了《驳特里波尼亚努斯》《关于采邑的三部评论》和《法兰克高卢》之间的关系问题，他的结论是：奥特芒认为习惯法是编纂《驳特里波尼亚努斯》所要求的法国法典的基础。然而，如果《关于采邑的三部评论》和《法兰克高卢》与法典编纂计划有关，那么它们应该涉及习惯法。但《关于采邑的三部评论》中却包含了对习惯法的贬抑之词，而《法兰克高卢》则完全未提及习惯法。因此，如果说以上两本书与《驳特里波尼亚努斯》有关，这也不是出于对习惯法的总体美化。[①]

多年前，另一位洞察秋毫的法律史学者富诺尔（E. Fournol）找到了另一种方法来解决《驳特里波尼亚努斯》中提出的法典编纂问题。他十分强调奥特芒对公法（public law）与私法（private law）所做的区分——不管是就罗马还是法国而言。富诺尔推断，法国的法典编纂会议应该只讨论了私法，因为奥特芒认为，私法适用于普遍原则，而这些原则在任何时候对于所有民族都是基本平等的。因此，哲学家、查士丁尼的法典和经验皆可成为法国法典编纂者的有效指导。另外，公法并不适用于普适规则，而是各个民族所特有的。它必须源于历史研究，而非哲学推论，因此奥特芒并不打算将其交由法典编纂会议处理。[②]

虽然富诺尔对《关于采邑的三部评论》和《法兰克高卢》完全

---

① Pocock, *The Ancient Constitution and the Feudal Law*, pp. 11–29. 波考克并未放弃他认为《关于采邑的三部评论》和《法兰克高卢》是与《驳特里波尼亚努斯》相关的论点，但他显然对奥特芒在《驳特里波尼亚努斯》中对习惯法大加颂扬后，又在后两部著作中对习惯法的单调评论感到不满。另见下文第 289 页注释 1。

② Fournol, "Sur quelques traités de droit public au XVIe siècle," pp. 319–320.

不感兴趣，但我们可以看到这两部著作与他的猜想是多么契合。这两部著作确实涉及公法，而奥特芒在《驳特里波尼亚努斯》中声称，公法应从历史的角度来进行研究。因此，我们可以理解为什么《驳特里波尼亚努斯》一方面如此激烈地抨击罗马法：因为罗马公法对法国公法毫无效力；但另一方面，他又赞许罗马法：因为罗马法的私法部分是以适用于所有民族私法的公平原则为基础的。

我认为，富诺尔非常接近事实：人们至少必须理解奥特芒关于公法和私法的区分。未能做到这一点是波考克之阐释的弱点，因为他的习惯法概念仍然过于不精确。然而，富诺尔的论述有一个非常大的缺陷：奥特芒并没有将法典编纂会议的任务局限于编纂私法，而是明确要求它编纂公法和私法。与之相对，波考克几乎是按照我现在希望阐明的方式，将《驳特里波尼亚努斯》、《关于采邑的三部评论》和《法兰克高卢》的论述放在一起。

奥特芒在《驳特里波尼亚努斯》第1章的开头引用了亚里士多德《政治学》中的著名论断，即法律应该适合国家的形式，而非相反。他由此得出结论，每个国家皆有适合其特定政府形式的法律。[①] 奥特芒随后引证了罗马法中公法和私法的基本区别，

---

① Ed. Pisa, 1765, p. 4（在其他版本中为第2章，"序言"为第1章）。随后，奥特芒将制定法律"以维护国家的形态和性质"与开药方"以保护身体"进行了类比，以此来说明法律与药物一样，如不正确应用则无任何效用。然而，当我们考虑到国家所连带的"其形态和性质"一词的含义时，这种类比就不成立了，因为他显然是在暗示，每个国家都有其独特的宪制，而对药物而言，人类的自然身体却并非如此。在奥特芒的著作中，可以找到许多关于各个国家特性的巧妙设想的例证，这使得他对器官学隐喻的运用明显更偏重于心理学，而非（中世纪政治思想中的）生理学。

他认为这种区别具有普遍性。正如乌尔比安（Ulpian）*在《学说汇纂》（*Digest*）中所述，公法是关于"国家状态"的法律，尤其是（除宗教外）与地方行政长官有关的法律。然而，行政长官的种类与亚里士多德所述的政府形式一样是多种多样的。① 因此，一个国家的公法必然因为该国家所拥有的地方行政长官的种类——政府的制度形式——而有所不同。接着在第 2 章中，奥特芒笼统指出，罗马的国家状态与法兰西差别巨大，以至于《民法大全》对后者毫无启发之用。这一进程完全是依照公法而完成的。②

《驳特里波尼亚努斯》的第 3 章至第 8 章内容专门讨论了私法，奥特芒展示了罗马私法的用语和实质与法国私法的用法如何不一致。③ 此即可能引起混淆的地方。奥特芒似乎在论证，不

---

　　* 2—3 世纪的罗马法学家，查士丁尼时期所编纂之《学说汇纂》三分之一内容皆来自他的作品。

　　① "因此，市民法有两部分，其中一部分涉及国家，另一部分涉及各自的私有财产。罗马人的国家状态分为与宗教有关的以及与行政长官有关的部分；因为宗教尤是行政官员的发明和诡计。现在大家都知道，在我们上面提到的这三种国家形态中，行政官的形式完全不同，但非截然相反。"见 Ed. Pisa, 1765, p. 6. 然而，奥特芒并没有将这种多样性局限于三种形式，而是继续指出，即使在君主国之间，法律也是各不相同的。关于《学说汇纂》段落对中世纪法律思想中的国家理论的重要性，请参阅盖恩斯·波斯特（Gaines Post）所撰的充满启发性的文章（Gaines Post, "Status, Id Est, Magistratus: L'État, C'Est Moi", 此文首先发表于 *Medieval and Renaissance History*, I［1963］, pp. 1-103，经过一些修改后被收录于波斯特的 *Studies in Medieval Legal Thought*, Princeton, 1964, pp. 333-433）。

　　② Ed. Pisa, 1765, pp. 8-14. 从这一章的字里行间不难看出，奥特芒首先抨击的是在他那个时代非常盛行的法律史文章体裁，这种体裁试图在罗马和法国的官职和制度之间找到精确的相似之处。他尤其对这种"罗马化"深恶痛绝，这不仅是因为它让罗马法在法国显得至高无上，还因为借由在《查士丁尼法典》中被神圣化的暴君法令，它不可避免地美化了独裁统治。

　　③ Ed. Pisa, 1765, pp. 15-46. 它涵盖了关于人身、财物、继承、诉讼等法律主要类别。

同国家的私法与其公法或制度一样，基本上互不相容。但事实并非如此。

让我们暂时扯开说几句题外话，来看看文艺复兴时期法国私法的混乱状况。我们可以认为在法国南部罗马私法被视为习惯法的那些地区遵守着共同的法典，但其他地区则没有统一性。私法主要存在于几十部主要盛行于法国北部的地区性法典中。在 16 世纪之前，为了方便当地从业者，几乎没有一部私法被编纂成法典，更遑论研究它们与日益增多的国王立法之间的真正关系了。解决这一问题的办法有二：一是制定一部全国性的习惯法汇编，将各种不同的习惯法综合在一起以取而代之；二是将地方习惯法分别编纂成法典，独立地确定每部习惯法与本旨上必然是全国性的公法的一致性。①

奥特芒显然赞成采用全国性的法典。在《驳特里波尼亚努斯》中，他将自己关于编纂法国法典的建议与科米纳（Commines）

---

① 我所发现的关于 16 世纪法国法律编纂的最佳论述见 René Filhol, *Le premier président Christofle de Thou et la réformation des coutumes*, Paris, 1937, pp. 61‒140。菲约尔（Filhol）非常明确地指出，无论如何编纂法典，它们都仅包括私法，而公法——至少在执行编纂工作的王家官员眼中——将以敕令和法令为基础（见 René Filhol, *Le premier président Christofle de Thou et la réformation des coutumes*, p. 64, 尤见注释 1）。并非所有人都同意这一主张的第二部分，尤其是奥特芒和其他胡格诺派教徒。克里斯托弗·德·图（Christofle de Thou）是巴黎高等法院的第一主审法官，他是 16 世纪 60 年代法典编纂工作的领导者，当时的法典编纂工作走的是各地区独立编制法典的道路。奥特芒显然反对这种做法；但我相信，他更感受到了让敕令成为事实上的公法的危险。《法兰克高卢》可以被理解为旨在揭示法国公法的真正基础，以阻止他认为高等法院正在培育的绝对主义的稳步发展。（若要更进一步了解这一主题，见上文第 267 页注释 2 中的评论。）卡普拉里斯（Caprariis, *Propaganda e pensiero politico in Francia durante le guerre di religione: I [1559‒1572]*, pp. 211‒224）从罗马法与法国法律的冲突角度论述了 16 世纪 60 年代的法典编纂问题，这不可避免地主要涉及公法，这是他讨论《驳特里波尼亚努斯》的先声。

提交给路易十一以求得赞助的编纂项目直接联系起来，后者明确谈及了习惯法汇编的多样性。① 在援引了科米纳的话后，奥特芒在下一句话中提及了西塞罗对基于普遍公平原则的单一法典思想的支持。富诺尔认为这一证据表明，奥特芒将把法典编纂会议的职权限制在了私法范畴内。② 这与《驳特里波尼亚努斯》的开头数章非常吻合，奥特芒在这几章中表明，一个国家的公法就其本质而言必须是这个国家的司法机构所特有的；公法显然不能按照普遍适用的规则进行编纂，而必须从其特有的历史现实角度来理解。

---

① 奥特芒从斯莱丹(Sleidan)处引出科米纳著作第9卷中的这段话如下："因此，他全身心地致力于让高卢能够完美无瑕地由法律构成，并消除旷日持久的法律诉讼。事实上，一开始他就向元老院(他们的语言称之为高等法院)掷出了斧头，这么做不是为了削减他们的权威或人数，而是他决心通过各种手段来考验他们的信仰和管理。他还希望在整个高卢推行统一的度量衡，并将所有的习惯法以同样的标准用本国语言编成一册，以避免律师的欺诈和解读。高卢的技艺比其他任何地区都先进，这确实是众所周知的，几乎所有的贵族都可以清楚地证明这一事实。"见 Ed. Pisa, 1765, pp. 88-89。有趣的是，奥特芒在1586年的《法兰克高卢》第3版中引用科米纳的这段话(将其插入最后一章"论作为法庭的高等法院"[De Parlamentis Judicialibus])时，其论证宗旨与此不同，也就是说，它是为了说明由于习惯法的混乱，法国的司法系统在15世纪就已经非常糟糕了。1480年8月26日的一份文件(Leopold Delisle, in *Nouvelle revue historique de droit français et étranger*, XVIII [1894], p. 555)证明了路易十一统治时期采取了编纂法律的官方行动，这份文件是交给一名王家信使的收据，该信使向王国的所有法院和司法总管辖区递交了掌玺大臣的信件，命令他们提交"其法院和司法总管辖区内的习惯法以编制一部新的习惯法汇编"。

② *Antitribonian*, ed. cit., p. 89："对于西塞罗来说，当他看到如此之多的罗马法的多样性和混乱状态，并且首先注意到市民法(ius civile)(正如我们上面所警告的)只不过是为了保护罗马国家特权的私法，而非采取保障自然公平的措施时，他写了几本书，并将法律铭刻于其中……他在第一本书中准确地表明，为了建立市民法，我们必得既不尊重希腊人也不尊重罗马人，既不尊重裁判官也不尊重执政官，但我们要提出正义和公平作为我们的目标，并且利用充分的理由，制定适合世界上所有民族的法律。"富诺尔(Fournol, "Sur quelques traités de droit public au XVIᵉ siècle", p. 319)没有引用西塞罗这段话的第一行，因此漏掉了"市民法(正如我们上面所警告的)只不过是为了保护罗马国家特权的私法"；当奥特芒在前面第1章提到市民法时，他显然将公法和私法都包含于其中。

富诺尔对奥特芒关于法国法律的思想的分析很好地解决了《驳特里波尼亚努斯》的问题。但遗憾的是，富诺尔忽略了一个非常重要的段落，奥特芒在其中详细阐述了法典编纂会议在编纂法律时的职责：

> 因此，顺理成章的结果是，这些地方行政长官可以通过其活动，用本国通俗易懂的语言编写出一两本好书，既包括涉及国家和国王事务的公法，亦包括私法的所有部分。如此这般，他们在看似需要之时就应该遵循查士丁尼的法律，他们应依照国家的状态和形式来裁决一切事情（正如我们从一开始就说过的）。①

从这段话中可以肯定的是，富诺尔在编纂国家法律的程序方面认为奥特芒持有双重标准是错误的。奥特芒在刚刚引述的一段话中认为哲学、罗马法和经验应成为该法典编纂会议的指导，显然他们应通过审议将法国法律的所有部分归纳为几卷书册。与之相对，刚刚引用的最后一段话在某种程度上强化了富诺尔的论点，奥特芒在这段话中声称，"正如我们从一开始就说过的"，万事皆应"依照国家的状态和形式"来决定。国家的状态和形式所指正是公法；公法主要与地方行政机构或治理机关有关；这些机构在各个国家都是不同的。因此，《高卢法典》(*Corpus Iuris Galliae*)的编纂可以接受哲学家的原则，亦可借鉴其他法律体系中理性所彰显的公正之处，但它必须始终根据法国公法的特殊

---

① 参见 Ed. Pisa, 1765, p. 88。

性加以规范。①

富诺尔的观点可以在不破坏其本质上的二元论性质的前提下进行简单的修正。公法和私法都适用于普遍原则和历史原则，但程度各有不同。简而言之，"公法是全国性的，私法是普适性的"，如果这被视为表明了主导性倾向而非一种绝对二分法，那么奥特芒的观点就是正确的。这句话至少充分解决了《驳特里波尼亚努斯》的难题；但不仅如此，它还为理解奥特芒对封建法律的关注以及最终对"法兰克高卢"制度的关注开辟了道路。

奥特芒在《驳特里波尼亚努斯》中明确区分了公法和私法，但没有为我们提供一个清晰的概念，即法国法律中有哪些属于公法，哪些属于私法。不过，我认为奥特芒并非不清楚这个问题，他只是想当然地认为每个人都知道答案。不过，只要引述一下 1572 年 6 月致卡斯帕·赛德利茨的《关于采邑的三部评论》题献信中的一些段落，就可以消除我们对这个问题的任何疑虑。

我们已经注意到，写给赛德利茨的信中出现了"法兰克高卢"一词。奥特芒在总结欧洲各国法律问题的几个段落之后，开始讨论"法兰克高卢"。他首先概括了《驳特里波尼亚努斯》中的一些论点——首先是指责查士丁尼和特里波尼亚努斯篡改了罗

---

① 福格尔（Werner Vogel, *Franz Hotmann und die Privatrechtswissenschaft seiner Zeit*, p. 115）明确指出，奥特芒的私法编纂规则只涉及罗马私法，而不涉及法国私法："然而，仍然缺少关于法国私法的规则。现仅有一部关于罗马法的规范。"福格尔的意思是，奥特芒并没有为法国私法制定任何诸如夏尔·迪穆兰（Charles Du Moulin）在 1539 年创作的《巴黎习惯法注疏》（*Commentarii in consuetudines Parisienses*）中所展示的那种精确的方案。简而言之，奥特芒希望编纂法国私法，但他对实际的法典并不了解；他将把法典的编纂工作留给专家，建议他们遵循他所熟悉的《民法典》的形式。不过，对于法国公法，奥特芒认为他可以通过自己的历史研究为编纂工作提供实质性的帮助。

马法，后又斥责法律家们以充满讹误的形式传播了罗马法——但他很快就转而讨论日耳曼入侵者建立的国家中实际盛行的法律。勃艮第人、法兰克人、盎格鲁人、伦巴第人等的法典被认为是相当原始的。然后，他转而反问，应该如何评价"我们的法兰克高卢"的早期法律。其全文如下：

> 那么，我们该如何评价我们的法兰克高卢？在这个问题上，与其说（如古谚所言）"有多少人，就有多少种观点"，不如说"有多少城市和地区，就有多少种法律、传统和习俗"；因此，我们此时似乎可以有说服力地指出，正义和公平并非只有一种统一形式，至少，对于整个国家而言，以何种形式向人民宣传法律和权利，就像不同地区的人穿什么款式的衣服或以何种形式计算度量衡一样，并不重要；然而，这些被称作"习惯法"（*Consuetudines*）的传统在很多地方都被记录了下来，以至于极易被认为其中大部分皆是从前文提及的那些诡辩家处剽窃来的。①

这段文字中的大部分内容都是对科米纳关于路易十一编纂法律（以及度量衡）计划之摘录的转述，他在《驳特里波尼亚努斯》中曾引用过这段话。② 他从容自如地使用了"正义和公平的统一形式"这一短语，将其与习惯法汇编的多元化对立起来，从而反映了他自己的信念，即应该制定统一的全国性法典。

---

① 参见 *De Feudis Commentatio Tripartita*, fol. A 3ᵛ。
② 参见上文第 281 页注释 1。这段引文末尾提到的"诡辩者"（Sophists）一词在赛德利茨此前的书信中被用来指称中世纪的法学家，但我们可以认为，这段引文中的"习惯法学家"（coutumiers）指的是奥特芒时代在克里斯托弗·德·图领导下参与编纂地方习惯法的法学家；见上文第 267 页注释 2 和第 281 页注释 1。

在若干行之后,当(在提到其他近代国家法律中的类似问题之后)他转向其献给赛德利茨的这本书的主题时,这些关于习惯法汇编的评论所指涉者为私法就显而易见了:

> 但说到我们关于封建法的目的,不仅民法的所有部分都与国家的最大利益和好处有关,而且我确实认为,在这些部分中,没有比关于封建法的讨论更显得重要的了,因为虽然法律的其他部分主要用于描述私人的法律,但这一部分可以主要用于阐述与王国、帝国和公国(我们的封建法学家称之为公爵领、伯爵领、侯爵领和男爵领)有关的所有事情;概因这些知识属于整个国家,所以您(最为优秀也最为谨慎的卡斯帕)基于您的睿智,很容易就能确定,这部分法律本应得到更准确的编排并付诸书面文字。①

一言以蔽之,封建法律本质上是公共法律,"因为它确实属于国家的最高组成部分"。这似乎是个奇怪的概念,因为封建法律主要涉及个人与个人之间的关系。但奥特芒仍然是正确的,因为这些人恰好是社会的统治者,在某种程度上是欧洲国家"行政长官"的组成部分。我们不应该相信奥特芒对封建时代的性质有任何精深的理解,当时的公共权力非常分散,因此是由众多贵族来行使,但他非常清楚,任何普遍涉及公爵领、男爵领等的法律都必须与他所处时代的公共管理机构相关。大诸侯是法兰西国家状态的重要组成部分,这也是《法兰克高卢》的主要议题之一。

奥特芒研究封建法律的目的让我们回到了《驳特里波尼亚努

---

① 参见 *De Feudis Commentatio Tripartita*, fol. A 4ʳ。

斯》的开头几章，他在其中坚持认为每个国家的公法都有其特殊性。他希望在封建法律中找到法国公法的一些根源。他在《关于采邑的三部评论》中所采用的方法正是其所谓的研究公法必须始终采用的方法：通过历史分析，并始终将从正式文集中了解到的法律戒律与我们从编年史和历史中了解到的实际情况联系起来。《关于采邑的三部评论》与《法兰克高卢》中的历史参考资料一样广泛。《关于采邑的三部评论》的两个主要部分都是如此：（1）《关于采邑的争议》(*Disputatio de Feudis*)，奥特芒在其中研究了封建法律的起源并分析了其主要部分；（2）《〈封土之律〉注疏》(*Commentarii in Libros Feudorum*)，他在其中逐一阐释了《封土之律》(*Libri Feudorum*)的各卷。①

《封土之律》在中世纪晚期与《民法大全》(*Corpus Juris Civilis*)并驾齐驱，获得了法学家的广泛评论，因此不可避免地成为讨论封建法律的重要著作。然而，奥特芒对《封土之律》中所表述的封建法律知识状况的满意程度并不亚于他对《民法大全》中的罗马法的满意程度。《关于采邑的争议》的序言清楚地揭示了这一点，同时也为我们提供了有关作者思想生涯的更多有价值

---

① 《关于采邑的三部评论》的第三部分是《关于封建词汇的评论》(*De Verbalibus Commentarius*，扉页上写的是"封建词汇词典"［*Dictionarium Verborum Feudalium*］)，这部分显然是最早写成的，因为其他两部论述都参考了这部分。《关于采邑的三部评论》和《法兰克高卢》的资料来源比较在中世纪历史方面是精确的，而在古典作家方面则是相同的。这就是说，所有的希腊和罗马作家都被认为是哲学上值得尊敬的权威——甚至就像他所说的编纂法国法律的专家会议应该获得指导——因此，在《关于采邑的三部评论》中至少值得大段援引例如索福克勒斯(Sophocles)的《安提戈涅》(*Antigone*)中的两处(见 *De Feudis Commentatio Tripartita*, pp. 200, 432)。奥特芒在此所使用的技巧与他早先在 1560 年出版的《基督教要义》(*Institutes*)评注中使用的技巧相同，后者是新人文主义历史方法论的典范。总之，可以说奥特芒的方法论与他前面讨论的法律哲学完全一致：他主要关注的是建立法律规则的历史验证，但同时他也一直在寻找理性与公平的原则——实际上就是自然法。

的信息。该序言开头写道:

既然有这么多饱学之士对《封土之律》加以注释,由我来撰写这篇新的论争文章,恐怕会让人觉得奇怪,因此我想简要地说明一下我的目的。此时距离我在公开阐释封建法律时肆无忌惮地大声疾呼该书迄今为止有三个最为不光彩的谬误——含糊不清、前后不一和荒诞无稽——已经过去十二年了。当我对这些书册的离奇写法感到不快时,我甚至敢于在某本评论集中写道:这是对聪明人的折磨,也是一处极其污秽之所,应该由新的赫拉克勒斯来予以扫除。然而,从那时起,我注意到这些书受到了所有最有学问的人的高度重视,并不断被新的注疏和争论所阐释。因此,我决定重新阅读这些书,然后更仔细地研究那些我偶然注意到可供我个人使用的材料。我远未放弃过去的观点,反而对之更加坚信不疑。我热心于年轻人的利益;我知道,我之所以教授他们,更多的是出于一种命运和需要,而非智识上的判断。因此,如果我看到,或者(我应该更真实、更谦虚地说)如果我似乎看到(正如古谚所云)橡子被当作好果子卖给了年轻人,我认为自己应该公开对这件事的看法,这是我的职责之一,亦是我长期以来对年轻人的善意的一部分;如此,如果它偶然得到伟大非凡的法学家们的赞同,他们可以考虑对封建法律进行改革;然若非如此,他们应该以和我同等的坦率和谦虚来反对我的这一争论文章。①

---

① 参见 *De Feudis Commentatio Tripartita*, pp. 1-2。

如果说奥特芒关于《封土之律》的严厉言辞几乎可以与他在其他场合对《民法大全》的阐述互换的话，那么对于任何一名法国法律研究者来说，这两者之间仍有一个巨大的区别：封建法律必须加以研究，因为它与法国的公法制度息息相关，而罗马法对它们没有直接的适用性。当奥特芒提出他的研究成果可以帮助法学家们改革封建法律时，他似乎是将其研究与他在《驳特里波尼亚努斯》一书中向法国学者会议呼吁的那项工作联系起来。要完成这项伟大的计划，显然需要许多人的努力，而这项计划值得一个无比英勇之人去完成。奥特芒用"极其污秽之所"做比喻，认为自己在集体努力中承担了一项不太吸引人的工作。

奥特芒经常给人这样的印象，即他并不关心封建法律，但出于对国家制度构成的理智信念，他致力于对封建法律的研究。但若说研究封建法是了解法国公法的必要条件，那么这种做法肯定不足以彻底理解法国的公法。封建法律对法国"公法"的主要"裁判官"——国王——的诸多事情语焉不详，对御前会议和三级会议等重要机构更是只字未提。如果奥特芒想将这些内容纳入他的法国公法提纲，使其具有全面性，他就必须完全从史书中重新构建这些内容。现在，他为了对封建法律进行注释，不得不研究这些书籍。在这样做的同时，他只需花费很少的精力，就能同时记下《封土之律》范畴之外的那些与法国公法有关的重要段落。我相信，这就是《法兰克高卢》的诞生过程。

《法兰克高卢》的主要目的是发现法国的"古代制度"（借用波考克的用语）；或者，更好的说法是（使用法国的惯用语）揭示法国的基本法律。①《法兰克高卢》不是一部系统性的著作，而是关于法国公法重要方面的多篇独立论文：该书的中段有 4 章涉及王位继承，9 章涉及御前会议的不同权力；在此之前，还有 3 章论述了英勇的高卢人的政体和语言②，2 章论述了同样英勇的法兰克人的起源和迁徙，他们赶走了罗马人，并与高卢人（他们的日耳曼同胞）融合，组成了"法兰克高卢"；然后，该书的后段由两篇抨击文章组成，一篇反对女性统治，另一篇反对高等法院的权力。诚然，《法兰克高卢》自始至终都带有奥特芒政治信仰的特征：它明显反罗马，一贯反对不受制约的王权。但其博学的文风和不连贯的文本都标志着它源自上述研究。③

现在，将我们之前讨论过的《法兰克高卢》创作时间方面的证据，以及我们刚才对其在《驳特里波尼亚努斯》和《关于采邑的

---

① 正如我之前所说的（见上文第 277—278 页），我认为波考克对《法兰克高卢》目的的理解是非常正确的：它代表了学者努力探索民族国家历史渊源的早期范例。波考克将关于奥特芒的部分命名为"现代历史学的法国先声"，它是波考克关于 17 世纪英格兰宪制论战研究的引子。在英格兰宪制史中，很难将公法和私法分开，但在涉及法国的宪制问题时，人们应该说"公法"或"基本法"，以便明确将它们与私法分开。值得注意的是，勒迈尔（André Lemaire, *Les lois fondamentales de la monarchie française d'après les théoriciens de l'ancien régime*, pp. 92ff.）认为《法兰克高卢》在利用历史确立主权和基本法的起源方面具有划时代的意义。

② 《法兰克高卢》的这一部分肯定是 1572 年年初写成的，因为其中包含了《关于采邑的三部评论》中提到的段落（见上文第 261 页注释 3）。当然，关于高卢人的章节大量借鉴了凯撒的观点，我们应该记得，奥特芒在圣巴托罗缪屠杀之前还写过一篇关于凯撒的评论（见上文第 267 页注释 1）。很显然，这一作品也是他寻找其民族早期特征根源的一部分。

③ 埃德姆·库尼（Edme Cougny, "Etudes sur le XVIᵉ siècle. Théories Politiques. François Hotoman, La France-Gaule," p. 274，我已经称赞过他对《法兰克高卢》的清晰分析，见上文第 254 页注释）称这部作品是"关于法国古代君主制的历史和宪制的文集"，并认为它具有"公开课程的特质和缺点，即兴创作占据了一定的位置：激情澎湃、引人入胜；论证严谨、冗长、长篇大论、偶有离题等"。库尼的观点可能比他自己所了解的更加贴近事实，因为《法兰克高卢》很可能是以 1571—1572 学年布尔日的系列讲座作为开端的，它补充了奥特芒当时所教授的封建法律课程（或实际上就是该课程的一部分）。

三部评论》中的思想根源所做的推测结合起来，我们可以得出以下结论。1571 年 6 月至 1572 年 6 月，奥特芒在布尔日重新开始讲授封建法律，他翻阅了所知的全部中世纪史料，系统地寻找法国公法的历史证据。虽然对《封土之律》的评注是其主要任务，但他亦不忘为另一部作为前者补充的著作收集资料。在撰写《关于采邑的三部评论》时，"法兰克高卢"这一概念在他的脑海中肯定已经相当成熟，这一点从他使用该词的次数即可看出。而且，在他完成《关于采邑的三部评论》手稿之前的某个时期，他至少已经设想过，而且很可能已经开始创作一部名为《法兰克高卢》的作品。也许这部作品的大部分内容是在 1572 年夏写就的，也就是在《关于采邑的三部评论》付梓之后，8 月 24 日的灾难发生之前。即使他在逃离布尔日时未曾丢失手稿——虽然他很有可能的确丢失了这份手稿——他也不得不在抵达日内瓦后将手稿搁置一旁，因为他很快就投入到了两部真正的"时局之作"——《论法国人的怒火》和《科利尼传》的创作之中。1573 年春，他重新投入到《法兰克高卢》的写作中，并于 7 月完稿，8 月出版。

从奥特芒对法国公法的长期研究来看，《法兰克高卢》的许多特点并不切合其在圣巴托罗缪文本中所扮演的传统角色。首先，这部作品的基调相当平和。许多读者都注意到了这一点，但我们只需列举其中的第一批读者，即在严格禁止论战作品的时代批准该书出版的日内瓦政务委员会的成员。其次，对原始资料的乏味诵读，使得这部作品更像是一本学者手册，而非针对普通大众的特别呼吁。再次，不同陈述的数量和广度——近 900 段陈述，涉及历史的各个领域——与其说是几个月的工作成果,不如说是长期收集的积累。最后,书中涉及的诸多内容与奥特芒关于限制王权的主要论点只有微不足道的关系,这与为单一政治目的而撰写的论战风格是相悖的。

然而,将《法兰克高卢》视为半古制(semi-antiquarian)研究性质的传统项目丝毫不会改变其政治成分。如果奥特芒事先不知道资料来源会证明他的有限君主制概念,他一开始就不会着手进行这项研究。同时,《法兰克高卢》对公众的影响并非源于其政治含义的新颖性。作为胡格诺派反对当时法国政府的宣言,这一时期的其他小册子比《法兰克高卢》更尖锐、更全面。赋予《法兰克高卢》强大影响力的是其浓重的古制研究色彩。诚然,人们总可以说,《法兰克高卢》之所以枯燥乏味,是因为作者刻意为其准煽动性的论点寻找到了一种伪装;但我认为,《法兰克高卢》之所以充满了学究气,乃是因为作者最初只把它当作一篇旨在确立法兰西民族的历史基础的学术论文来构思和收集材料。

至于奥特芒在 1573 年付梓之前对其名为"法兰克高卢"的前圣巴托罗缪屠杀论著进行了多大程度的扩充或改动,这个问题永远不可能有完整的答案。我在这篇文章中试图说明的是,1572 年圣巴托罗缪之日的诸事件不太可能在《法兰克高卢》的创作中起到核心作用,而只是偶然成为展现作者多年来酝酿已久并在几个月前就已起草完成的学术巨著的背景。

译后记

经历了 16 世纪法国社会动荡剧变(包括宗教改革和宗教战争)的弗朗索瓦·奥特芒可谓一生颠沛流离,比如背弃其曾经担任"火焰法庭"官员的父亲所坚持的信仰,如加尔文一般因为宗教问题逃离巴黎,多年后在圣巴托罗缪屠杀发生之际从布尔日落荒而逃,以及在流亡中辞世的种种抉择和命运,皆在某种程度上诠释了其作为新教徒的信仰"他者"角色。

这种"他者"的定位,同样也表现在了其对政治的深度参与及其政治、法律和意识形态的著述当中。作为加尔文的门徒,奥特芒是与泰奥多尔·德·贝扎、让·克雷斯邦和约翰·诺克斯等人齐名的新教意见领袖,只是他们所侧重的领域各有不同(尽管亦多有交叠)。比如贝扎和奥特芒皆被认为深度卷入了震惊全法国的昂布瓦斯阴谋。唐纳德·克雷认为,在加尔文的所有信仰子嗣中,奥特芒算是意识形态方面的参与者,"但由于他选择的职业道路是法律而非神学,所以远离了加尔文教派的家庭圈子,并以不同的方式利用了他的信仰遗产"。[①] 相比于加尔文在《基督教要义》前言题献信中对于法国国王和王权仍显恭顺的表态,奥特芒在其相关论述(特别是《法兰克高卢》)中却展现出了明确

---

① 唐纳德·克雷:《意识形态的起源:16 世纪法国的意识与社会》,江晟译,浙江大学出版社 2023 年版,第 100 页。

的限制王权立场。与相信宗教战争是王权虚弱表现的让·博丹相反，奥特芒认为这场绵延日久的战争恰是国王的迫害和倒行逆施所致。[①]

奥特芒是圣巴托罗缪屠杀的亲历者，正是这一段经历让他积极投身于拉尔夫·吉西所提及的"圣巴托罗缪文本"的创作，在仅仅数月的时间内就完成了《法兰克高卢》这部旁征博引的托古言今之作。而奥特芒也因此被称为首位圣巴托罗缪屠杀史家。[②] 虽说《法兰克高卢》中未有只言片语提及圣巴托罗缪屠杀，但一经出版，此书便引起了法国王室的激烈反应，法国驻瑞士大使随即向日内瓦政务委员会发出了警告，招致了该书部分印本被没收。[③]

其中的一个重要原因当然是讨论法国古制的《法兰克高卢》却具有强烈的现实影射。比如茹阿纳就认为，《法兰克高卢》的读者们可以从文中提及的邪恶太后们所做过的坏事中看到当时的法国王太后卡特琳·德·美第奇的身影。[④] 尤其是克洛维一世的妻子克洛蒂尔德，她的意大利出身（卡特琳·德·美第奇同样来自意大利，在当时甚至被冠以深受马基雅维利权术之道影响的意大利人的恶名），以及作为希尔德贝尔特和克洛泰尔两位国

---

① Megan C. Armstorng, *The Politics of Piety: Franciscan Preachers during the Wars of Religion, 1560-1600*, University Rochester Press, 2004, p. 147.

② Donald Kelly, "Martyrs, Myths, and the Massacre: The Background of St. Bartholomew," *The American Historical Review* 77. 5 (1972), p. 1325.

③ Ingeborg Jostock, "La censure au quotidien: le contrôle de l'imprimerie à Genève, 1560-1600," in *The Sixteenth-Century French Religious Book*, Andrew Pettegree, Paul Nelles and Philip Conner, eds., Routledge, 2016, p. 286; 另见 Robert M. Kingdon, *Myths about the St. Bartholomew's Day Massacres, 1572-1576*, Harvard University Press, 1988, p. 141。

④ 阿莱特·茹阿纳：《圣巴托罗缪大屠杀：16世纪一桩国家罪行的谜团》，梁爽译，北京大学出版社2015年版，第267页。

王之母的身份(巧合的是，至圣巴托罗缪屠杀发生之际，美第奇同样也是弗朗索瓦二世和查理九世两位法国国王的母亲)，让人无法不在她和美第奇之间展开联想。

除开现实影射之外，奥特芒的这部旨在限制王权(尽管这并非其全部的目的)的作品在 16 世纪也产生了深远的影响，特别是对于新教以及随后天主教的抵抗理论的激进化进程而言："天主教的宣传者毫不犹豫地诉诸由贝扎、奥特芒和巴诺所推广的选举国王原则，有些人甚至还诉诸弒君的观念。"其中还特别提到了诸如《论我们这个时代的政治家派成员对天主教王公和领主的诽谤》(*Discours sur les calomnies imposees aux Princes et seigneurs Catholiques, par les Politiques de nostre temps*)等天主教激进派的小册子正是援引了奥特芒的国王选举观点来反对后来的亨利四世。[①]

关于本书的创作时间和契机等问题的考证已在附录《奥特芒创作〈法兰克高卢〉的时间和原因》一文中得到了详尽的阐释，在此就不加赘述了。

《法兰克高卢》的翻译工作始于 2022 年夏，但译者对于此书的关注却要追溯至十数年前的求学期间；在译者此后的研究工作中，奥特芒和《法兰克高卢》始终是一个重要的论题。这也从一个微不足道的侧面说明了奥特芒及其著述在 16 世纪法国历史研究中的重要地位和影响。

本书的翻译基于 1586 年拉丁文版的文本，在文本若干疑问的索解过程中则参考了由吉西(Ralph E. Giesey)编辑整理、萨尔

---

① 唐纳德·克雷：《意识形态的起源：16 世纪法国的意识与社会》，第 385 页。

蒙(J. H. M. Salmon)翻译的剑桥出版社 1972 年拉丁文-英文对照版(*Francogallia*, Cambridge University Press, 1972)。本书正文中的注释均为译者所注。书中出现的译名一般遵照传统权威译著或通用译法，其他译名则参考了《世界人名翻译大辞典》。部分人名则遵照其所属国家和地区的拼法与读音翻译，而不按照拉丁文原文直译，比如第二十一章的 Willelmi Benedicti，因 Willelmi(William)在法文中的拼写形式为 Guillaume，故将此人之名译为"纪尧姆·贝内迪克蒂"。文中若干名词的译法也将因语境和所处历史时期的不同而有所差异，如在罗马统治高卢时期及之前，"马赛"(Massiliae)被译为了"马西利亚"；又如在最后一章中，"高等法院"(parlamentum)在部分地方为了更为贴合前后文，被译为了"咨询议会"。

本书的翻译过程得到了张弛老师的大量帮助，特别是他的组织策划工作，让译者得以完成此书的翻译；译者还就文中相关历史人物的确定请教了袁指挥老师。此外，商务印书馆的刘学浩和钟昊老师在本书编辑过程中也提出了大量宝贵意见。

相对于奥特芒这本通今博古之作，译者的学识实属粗陋，因此翻译过程中不可避免会出现诸多疏漏与错误，希望读者予以批评指正。

江晟

2023 年 12 月 13 日

图书在版编目(CIP)数据

法兰克高卢 / (法) 弗朗索瓦·奥特芒著；江晟译. —
北京：商务印书馆，2024
（法国思想与历史译丛）
ISBN 978-7-100-23496-2

Ⅰ.①法… Ⅱ.①弗… ②江… Ⅲ.①政治理论—
法国—近代 Ⅳ.①B565.294②D0

中国国家版本馆CIP数据核字（2024）第053485号

权利保留，侵权必究。

法国思想与历史译丛
法兰克高卢
〔法〕 弗朗索瓦·奥特芒 著
江晟 译

商 务 印 书 馆 出 版
（北京王府井大街36号 邮政编码 100710）
商 务 印 书 馆 发 行
南京新世纪联盟印务有限公司印刷
ISBN 978-7-100-23496-2

2024年9月第1版 开本 889×1194 1/32
2024年9月第1次印刷 印张 9¾

定价：68.00元

N